CONTRA O GELO

Uma História de Sobrevivência no Ártico

Ejnar Mikkelsen

70

CONTRA O GELO
UMA HISTÓRIA DE SOBREVIVÊNCIA NO ÁRTICO

AUTOR: Ejnar Mikkelseni

DIRETOR DA ALMEDINA BRASIL: Rodrigo Mentz
EDITOR: Marco Pace
ASSISTENTES EDITORIAIS: Larissa Nogueira e Rafael Fulanetti
ESTAGIÁRIA DE PRODUÇÃO: Laura Roberti

TÍTULO ORIGINAL: *Farlig tomandsfærd*
TRADUÇÃO: Maurice Michael
ADAPTAÇÃO: Ana Cristina Rodrigues
REVISÃO: Marco Rigobelli e Gabriel Branco
DIAGRAMAÇÃO: Almedina
DESIGN DE CAPA: Roberta Bassanetto

ISBN: 9786554270359
Janeiro, 2023

Dados Internacionais de Catalogação na Publicação (CIP)
(Câmara Brasileira do Livro, SP, Brasil)

Mikkelsen, Ejnar, 1880-1971
Contra o gelo : uma história de sobrevivência no Ártico / Ejnar Mikkelsen ; adaptação Ana Cristina
Rodrigues ; tradução Maurice Michael. – São Paulo, SP : Edições 70, 2023.

Título original: Against the Ice.
ISBN 978-65-5427-035-9

1. Groelândia - Descoberta e Exploração 2. Mikkelsen, Ejnar, 1880-1971 – Viagem – Groelândia 3. Mikkelsen, Ejnar, 1880-1971 – Viagem – Regiões Árticas 4. Regiões Árticas – Descoberta e exploração I. Rodrigues, Ana Cristina. II. Michael, Maurice. III. Título.

22-132104 CDD-919.8204

Índices para catálogo sistemático:

1. Ártico : Descoberta e explorações : Narrativas 919.8204

Eliete Marques da Silva – Bibliotecária – CRB-8/9380

Este livro segue as regras do novo Acordo Ortográfico da Língua Portuguesa (1990).

EDITORA: Almedina Brasil
Rua José Maria Lisboa, 860, Conj.131 e 132, Jardim Paulista | 01423-001 São Paulo | Brasil
www.almedina.com.br

Sumário

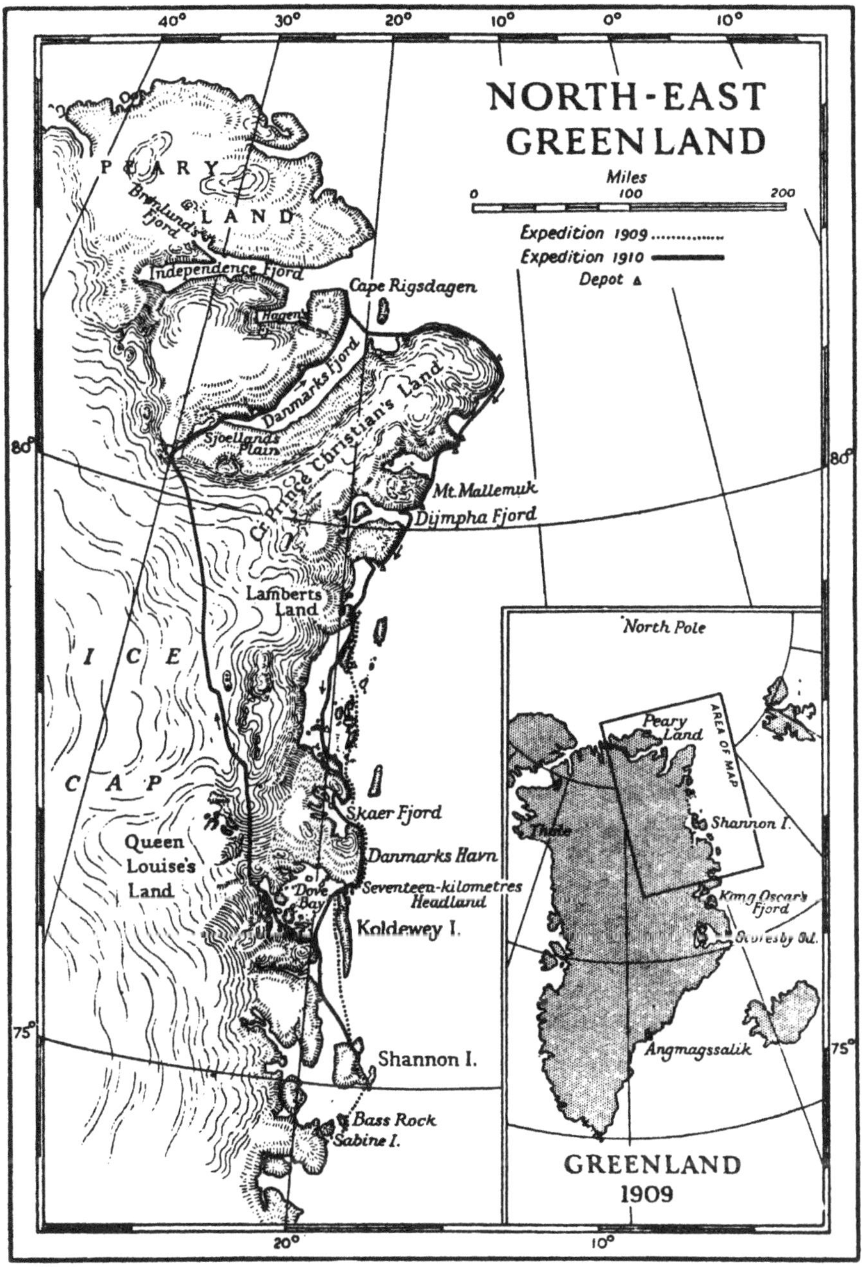
NORTH-EAST GREENLAND
Miles
0
100
200
Expedition 1909
Expedition 1910
Depot
40°
30°
20°
10°
0°
10°
80°
75°
20°
10°
PEARY LAND
Brønlund's Fjord
Independence Fjord
Cape Rigsdagen
Danmarks Fjord
Prince Christian's Land
Sjoellands Plain
Mt. Mallemuk
Dijmpha Fjord
Lamberts Land
ICE CAP
Queen Louise's Land
Skaer Fjord
Danmarks Havn
Dove Bay
Seventeen-kilometres Headland
Koldewey I.
Shannon I.
Bass Rock
Sabine I.
North Pole
Peary Land
AREA OF MAP
Thule
Shannon I.
King Oscar's Fjord
Angmagssalik
GREENLAND
1909

Ao meu leal e alegre companheiro no nordeste da Groenlândia, de 1910 a 1912.

Iver P. Iversen

Prefácio

A rainha Margarida II da Dinamarca estava colaborando como figurinista em uma adaptação de um conto de fadas de Hans Christian Andersen, dirigida por um bom amigo meu, Peter Flinth. Durante as filmagens, a rainha sugeriu que o livro de memórias *Two Against the Ice* de Ejnar Mikkelsen poderia virar um grande filme. Sendo um súdito bom e orgulhoso, Peter me enviou uma cópia do livro.

Era 2011, e eu estava na Bolívia trabalhando numa história ficcional sobre o que teria acontecido se Butch Cassidy tivesse terminado os seus dias nas montanhas locais. Ao ler *Two Against the Ice*, fiquei impressionado por a realidade ser, frequentemente, mais estranha e mais intensa do que a ficção. Sempre me senti atraído por histórias sobre exploradores, narrativas de homens e mulheres que, conscientemente, se colocam em perigo em busca de aventura e de descoberta. A história de Mikkelsen me arrebatou e nunca mais me largou.

Na virada do século passado, os exploradores do ártico — machos alfa nascidos com uma autoconfiança incrível na sua capacidade de alcançar o impossível — viajaram até locais onde a Natureza não tinha qualquer respeito pela vida humana. Arriscando as suas vidas para ir onde nenhum homem jamais esteve, muitos deles morreram.

O que distingue história de *Two Against the Ice* foi o fato de ter como protagonistas dois homens que eram os companheiros mais improváveis. Ejnar Mikkelsen, um explorador experiente, acaba a jornada com um jovem mecânico, Iver Iversen, que se juntou à expedição à Groenlândia liderada por Mikkelsen quando o mecânico original revelou ser inútil e estar sempre embriagado. Iver tinha pouca ou nenhuma ambição e sua experiência no Ártico era nula.

Portanto, quando Mikkelsen necessitou de um voluntário para acompanhá-lo em uma viagem difícil, foi surpreendente ser o inexperiente Iversen a avançar e a embarcar naquilo que acreditava serem apenas alguns meses de aventura.

Aqueles meses tornaram-se três longos anos, durante os quais os dois homens lutaram contra o gelo e o frio letais do Ártico, conseguindo sobreviver em virtude do companheirismo, da amizade e de uma confiança inabalável um no outro.

Neste livro, há um momento especial que me fez querer adaptá-lo como filme. A breve descrição de um postal que os dois encontram. O postal mostra um grupo de moças na frente de um edifício, e Ejnar e Iver escolhem namoradas imaginárias entre os membros do grupo. Ejnar escolhe apenas uma e Iver escolhe três — afinal, ele ainda era jovem — e as jovens tornaram-se bastante reais em suas mentes.

Para mim, o episódio deste simples postal simboliza a perseverança humana. Sem terem nada a frente além da morte inevitável, as suas mentes criaram um espaço ficcional para alimentar. Isto lhes dava um alívio necessário da desolação da sua realidade e, incrivelmente, contra todas as probabilidades, eles sobreviveram.

Ejnar e Iver tiveram o seu único desentendimento verdadeiro quando Iver compartilhou um sonho que incluía a jovem do postal que Ejnar tinha escolhido para ser a sua amada imaginária. Ejnar foi consumido pela raiva e pelo ciúme até que, finalmente, concordaram em desistir dos relacionamentos fictícios e, em vez disso, focar no seu companheirismo real como apoio. A maior ameaça que enfrentavam era a de perderem a confiança um do outro enquanto estavam separados por alguns metros de distância, presos no norte distante em uma pequena cabana na ilha Shannon.

Ejnar Mikkelsen é um grande contador de histórias que transforma a narrativa da sua viagem com Iver Iversen num relato do que significa ser humano. No âmago da nossa existência, as experiências mais valiosas que podemos ter são com os nossos companheiros na vida.

Fizemos o filme. Meu amigo Peter o dirigiu, meu parceiro de escrita e bom amigo Joe Derrick coescreveu o roteiro. Um novo amigo, Baltasar Kormákur, coproduziu. Amigos e companheiros a contar uma história de amizade e de companheirismo.

O filme é uma adaptação do extraordinário livro de Mikkelsen, e fizemos tudo o que estava ao nosso alcance para lhe fazer justiça. (O filme intitula-se simplesmente *Contra o Gelo*, e o editor do volume que você está lendo escolheu encurtar o título do livro em reconhecimento ao nosso esforço.) Tenho esperança de que o filme sirva como um bom companheiro para o livro.

Se assistir ao filme na Netflix, espero que fique com uma ideia da beleza absurda da Groenlândia, do imprevisível poder da Natureza e da necessidade humana fundamental de companheirismo. Divirta-se.

Copenhague
Outubro de 2021

NIKOLAJ COSTER-WALDAU

Capítulo 1
O Início de uma Expedição à Groenlândia

Uma expedição é posta de lado
— Mylius-Erichsen sucumbe nas regiões áridas —
A oferta de lorde Northcliffe e as suas consequências
— Uma partida feliz —
Maus presságios — Chegamos em Angmagssalik

O destino de um explorador desempregado não é feliz. A sua cabeça fervilha com planos para novas viagens, mas, pobre homem, normalmente lhe falta aquilo que é essencial para pôr esses planos em ação; pois está falido, sem um tostão, muitas vezes, ainda pior. Eu, pelo menos, pareço ter sempre ficado com algumas contas para pagar, grandes ou pequenas, ao final das minhas expedições, sem fazer ideia de onde viria esse dinheiro.

Há, claro, honorários a ganhar com artigos e palestras e, de vez em quando, um cheque pelo livro sobre a última expedição, mas fazem pouca diferença em um déficit enorme. Além disso, sentimos que, ao regressar a um país civilizado depois de diversos anos na natureza, temos direito a um período calmo e sem preocupações.

Em todos os países civilizados existe aquele tipo de pessoa que sente pena do pobre explorador sem raízes e sem dinheiro, e se apressam a recomendar que seja mais sensato e adote um modo de vida prudente, calmo e lucrativo, em vez de perder tempo perambulando em regiões selvagens. Não havia qualquer necessidade dessas pessoas me aconselharem isso, pois já era bem óbvio há alguns anos. Mas o que se pode fazer quando se nasce com uma inquietação eterna no corpo e é atraído apenas para aquelas partes do mundo que as pessoas sensatas só consideram adequadas para loucos?

Eu fiz uma tentativa genuína para ser sensato e fazer o que os outros jovens faziam, mas fui incapaz de suprimir a minha inquietação interior. Fiquei irritável e impaciente, impossível de aturar. Estava ansioso para partir de novo, para longe das amarras desgastantes da civilização, para o norte distante onde podemos viver a vida ao máximo e sermos nós mesmos. Era esta a situação em que eu estava no início do verão de 1908, depois de regressar de uma expedição de dois anos aos mares ao norte do Alasca, onde procurei por uma terra desconhecida, cuja existência e posição tinham sido teoricamente calculadas, além de também ter sido avistada pelas tripulações de dois navios e pelos esquimós do Alasca. Pelo menos, era o que diziam. Infelizmente, os teóricos estavam errados nos seus cálculos, e é um erro aceitar sem criticar tudo o que as pessoas insistem ter visto, pois a terra não estava onde fora calculado que estaria. A descoberta de que não era terra, mas uma ilha de gelo estava reservada à tola juventude do futuro, aos que, alegremente, arriscam as suas vidas em aviões de grande altitude e usam as estrelas como marcos ao longo da abóbada interminável do céu, de onde a vista é tão ampla que as enormes ilhas de gelo flutuantes foram finalmente descobertas. Agora, vagam devagar e à deriva com a corrente pelos mares polares, transportando cientistas e técnicos.

As minhas expectativas melhoraram em um dia escuro de outubro, quando um velho barco a vapor castigado por tempestades se arrastou até Copenhague e ancorou no porto. Era o *Danmark*, o barco da expedição de Mylius-Erichsen, que regressava ao lar com ótimos resultados após uma expedição de dois anos até à terra remota e desconhecida do Nordeste da Groenlândia. Mas a bandeira no mastro da popa estava a meio pau, e espalhou-se rapidamente a notícia de que os resultados obtidos tinham custado três vidas, incluindo a do próprio Mylius-Erichsen.

O explorador experiente sabia, obviamente, que a sua vida não mais valeria muito a partir do momento em que deixava a civilização e era engolido pela natureza, pois, ao contrário dos nossos jovens sucessores com os seus aviões e as transmissões sem fio, nós de uma geração anterior, tínhamos de nos desenvencilhar sozinhos, sem a menor possibilidade de obtenção de ajuda externa se as condições fossem piores do que as antecipadas. Nós estávamos conscientes disso, mas, ainda assim, é um golpe pesado quando uma bandeira a meio pau arrasta subitamente os nossos pensamentos das lutas e dos eventos do dia a dia e os obriga a voar para longe, para onde amigos e companheiros deram a sua vida a tentar arrancar dos desertos gelados alguns dos seus segredos bem guardados.

Eu conheci dois dos homens para quem aquela bandeira esvoaçava: Mylius-Erichsen, um idealista destemido, sonhador e poeta, e o leal groenlandês Jørgen Brønlund; e os meus pensamentos recuaram três ou quatro anos até a época em que Mylius e eu tínhamos muito contato. Ele estava decidido a ir à Groenlândia, e eu me inclinava para o Alasca, mas tínhamos falado bastante sobre as expedições que estávamos planejando fazer e, por um momento, fiquei muito tentado a deixar a terra desconhecida ao norte do Alasca permanecer desconhecida durante mais algum tempo e aceitar a oferta de Mylius-Erichsen para ser o comandante do navio da expedição, o *Danmark*. No entanto, nunca conseguimos chegar a um acordo, pois o Mylius tinha algumas ideias peculiares (ou eu pensava que eram então) sobre todos os membros da expedição serem iguais. O capitão e o copeiro deveriam ter o mesmo direito a voto em todas as decisões: o lema da expedição era o da concórdia, e tudo o que seria feito a bordo do navio ou em terra deveria ser do acordo de todos.

Parecia tudo muito bonito; no entanto, apesar de também ser considerado um idealista incurável, eu também era um marinheiro, e, como marinheiro com alguma experiência em navios e em pessoas, não podia acreditar no direito de consulta a todos e no princípio da igualdade, quer num navio quer em longas e árduas viagens de trenó. Mylius, no entanto, não queria ceder, e eu mantive o meu ponto de vista; e assim, nenhum resultado veio da nossa suposta colaboração, e cada um foi para seu lado no Norte que, naqueles dias, era tão interminável.

Um mês após o regresso do *Danmark* a Copenhague, eu já estava novamente em Londres a tentar a minha sorte com os ricos dali. Estava tendo pouco sucesso quando, um dia, recebi uma carta de lorde Northcliffe a solicitar que o visitasse, pois ele desejava discutir comigo um tema que poderia ser do meu interesse.

Os desejos do proprietário do Daily Mail eram ordens régias para homens como eu, que sempre tinham esperança no surgimento de ventos favoráveis, e eu compareci, perguntando-me o que o poderoso proprietário do jornal iria querer discutir comigo. Ele começou falando dos três homens que tinham perdido a vida na Groenlândia, dos seus diários e registros, nenhum dos quais tinha sido encontrado, exceto por fragmentos dos diários de Jørgen Brønlund, e o que estes poderiam conter; falou de exploradores polares ingleses que tinham desaparecido e de tudo o que a Inglaterra fizera para descobrir o que tinha acontecido a eles, e terminou dizendo algo sobre o fato de que eu jamais conseguiria dinheiro para outra expedição em busca da terra no mar de Beaufort, mas que tinha uma sugestão a fazer: eu deveria preparar uma expedição ao nordeste da Groenlândia e tentar descobrir os documentos dos homens mortos que com certeza teriam informações interessantes. Se eu conseguisse encontrá-los, ele iria publicá-los no Daily Mail. Ele pagaria todo o custo da expedição. Eu só tinha de aproveitar a oportunidade — e fazer o meu melhor.

Isso que é oferta! Imaginem conseguir equipar uma expedição sem ter que bater antes em diversas portas para obter o dinheiro necessário — que acabava sempre por ser muito pouco. No entanto, como dinamarquês, não me agradava a ideia de ser um inglês pagando a expedição e adquirindo com o seu dinheiro os direitos àquilo pelo qual três dinamarqueses tinham dado a vida para alcançar. Parecia ser pouco correto ou razoável, e senti vergonha pela Dinamarca, por ser lorde Northcliffe a oferecer-se para fazer aquilo que a Dinamarca deveria ter feito — se é que a tarefa era de alguma forma praticável.

Depois de uma noite em branco, com todo o tipo de pensamentos a rodopiar na minha cabeça, enviei ao lorde Northcliffe uma recusa delicada, e voltei à Dinamarca onde anunciei alegremente que já sabia o que queria fazer, que a vida tinha de novo adquirido propósito: naquele verão, eu iria à Groenlândia tentar encontrar os registros de Mylius-Erichsen.

Primeiro, contei ao meu velho amigo e líder da minha primeira expedição o que tinha acontecido em Londres, e pedi que falasse com outros no Comitê da Expedição Danmark, do qual ele era membro, e descobrisse se o Comitê me daria o seu apoio moral no que diz respeito à opinião pública. Não faria mal ter alguns bons sujeitos a me apoiar, pois eu estava ganhando fama de inoportuno.

Tive, então, uma reunião com o Comitê e, tendo recebido a sua promessa de apoio tanto moral como ativo, comecei a pensar em de onde viria o dinheiro. Mais uma vez, comecei o penoso caminho de falar, um a um, com aqueles que não só podiam como, pensava eu, deviam ajudar a pagar o que custaria para a Dinamarca cumprir seu dever com os três filhos desaparecidos no Nordeste da Groenlândia. O Governo tinha dado um subsídio considerável à Expedição Danmark, e agora tinham prometido que iriam cobrir metade do custo da minha. Depois disso, foi relativamente fácil obter o que necessitava, no total 50.000 coroas, e, no final de março de 1909, o Comitê conseguiu emitir uma declaração em que dizia que a expedição estava financeiramente assegurada.

Foi assim, e eu fiquei feliz por ter recusado a oferta de lorde Northcliffe. No entanto, ao mesmo tempo, pôs um fim à minha amizade com o tenente Koch, companheiro meu em uma expedição anterior e que tinha sido o número dois na Expedição Danmark. Antes de deixar a Groenlândia, o tenente Koch tinha viajado de trenó para o norte, até Lamberts Land, onde encontrara o corpo de Jørgen Brønlund e, no caderno de bolso do morto, os mapas em esboço de Hoeg-Hagen e o diário do Jørgen que terminava com as seguintes palavras, memoráveis e orgulhosas:

> "Sucumbi no fiorde 79 depois de ter tentado regressar através do manto de gelo em novembro. Cheguei aqui com o luar fraco e não consegui avançar mais devido às queimaduras de gelo nos dedos dos pés e à escuridão. Os outros corpos podem ser encontrados a cerca de vinte quilômetros em frente ao glaciar existente a meio do fiorde. Hagen morreu em 15 de novembro, Mylius cerca de dez dias depois."

Depois disso, Koch pensou que quaisquer outras buscas pelos corpos dos homens mortos, e quaisquer diários ou cadernos que estes pudessem ter, seriam, e continuavam a ser, em vão; além disso, também pensava que ele, representando os demais membros da Expedição Danmark, tinha feito tudo o que podia ser feito para descobrir o destino dos seus companheiros.

O Comitê da Expedição Danmark, que tinha assumido a posição de agir como minha garantia, compartilhava da minha opinião de que mais devia ser feito e as autoridades, presumivelmente, também; caso contrário, o Parlamento dificilmente teria concordado em pagar metade do custo de uma expedição para procurar mais vestígios dos homens desaparecidos.

Encontrei um navio adequado em Stavanger, o *Alabama*. Era um iate Nordland, espaçoso para um barco daquela dimensão, pois tinha apenas quarenta e cinco toneladas. Também foi barato, custando somente 6.000 coroas, mas o dono tinha retirado tudo que não estivesse pregado.

Trouxe o barco para Copenhague, onde foi remodelado desde a quilha até a borla e foi instalado um novo motor, comparativamente um verdadeiro monstro, apesar de ter apenas 18 cavalos. Depois de esfregado e brilhando com tinta e metais novos, foi ancorado no cais do Departamento Real de Comércio da Groenlândia para ser carregado de equipamento e de provisões para dezesseis meses, mas para que também pudéssemos mostrar o nosso belo navio aos que tinham tornado possível transformar um iate Nordland, apesar do seu tamanho, num navio de uma expedição tão bom como qualquer outro que tivesse navegado de Copenhague com rumo às massas de gelo da Groenlândia Oriental. As pessoas não esperavam nem exigiam tanto naqueles tempos distantes.

Os nossos amigos ficaram surpresos que o nome *Alabama*, estranho aos olhos e às ideias dinamarquesas, ainda figurasse no flanco do navio, e que estava até gravado numa placa de mogno e com letras cuidadosamente douradas; mas há uma velha superstição do mar que diz que devemos ser muito prudentes ao trocar o bom nome de um navio antes de uma longa e perigosa viagem, pois negar o passado a um navio pode resultar em muito sofrimento e infortúnios. Portanto, foi-lhe permitido manter o seu velho nome, apesar de todos percebermos que poderíamos ter encontrado facilmente um nome bem mais adequado à sua missão do que aquele que já tinha.

Os membros do Comitê, cavalheiros de ar majestoso que usavam sobrecasacas e cartolas lustrosas como se fossem a um batizado, subiram a bordo para inspecionar o navio. O primeiro-ministro também quis ver o que adquirimos com o subsídio governamental, e o chefe do Governo Regional da Groenlândia esteve lá para nos garantir o apoio que seria dado pelo Governo. O embaixador americano foi lá, também de cartola, para admirar a maravilha e verificar ele próprio que era realmente possível equipar uma expedição à Groenlândia com a parca soma que disséramos ser suficiente. Como americano, ele mal podia acreditar nisso. Ao todo, tivemos tantos visitantes a bordo que o barco parecia muito menor do que parecera antes. Dessa forma, todos os outros pensaram que era pequeno demais para aguentar uma viagem tão longa.

Quando todos os forasteiros partiram, o presidente do Comitê pediu para reunir a nossa pequena tripulação na popa e, então, leu uma mensagem que o rei Frederico VIII nos dirigiu. Enquanto a lia, um rapaz do telégrafo aguardava no cais. O seu telegrama era do príncipe herdeiro, Cristiano.

Os votos de felicidades e a atenção que estávamos recebendo eram quase opressivos. Quando, finalmente, terminou a comoção e ficamos sozinhos, dirigi-me à cabine onde o tenente Vilhelm Laub, o tenente C. A. Jørgensen e eu estaríamos acomodados durante a viagem. Sentado ali, os meus pensamentos regressaram momentaneamente à minha partida de Vancouver, quando sai na minha última expedição a bordo do pequeno *Duchess of Bedford*, e como a lancha do chefe do cais tinha nos perseguido, transportando um chinês ansioso que, aos gritos, exigia pagamento por umas calças que tinha limpado e passado a ferro, dois dólares no total, e como, todos juntos, não tínhamos conseguido angariar a soma, apesar de termos esvaziado todos os nossos bolsos.

Não podia haver maior contraste entre aquele momento e o presente, e se votos de felicidade servissem para alguma coisa, então tudo correria bem conosco na nossa viagem até o distante nordeste da Groenlândia.

Estávamos em 1909, e o verão estava no seu esplendor máximo quando chegou a hora da partida e o pequeno *Alabama* se dirigiu ao mar, para a sua longa viagem até à Groenlândia Oriental, acompanhado por votos de felicidades e com esperança e confiança no leme.

Três semanas mais tarde, e durante muito tempo depois disso, foi como se todos os nossos esforços e todas as nossas esperanças estivessem destinados a serem frustrados por circunstâncias sobre as quais não tínhamos qualquer controle.

Os nossos infortúnios começaram quando formos buscar os cinquenta cães de trenó que tinham sido adquiridos para nós na Groenlândia Ocidental e enviados paras as ilhas Faroe num dos barcos do Governo Regional da Groenlândia. Tinham sido animais bons e fortes, mas as durezas da viagem e, talvez, um tratamento imprudente e injustificável tinha dado cabo deles; portanto, depois de debatermos o tema com as autoridades, homens que entendiam do assunto, acabamos forçados a abatê-los.

O segundo infortúnio aconteceu com o nosso groenlandês. Deveria ter nos acompanhado como caçador e cuidador dos cães, mas ali estava ele, na cama de uma das nossas cabines, com pneumonia, a lutar pela vida. O médico local ordenou que fosse imediatamente transportado para terra, e, portanto, também o perdemos.

Sem cães não estávamos em posição de fazer nada, e eu deveria ter dado atenção aos avisos do destino e ter desistido. Mas nunca gostei da ideia de desistir de uma viagem já começada, e, passada uma semana de conversas por telégrafo com o Comitê em Copenhague, deixamos as ilhas Faroe e dirigimo-nos para Angmagssalik, na expectativa de uma viagem rápida e de obtermos os cães de que necessitávamos como recompensa pelo risco que corríamos, pois uma viagem destas era um empreendimento perigoso tão cedo no ano. No entanto, correu tudo bem, e compramos todos os cães que os esquimós podiam ceder. Agora tínhamos tantos cães quantos os que tinham sido enviados da Groenlândia Ocidental, mas estes cães não tinham a mesma qualidade, eram tão pequenos e fracos que eu tive sérias dúvidas sobre eles. Mais uma vez, deveria ter desistido, mas confortei-me com a ideia de que talvez os cães fossem melhores do que pareciam, o que era um triste consolo.

Infelizmente, não foi o fim dos nossos infortúnios, longe disso. O motor começou a dar problemas e falhou quando mais necessitamos dele. Inicialmente, estávamos convencidos de que eram os problemas normais do começo de uma expedição e aliviávamos a nossa frustração ao modo dos marinheiros de verdade, praguejando contra o motor que esperávamos que nos fizesse ultrapassar o gelo à deriva. No entanto, não demorou muito até começarmos a nos interrogar se talvez o motor estivesse bom e nossa verdadeira dificuldade fosse simplesmente o fato do nosso mecânico, altamente recomendado, não conseguir mantê-lo funcionando. As nossas dúvidas transformaram-se aos poucos em certeza: o nosso mecânico definitivamente não dava conta do trabalho e teria de ser substituído por outro melhor, ou então teríamos de abandonar a ideia de chegarmos à Groenlândia Oriental tão tarde no ano.

Mas onde é que iríamos encontrar outro homem, e melhor? Pela terceira vez, eu deveria ter desistido, pois todas estas dificuldades e atrasos tinham consumido grande parte do curto verão da Groenlândia durante o qual deveríamos ter realizado muita coisa. Por sorte, o navio de inspeção do governo dinamarquês, o *Islands Falk*, estava na Islândia, onde tínhamos chegado no meio de uma tempestade com os nossos cães franzinos, o motor avariado e um mecânico inútil. Contei o meu drama ao capitão, e ele, um homem robusto, prontificou-se a fazer o possível. O telégrafo começou a trabalhar; o almirantado dinamarquês foi muito solícito e, após a troca de alguns telegramas, o capitão teve autorização para dizer à sua tripulação que quem quisesse estava autorizado a voluntariar-se como mecânico a bordo do *Alabama*, e ganharia a gratidão do almirantado por ajudar uma boa causa.

Um dos homens voluntariou-se, disseram-me, apenas um. O nome dele era Iver P. Iversen, e todos pareciam concordar que, se alguém conseguia pôr uma máquina para funcionar da forma como deveria, esse alguém era Iversen. Isso me soou bem, e eu subi a bordo do *Islands Falk* e pedi para falar com ele. Ele desceu até à cabine do capitão, baixo e delgado e sem nenhuma característica especial, mas entusiasmadíssimo por começar a trabalhar em um motor de que um irmão mecânico tinha desistido e que estava desmontado em inúmeras peças na nossa pequena casa das máquinas.

— Bem, então o que me diz, Iversen? — perguntou o capitão. — Consegue arranjar este motor? E vai na expedição até lá em cima?

Iversen respondeu sem hesitar que sim, que, se não faltassem peças, conseguiria certamente pôr o motor a funcionar. E mesmo se faltasse uma peça ou duas, conseguiria arrumá-lo de forma satisfatória. E que também gostaria de ir na expedição. Há muito que queria fazer isso, desde que lera os artigos sobre a expedição de Ejnar Mikkelsen que saíram no Familie Journal.

E assim ficou decidido. Não era possível que Iversen fosse menos talentoso e enérgico do que o mecânico que tivemos até então. Algumas horas depois, ainda de noite, o *Islands Falk* passou a ponta de uma amarra para nos rebocar para norte, e o Iversen passou para o pequeno *Alabama* depois de uma longa despedida dos seus alegres companheiros no elegante navio de guerra.

Quando já estávamos afastados da terra, Iversen acenou-nos alegremente e desceu até a motor. Pouco depois, ouvimos o ruído acelerado de marteladas em aço ressonante, o arranhar de lixas, o estardalhaço de peças de motor a serem atiradas por todo o lado, tudo isto acompanhado ou por uma melodia alegre ou por assobios profundos, e interrompido por curtos períodos de silêncio, quando Iversen ponderava sobre os seus problemas. A vida tinha chegado subitamente a uma casa das máquinas que, até ali, tinha estado muito morta.

Laub veio até mim enquanto eu ouvia encantado os sons da energia vibrante e da atividade que emergiam do buraco negro, e concordamos que Iversen sabia mesmo como trabalhar. Só depois de um dia e uma noite de reboque, quando chegou a hora de nos despedirmos do *Islands Falk*, é que Iversen pôs a cabeça para fora da casa das máquinas. Estava todo sujo e precisava desesperadamente dormir; estava ferido pelo impacto de desbastar pedaços de ferro pesados, mas mostrou-nos os seus dentes brancos num sorriso alegre e disse: — Bem, capitão, basta dar a ordem e o motor vai pegar.

Para nossa grande alegria e surpresa, o motor realmente pegou, e, mais do que isso, não sibilou, nem deu solavancos ou fez barulhos, nem emitiu gases sufocantes. E, maravilha das maravilhas, parou apenas quando deveria parar e voltou a arrancar novamente quando necessitamos do seu impulso.

Agora, finalmente, as coisas pareciam estar melhorando, mas todas estas dificuldades e reveses imprevistos já tinham custado um mês e meio de temperaturas de verão que deveríamos ter aproveitado ao máximo. Quando o *Islands Falk* nos deixou um pouco a norte da Islândia, já devíamos ter atravessado o gelo há muito tempo, gelo que não iriamos ver se não dali a dois ou três dias.

Capítulo 2
Finalmente a Groenlândia Oriental

Uma luta dura com o gelo à deriva — Porto de inverno —
Homens e animais preparam-se para o inverno — Uma mudança nos planos

O ano já ia avançado quando, acima do horizonte a oeste, vimos no céu o brilho amarelo-esbranquiçado que trai a proximidade do gelo. As condições atmosféricas eram as piores possíveis para tentarmos passar pelo gelo à deriva. Nuvens baixas estendiam-se pelo céu como um inimigo derrotado, perseguidas por uma tempestade uivante vinda do Norte que lançava rajada após rajada de neve para nos envolver, e por ondas varridas pelo vento que se quebravam em uma arrebentação espumante contra a borda do gelo.

A única ação justificável teria sido, sem dúvida, ficarmos afastados e esperarmos por condições melhores antes de entrarmos no gelo. Mas, para além da barreira de gelo batido e das ondas barulhentas, conseguíamos vislumbrar longas faixas de mar aberto entre as banquisas flutuantes, um caminho navegável para oeste, até a costa da Groenlândia.

Era uma visão hipnotizante e tentadora, tentadora demais para uma pessoa impaciente; portanto, quando vi uma ínfima abertura na periferia das banquisas que oscilavam violentamente, a minha ansiedade para chegar ao oeste mandou a cautela e o cuidado para o vento: não podíamos desperdiçar aquela oportunidade. Enquanto eu subia no mastro para tentar guiar o navio lá de cima pelo caminho entre as banquisas, Iversen ligou o motor; e depois, com as velas ao vento e o motor a toda a velocidade, corremos em direção à beira do gelo, onde as ondas estavam fazendo tanto barulho como na costa oeste da Jutlândia em uma tempestade em terra.

Arrependi-me da minha precipitação tarde demais; demorei a perceber que quase não havia chance de passarmos ilesos através de toda aquela confusão de gelo e de ondas trovejantes a cinquenta metros a sotavento. Mas não conseguíamos voltar ao mar aberto, pois tanto o mar como o vento estavam focados em nós. Não havia nada a fazer a não ser esperar que o destino nos sorrisse e que conseguíssemos escapar por um pequeno canal estreito entre duas grandes banquisas enquanto se mantivessem afastadas no meio daquela tremenda agitação. Quando conseguíssemos atravessar aquele canal as coisas ficariam mais fáceis com certeza, pois, a cerca de uns duzentos metros da borda, o gelo já parecia ser navegável.

No entanto, a nossa sorte nos abandonou no momento mais crucial, e, viajando na crista de uma onda, o *Alabama* atingiu uma velocidade de seis ou sete nós antes de bater em um monte de gelo, batendo com tanta força que o casco e o mastro rangeram. O barco ficou ali, completamente encalhado no gelo entre ondas enfurecidas. As velas balançavam violentamente enquanto nós nos agitávamos com o vento guinchando à nossa volta. A arrebentação passava por cima da amurada e percorria o convés. Os cães ganiam com medo da água, dos estalidos das velas que cediam, e dos golpes ribombantes que sacudiam o navio e faziam com que todas as tábuas do casco rangessem.

Parecia que era o fim.

Felizmente, não tivemos tempo para pensar nisso. Tive de descer o mais depressa possível do mastro que oscilava violentamente e ajudar os outros a tentar repelir os piores solavancos no convés, e, se possível, colocar o navio novamente na água. Lutamos com croques longos, corremos em cima de banquisas agitadas que os mares estavam continuamente alagando, tentando amarrar cordas a pedaços de gelo saliente, para guiar o navio até as águas abertas e relativamente mais calmas entre as banquisas.

Tivemos mais sorte do que eu merecia, e, depois de uma hora de luta, sendo a perda do navio uma possibilidade muito óbvia, conseguimos passar pela estreita barreira de gelo até águas relativamente calmas.

Como é natural, o barco tinha sofrido alguns pequenos danos com o tratamento duro que tinha recebido, uma madre do leme rachada, por exemplo. Mas qual a importância disso? Independentemente dos estragos, se o barco flutuasse e fosse navegável, ainda serviria ao seu propósito, que era nos levar até algum lugar na costa de onde pudéssemos dar início às nossas viagens de trenó. Depois disso, conseguiríamos, de uma maneira ou de outra, voltar para a Dinamarca, independentemente se tivéssemos ou não um barco próprio.

Seguiram-se, então, alguns dias felizes em que progredíamos bem por entre as banquisas de gelo que se estendiam ao longo de diversos quilômetros, e dias de tempestade entre gelo flutuante que apertava o nosso pequeno barco com tanta força que estivemos na corda bamba sem saber se ele seria esmagado como uma casca de ovo ou se seria libertado e chegaria às águas abertas que conseguíamos ver mesmo logo à frente. E assim, um dia, já no fim do verão, chegamos à costa da Groenlândia Oriental. Estávamos bem mais ao sul do que tínhamos calculado, uns cento e sessenta quilômetros, e sofreríamos por isso quando começássemos as viagens de trenó. No entanto, não havia nada a fazer, pois o gelo estava compactado ao norte até onde a vista alcançava, e as pequenas aberturas vislumbradas aqui e ali estavam constantemente mudando com as alterações da maré e da corrente sem levar a lugar nenhum, exceto, possivelmente, a novos perigos semelhantes aos que tínhamos acabado de escapar. Assim sendo, juntamos o útil ao agradável, e fomos tão cautelosos quanto era possível. Os dias estavam diminuindo e as tempestades de outono começavam a importunar seriamente tudo o que se movia em terra ou no gelo. Avançamos com cuidado entre o gelo e os recifes e encontramos um abrigo, o mais ao norte que podíamos chegar com o nosso navio. Ali, soltamos a âncora, jogamos as amarras para terra e preparamos o navio para o inverno, esticando a vela principal sobre ele, da proa à popa, como se fosse uma tenda.

As aves migratórias já tinham partido há muito tempo para as belas terras do Sul; e sequer se ouviam os gritos ásperos das aves marinhas, já que um mar coberto de gelo não lhes proporcionava alimento. De vez em quando, conseguíamos ouvir o crocitar rouco de um corvo solitário e faminto, a deslizar como as corujas brancas pelo ar límpido por cima das nossas cabeças, vigiando a terra com os seus olhos perspicazes em busca de lemingues, de um tetraz das rochas assusto (de preferência, filhotes de tetraz), ou uma lebre, todos eles alimentos bem-vindo nos duros dias de outono.

Ursos polares solitários perceberam ao longe os odores paradisíacos vindos do nosso pequeno acampamento e visitaram-nos de dia e de noite, na esperança de conseguirem dividir conosco o que cheirava tão bem. Os cães ladraram e enfrentaram com bravura os grandes animais que rosnavam e agrediam os seus adversários franzinos com patas que, uma vez, fizeram um cão voar com sangue jorrando de grandes feridas. Ao verem isto, os outros cães saltaram em cima do desgraçado maltratado e sangrando e terminaram zelosamente o que o urso tinha começado com tanta eficiência.

Claro que não podíamos evitar a participação na luta sangrenta. As espingardas dispararam, as balas assobiaram, e, geralmente, o urso descobria tarde demais que exigíamos a pena de morte pela tentativa de roubar aquilo que era, inegavelmente, nosso. E quando o urso, finalmente, caía numa poça de sangue, tínhamos de manejar os chicotes para manter os cães afastados. O sangue fresco de urso, fumegante, pode excitar de tal forma um cão de trenó meio faminto que este esquece do medo do dono, e se consegue surrupiar um pedaço de carne fresca de urso, vai devorá-lo até ao último pedaço, e quase sufocar na tentativa de o engolir inteiro antes que os outros consigam arrancar o prêmio.

De vez em quando, na margem, víamos um animal grande e branco a circundar as imediações. Parecia um cão grande e era, de fato, um dos ávidos lobos polares que já desapareceram da Groenlândia Oriental, apesar de ainda serem bastante numerosos naquele tempo. Os nossos cães sentiam quase sempre a sua presença e atacavam num grupo unido com uivos, rosnados e muitos latidos. Depois havia guerra entre irmãos, mas, de uma forma geral, estava tudo terminado quando conseguíamos chegar ao campo de batalha com as nossas espingardas, e os cães dilacerados, sangrando, mancado e assustados, procuravam proteção ao nosso lado. Nunca conseguimos acertar um lobo, pois fugiam sorrateiros assim que viam a ajuda chegando.

Também havia raposas-do-ártico, tanto brancas como azuis. Engoliam os restos de qualquer comida que os cães por milagre deixassem passar e, quando um urso era abatido, vinham devorar a carne e o sangue lado a lado com os cães.

Havia muito trabalho a fazer quando a escuridão, o frio e as tempestades ruidosas de outono começaram de verdade. Tínhamos que cuidar dos cães, os trenós tinham de ser amarrados, e as provisões pesadas e empacotadas para a nossa viagem de trenó eminente até Lamberts Land, e havia um sem-número de coisas a fazer no navio. Íamos alternando os cozinheiros, e de noite dormíamos o sono dos jovens cansados, apenas perturbados pelos sons estranhos emitidos quando o gelo cravava no casco do navio e a umidade aprisionada congelava e abria fendas de gelo nas tábuas, ou quando o gelo era fraturado no processo de congelamento e gritava como um homem em apuros ao quebrar.

Quanto mais congelava, mais nos alegrávamos, pois tínhamos uma longa viagem de trenó pela frente e quanto mais cedo a iniciássemos, melhor. As tremendas dificuldades da minha viagem ao longo da costa do Alasca ainda estavam tão frescas na memória que eu queria terminar esta viagem antes de ficar frio e escuro demais. Além disso, tínhamos de fazer a travessia em mar aberto até à ilha Koldewey, uma distância pequena quando medida com transferidores na carta náutica, de apenas sessenta e cinco quilômetros, mas uma perspectiva desconfortável quando nos sentávamos numa colina perto do nosso porto de inverno e olhávamos para o mar, em direção a norte. O mar estava em movimento constante e rápido, e onde parecia haver um caminho bom para os trenós num dia, no dia seguinte só havia praticamente água. Como iríamos atravessar aquela extensão de gelo e água com trenós e cães?

Seria mesmo possível chegar até Lamberts Land com trenós com o ano tão avançado? Em breve, teríamos tempestades de neve nos castigar todos os dias; o caminho de ida seria sempre difícil, e a escuridão tão intensa que poderíamos avançar apenas algumas horas por dia. Estávamos a quinhentos e trinta quilômetros Lamberts Land, e tínhamos esperanças de conseguir voltar. Mesmo em circunstâncias ideais, mil e cem quilômetros são uma longa distância para percorrer com trenós, e teríamos tudo contra. Seria possível nas atuais condições?

De qualquer forma, era necessário tentar, já que nos víamos obrigados a alterar completamente os nossos planos originais. Os atrasos sofridos nas ilhas Faroe e na Islândia, e a viagem até Angmagssalik para irmos buscar os novos cães, tinham custado mais de um mês do melhor período para a navegação no gelo. Como resultado, chegamos na costa da Groenlândia Oriental tão tarde que tínhamos de nos considerar afortunados por termos chegado tão ao norte e encontrado um porto de inverno relativamente aconchegado na ponta nordeste da ilha Shannon; apesar de ainda estar, infelizmente, a uns duzentos quilômetros ao sul da estação de Danmarks Havn, para onde tínhamos planejado a nossa rota.

Senti que a forma como os acontecimentos tinham se desenrolado nos obrigava a tentar a viagem de trenó até Lamberts Land, e a minha prontidão precipitada para arriscar abafou a voz do senso comum, dizendo que o gelo duro podia chegar mais cedo e tornar o mar de gelo relativamente seguro para passar de trenó, que as tempestades de outono podiam ser poucas e de curta duração e que, como a lua iria estar cheia na altura em que previamos chegar a Lamberts Land, nem mesmo a escuridão deveria colocar dificuldades insuperáveis no caminho da nossa busca.

Expliquei aos meus companheiros as dificuldades consideráveis que deveríamos estar preparados para encontrar na nossa viagem. Jørgensen estava preparado para me acompanhar, com ou sem dificuldades, e, depois, um dia, o Iversen veio até mim e disse:

— Olha, o motor não vai ser usado por agora, portanto, estou sem trabalho. Posso acompanhar vocês na viagem de trenó a Lamberts Land?

Iversen era o menor e mais franzino de todos os meus companheiros, mas não havia qualquer dúvida sobre a sua determinação, força e sede de aventura. Era verdade que não tinha nada de especial para fazer a bordo do navio; tinha-se voluntariado livremente e riu de todos os avisos que o meu bom-senso ainda me transmitia e que eu agora lhe dava.

— Só vão aonde tem que ir — disse ele. — Eu acompanho sem problema, mesmo que haja mar aberto, tempestades, neve, escuridão e quaisquer outras diabruras!

Assim ficou decidido. Depois daquilo, o que restava fazer era verificar se estava tudo pronto para a viagem e aguardar por um gelo severo precoce, que esperávamos que fizesse uma ponte entre as ilhas Shannon e Koldewey e formasse uma camada sólida de gelo ao longo da costa aberta até o Norte, a partir da estação de Danmarks Havn.

Com isto, *tínhamos* de chegar a Lamberts Land, com outono ou sem outono. Portanto, por que pensar tanto em tudo o que nos desaconselhava a fazer a tentativa? Tinha de ser feita e ponto final.

Capítulo 3
De Trenó na Escuridão e na Tempestade

Condições duras para viajar de trenó
— Os cães morrem de exaustão — Escuridão,
tempestade e neve persistente — Lamberts Land
— o túmulo de Jørgen Brønlund —
Furação em Danmarks Havn — Queimadura de gelo
— Estamos de volta

Desde o início de setembro, mantivemos os trenós carregados e prontos para partir, e começamos a tentar acostumar os cães a andar de forma mais ou menos pacífica em grupos que montamos com aqueles que consideramos mais adequados para a longa viagem, independentemente dos companheiros que os próprios cães preferiam. Conseguimos à custa de muito suor e de muitos gritos, pois cães são criaturas obstinadas; e os nossos chicotes precisavam cair com força nos mais teimosos que tentavam se esquivar ao trabalho para o qual tinham sido criados e ganiam de dor quando o chicote acertava ou uivavam com o desejo de voltar a se juntar ao alegre grupo alegre dos seus companheiros desatrelados.

Só conseguimos partir no equinócio, mas, apesar de tudo, a viagem correu bem melhor do que a nossa teimosia merecia. Todos os dias, passávamos com os trenós por cima de gelo fino e móvel que se quebrava por vezes demais sob nós, ou era furado por um narval curioso e brincalhão que passeava na água fria e quebrava a crosta reluzente de gelo com o dorso ou com a longa presa de unicórnio; era fascinante vê-los, mas extremamente perigoso. Por diversas vezes, o gelo era tão fino que conseguíamos ver através dele os narvais nadando, e isso não era muito agradável. Por várias vezes, tivemos de passar longas horas no frio e na neve incessante, à espera de que a corrente juntasse o gelo recém-formado e, dessa forma, construir uma ponte entre as banquisas à deriva, pela qual conseguíssemos passar em relativa segurança com os nossos trenós e os nossos pertences.

Quando o clima nos obrigava a parar, ou se a escuridão impedisse qualquer viagem de trenó, quase sempre conseguíamos encontrar uma banquisa relativamente sólida sobre a qual montávamos uma tenda, e isso era uma verdadeira alegria para pessoas que tinham tão poucas alegrias como nós naquela viagem.

Os cães sofreram bastante, pois era exaustivo puxar os trenós pesados sobre a superfície salgada do gelo recém-formado, em que os esquis ficavam presos. As farpas do gelo novo, afiadas como vidro, dilaceravam as almofadas das patas dos cães, deixando a neve ao longo do nosso caminho manchada de sangue; e os ocasionais mergulhos acidentais que davam na água gelada eram suficientes para tirar a coragem até ao mais intrépido dos cães. Foi, no todo, um pesadelo de viagem para os nossos pobres cães chorões, e todo aquele tormento tirou-lhes as forças e lhes roubou a coragem muito antes de chegarmos à estação de Danmarks Havn.

Naquela altura, um dos cães já tinha morrido, muito provavelmente de exaustão, e vários estavam tão fracos que parecia que teriam o mesmo destino. Assim sendo, gostando ou não, depois daquela viagem de dezesseis dias, que não devia ter durado mais de cinco, tivemos que dar aos cães alguns dias de descanso na cabana da Expedição Danmark, montada numa planície entre o gelo do mar e as montanhas no interior.

Eu e os meus companheiros tínhamos sofrido quase tanto quanto os cães, também precisávamos descansar, mas apesar de muito tentador, não podíamos evitar olhar melancólicos para a escuridão que aumentava rápido e ficava cada vez mais ameaçadora com o passar dos dias, tempestuosa, com neve persistente e com um calor relativo; tudo isso a uma altura do ano em que contávamos com gelo duro e estrelas brilhando. A lua não podia falhar, já que todo o resto já tinha falhado, e, ocasionalmente, mostrava seu rosto encorajador entre as nuvens que passavam, prometendo mais luz assim que estivesse totalmente cheia e mais alta no céu, ao mesmo tempo que os dias ficavam mais escuros.

Não nos atrevemos a permanecer muito tempo na estação de Danmarks Havn, e, depois de quatro dias de descanso e de segurança, partimos novamente para norte. Lutávamos o tempo todo contra tempestades e tempo ruim, viajando de trenó por cima de gelo novo quebradiço ou gelo velho violentamente comprimido, cheio de buracos cobertos de neve fofa, tão profundos que muitas vezes ficamos enterrados até à cintura, enquanto, outras vezes, pouco se via além das cabeças e das caudas dos cães.

Foi uma viagem árdua. A escuridão chegava cada vez mais cedo todos os dias, enquanto nos esforçávamos para ir para norte, em direção a uma escuridão ainda maior; e a neve persistente impedia-nos de saber onde estávamos. Os cães ficavam mais fracos cada vez mais rápido. Naquele outono difícil, passaram por coisas piores do que quaisquer outros cães que eu já vira. E o pior de tudo, a circunferência brilhante do sol, que parecia não ter calor, só frio, afundava em uma velocidade horripilante no horizonte a sul, diminuindo de diâmetro sempre que o víamos. Em 25 de outubro, um dia calmo e límpido, vimos o sol pela última vez em 1909.

O sol era uma bela visão, brilhando no meio de uma vasta extensão laranja-avermelhada que, imperceptivelmente, transformava-se em um delicado brilho verde e que, por sua vez, se fundia com o azul do céu acima do horizonte, onde as estrelas já começavam a brilhar. Mas o arco do céu a norte era negro, preto até o horizonte, sombrio e ameaçador. Nosso caminho era na direção desse arco. Em breve, iria nos rodear.

Fizemos uma pausa na nossa marcha forçada para podermos nos despedir do sol, que não iríamos ver de novo até ao final de fevereiro. E assim, o sol afundou por trás do horizonte, enviando os seus últimos raios de fogo pelo gelo e pela terra, lançando uma breve chama entre as imensas montanhas no profundo manto de gelo e dando uma cor morna e fugidia às montanhas negras que nos circundavam; curvávamos as cabeças como se um bom amigo tivesse morrido e o seu caixão tivesse acabado de ser colocado na sepultura. Sentimo-nos horrivelmente sós e abandonados na desolação que nos envolvia.

As nossas sombras que se projetavam à nossa frente, em direção ao norte, indicaram a direção em que tínhamos de ir... e desapareceram. As cores à nossa volta desvaneceram-se. As montanhas mantiveram-se negras, as que estavam perto de nós e as que estavam distantes, e até mesmo o gelo parecia diferente de quando o sol o iluminava e lançava as suas sombras, o que causa mais impacto no estado de espírito de um homem do que normalmente era percebido.

Os cães ganiam sob o flagelo do frio e, quando decidimos avançar novamente, um deles estava morto, morto de exaustão. Um outro levantou-se com dificuldade, puxou o trenó por cerca de uma hora, cambaleou, caiu, ficou ali deitado por um momento a olhar para nós com lindos olhos suplicantes, depois se levantou com dificuldade, mas não conseguiu puxar mais: caminhando com a guia solta, caiu pela última vez e morreu uma hora depois.

Esquartejamos os dois cães mortos para que os outros pudessem viver, pois a sua carne não deixava de ser um pouco mais nutritiva do que os excrementos e as tiras de pele de foca que comiam sempre que havia oportunidade; e, assim, a nossa caravana continuou a se esforçar em direção ao norte e à escuridão. Bem acima das nossas cabeças, uma lua cheia nadava entre uma multidão de estrelas, iluminando o nosso caminho mesmo com seus raios brilhantes nos congelando até os ossos.

Seguiram-se dias árduos, de esforço interminável e cães morrendo, em que partíamos muito antes do início da aurora fraca e acampávamos à noite, junto ao brilho da pequena lanterna. Mas Lamberts Land estava próxima. As suas sombrias montanhas verticais apresentavam-se imponentes à nossa frente, e trazíamos sempre na memória os três homens, que há quase três anos tinham se debatido pela escuridão até os portões da morte, com o gelo corroendo suas mãos e seus pés.

Eu lembrava do quão feliz e confiante Mylius estivera na ensolarada Copenhague antes de ele partir para a Groenlândia e eu para o Alasca, e pensei no seu último esforço apático antes de sucumbir à exaustão, com a mesma paisagem maléfica diante dele que tínhamos agora tão perto. Lembrei-me de Jørgen Brønlund e de como tinha vindo até a mim há três ou quatro anos dizendo:

— Prometi ir com Mylius onde quer que ele vá, e não vou quebrar a promessa que fiz. Vou com ele, mas desejo a todos o maior sucesso na sua viagem.

Este groenlandês fiel mantivera a sua promessa até o trágico fim. Depois, sob o luar minguante, deixara o corpo do seu companheiro em algum lugar a frente do glaciar que agora conseguíamos apenas vislumbrar na escuridão que se aproximava, e continuou sozinho. Cada um dos seus passos cambaleantes, que o afastavam do acampamento do companheiro, em direção à terra à nossa frente, onde chegou com o gelo corroendo seus pés, deve ter sido um esforço tremendo e um tormento. Mas estava determinado a chegar a um local onde o seu corpo e a informação que transportava sobre a terra desconhecida, informação que os três tinham dado a vida para obter, tivessem chance de serem encontrados, tal como foram, alguns meses mais tarde, pelo tenente Koch.

Desejando ficar sozinho com as memórias dos meus amigos mortos, fiquei um pouco à frente dos outros durante o resto do caminho; cheguei à costa e continuei a avançar em ritmo lento pela terra, com a cabeça cheia de todo o tipo de pensamentos melancólicos. Foi então que avistei rastos de raposas, primeiro um, depois vários, irradiando como raios de um pequeno buraco na neve e estendendo-se a uma distância considerável através do gelo e da terra. As marcas mostravam que diversas raposas saiam e entravam de uma toca debaixo do buraco negro na neve. Aquele buraco me atingiu como algo horrível, com o horror da morte, ou, nas condições de há três anos, fora a entrada para um mundo de paz e de descanso.

Eu estava convencido que, debaixo da cobertura branca com o seu pequeno buraco negro de onde os rastos das raposas se irradiavam através da desolada terra branca e morta, jaziam os restos mortais do Jørgen Brønlund; ali, onde eu estava, o leal groenlandês tinha chegado ao fim da sua viagem, definhado pela exaustão, vencido pelo frio e pela solidão. Mesmo assim, a luz tênue da lua, tinha conseguido escrever com as mãos dormentes aquele relato comovente dos infortúnios do grupo de trenós, e depois deitou-se para dormir o último sono, depois de ter depositado o seu diário de tal forma que nem os animais selvagens nem as raivosas rajadas de vento conseguissem arrancá-lo do seu corpo quando tivesse endurecido depois de morto.

Os outros alcançaram-me e, enquanto os seus cães caíam exaustos, apontei para o buraco e disse:

— Atingimos o nosso objetivo nesta terra sem rastos. Ali jaz Jørgen Brønlund.

O clima ficou límpido e calmo enquanto montávamos a nossa tenda. O esforço fora grande e não falávamos muito. A lua cheia brilhava, as estrelas cintilavam e as luzes do norte tremeluziam no céu. À nossa volta, tudo era silêncio e sossego, a calmaria da morte e da exaustão total, com exceção da respiração pesada dos cães, que estavam cansados e fartos demais da vida para erguer as cabeças, mesmo quando uma raposa saía correndo do buraco, parava por um momento aterrorizada com tudo o que via e, depois, desaparecia em grandes saltos.

No dia seguinte — uma vez que não havia dia ali em Lamberts Land, onde o dia e a noite eram quase igualmente escuros, talvez fosse melhor dizer: quando se passou um número suficiente de horas — cavamos a neve de cima do corpo de Jørgen Brønlund e encontramos um saco com um calendário e o bloco de notas onde existiam alguns esboços de Mylius-Erichsen e de Høeg-Hagen, algumas imagens do fiorde Danmark e algumas páginas escritas em esquimó, alguns utensílios e tinteiros, e finalmente, perto do corpo, algumas latas de *pemmican* e outros alimentos.

Juntamos pedras, as maiores que conseguimos encontrar, e as empilhamos sobre o corpo que embrulháramos em uma mortalha que a sra. Mylius-Erichsen nos dera, pedindo que a usássemos para cobrir o corpo do seu marido ou do seu amigo, Jørgen Brønlund. Assim fizemos uma pequena câmara funerária, onde as raposas não conseguiriam penetrar e que permaneceria como monumento durante muito tempo, mesmo que pobre, a um groenlandês bom e corajoso. Ele tinha dado a vida para se manter fiel à sua palavra e aos companheiros dinamarqueses com quem tinha viajado até o desconhecido. Juntos tinham dispersado a escuridão que, desde o dia da criação, tinha caído sobre aquela parte do nordeste da Groenlândia, e que ele tinha ajudado Mylius-Erichsen e Høeg-Hagen a percorrer e a mapear.

Aqueles três homens corajosos tinham sofrido bastante e, no fim, pagaram o pior preço que alguém pode pagar pelo privilégio de ter visto terra desconhecida à sua volta — e torná-la conhecida.

Era um local adequado para a última morada daquele groenlandês tão viajado. Por trás dele, erguiam-se as montanhas negras e quase verticais e, à sua frente, estava o mar coberto de gelo. Do seu local de descanso eterno conseguiria ver a caminho por onde ele e os seus companheiros teriam vindo do interior hostil gelado, e o local onde Mylius-Erichsen e Høeg-Hagen tinham caído exaustos e morrido "a cerca de vinte quilômetros em frente ao glaciar existente no meio do fiorde".

Se queríamos encontrar os outros dois corpos e os seus diários, teríamos de seguir por terra até chegarmos ao glaciar, em frente do qual deveriam estar os outros dois; depois teríamos de continuar até estarmos a vinte quilômetros de distância do glaciar, no local onde Jørgen Brønlund tinha cambaleado tão dolorosamente devido aos pés queimados pelo gelo. Felizmente, o tempo ainda estava calmo e límpido; a lua cheia brilhava e iluminava a paisagem, e assim conseguíamos ver a uma grande distância com a sua luz brilhante e irreal. Deixando os trenós, continuamos a pé para mantermos um contato tão próximo quanto possível com a costa e com o gelo, e porque os nossos cães estavam mortos de cansados e tinham de descansar.

Para nossa surpresa, encontramos grandes banquisas de gelo novo onde quer que fossemos "no glaciar existente no meio do fiorde", e depressa ficou óbvio que, durante o verão anterior, o velho gelo marítimo deve ter-se partido até o próprio glaciar. Era, portanto, inútil procurar no gelo, pois, se o último acampamento dos três homens tivesse sido no gelo marítimo, como Jørgen Brønlund escrevera no seu diário ao descrever seus últimos dias, os seus corpos ou tinham seguido à deriva com o velho gelo marítimo quando as tempestades e as ondas de outono o quebraram, ou tinham afundado no mar quando o gelo derreteu no sol de verão.

Em terra também não existia qualquer vestígio do material ou do acampamento dos homens e, depois de termos passado três dias na área, felizmente com tempo bom e um luar brilhante, era óbvio que quaisquer buscas adicionais seriam inúteis.

Também não podíamos ficar ali mais tempo, pois estávamos sob a ameaça de mau tempo e tínhamos que nos afastar. As nuvens estavam baixas, então levantamos acampamento e partimos em direção ao sul, para longe da terrível escuridão que apagava todas as irregularidades do gelo muito rígido e que nos obrigava a andar às cegas, tropeçando, incapazes de ver sequer onde colocávamos os pés. A lua tinha menos de metade do tamanho e emitia pouca luz: vimos que a viagem para o Sul ia ser ainda mais difícil do que a viagem para norte, e essa já tinha sido muito ruim.

O único conforto que ainda tínhamos era a esperança de que as tempestades perpétuas agora soprassem a nosso favor, em vez de contra nós como na viagem para norte. Teria sido uma grande ajuda, mas para sabermos se a viagem seria mais fácil ou mais difícil, tínhamos de partir, pois não havia tempo a perder se queríamos de algum jeito voltar para o navio.

Tínhamos um longo caminho para percorrer, os cães estavam quase mortos de exaustão. Dois deles morreram enquanto estávamos em Lamberts Land e, quando partimos de volta para sul, vários outros foram incapazes de esticar as guias, cambaleando ao caminhar e tropeçando várias vezes. Não conseguiam continuar. Um deles permanecia imóvel em cima do trenó e morreu pouco tempo depois. Morreram três cães no primeiro dia da nossa viagem de volta, na manhã seguinte, enquanto cozinhávamos o nosso espartano desjejum na tenda e Iversen estava lá fora, ocupado a preparar a nossa partida, ouvi-o exclamar:

— Diabos me carreguem, onde já se viu? O Max, valha-me Deus, comeu o Devil!

Eu sabia muito bem que os cães estavam absolutamente famintos, mas que estivessem com tanta fome a ponto de atacarem um camarada mais fraco e comerem o seu corpo magro era algo que eu nunca tinha experimentado, nem pensava ser possível. Foi horripilante e nos deixou muito abalados.

Devil estava morto, e não era uma perda tão grande assim, pois era um animal ruim que roubava dos seus companheiros e fugia do trabalho se conseguisse encontrar uma forma; mas o pior foi que Max, um cão grande, forte e sempre disponível, um dos nossos melhores cães, banqueteou-se com o Devil e morreu disso antes de o dia terminar.

Para aumentar ainda mais as nossas dificuldades, tivemos uma violenta tempestade de neve. A neve rodopiava através do gelo, cobrindo-o com uma camada espessa e suave, que nós e os cães tínhamos de percorrer penosamente arrastando os trenós. Mas ainda havia algo pior reservado, pois quando acampamos descobrimos que a nossa última lata de parafina tinha um vazamento e que uma quantidade considerável daquela substância preciosa tinha escorrido para a neve. Isto significava que, até chegarmos ao nosso depósito mais próximo e pudéssemos obter mais parafina, poderíamos consumir comida e bebida quente apenas uma vez por dia. Isso era quase o pior que poderia acontecer.

Foi uma viagem horrível. Nos esforçamos ao máximo possível, absolutamente conscientes do fato de estarmos lutando pelas nossas vidas; e quando isso está em causa, somos capazes de feitos incríveis. As nossas provisões estavam quase no fim e as nossas forças já não eram as mesmas. Quando, finalmente, alcançamos a estação de Danmarks Havn com abrigo, calor e comida, chegamos até a expressar a esperança de que uma tempestade nos obrigasse a permanecer ali por um dia ou dois, para o bem dos cães e para o nosso. As palavras mal tinham saído dos nossos lábios quando uma tempestade começou a uivar e a percorrer a terra e o gelo com grande velocidade, com rajadas violentas, lançando pedras e cristais de gelo contra a cabana, enquanto permanecíamos confortáveis lá dentro com os cães, descansando, comendo e dormindo, aproveitando a fúria selvagem da tempestade que aumentou até atingir a força de um furacão. Só nove dias depois de termos chegado a Danmarks Havn foi possível prosseguirmos com a nossa viagem.

A esta altura, já estávamos muito ansiosos. A escuridão aumentava em um ritmo assustador, e ia ser muito difícil prosseguir apalpando nosso caminho entre as armadilhas do gelo — se é que havia algum gelo, pois parecia mais do que provável que a tempestade violenta o tivesse partido todo e o varrido para longe no mar. No entanto, se o gelo não estivesse partido, podíamos fazer uma viagem relativamente rápida de volta a Shannon, uma vez que o longo repouso tinha permitido que os cães se recuperassem. Estavam bem mais vigorosos e dispostos quando colocamos os arreios dos trenós para partirmos, esperançosamente, em direção ao fraco raio de luz que, como um farol na escuridão, mostrava a direção em que deveríamos ir. No centro daquele brilho estava o nosso navio, a cerca de duzentos e dez quilômetros a sul.

As nossas esperanças de um fim rápido para a viagem, em que tudo estivera contra nós desde o início, frustraram-se assim que saímos de Danmarks Havn e chegamos ao mar castigado pela tempestade, onde neve branca e suave depositava-se a vários metros de profundidade entre os grandes blocos de gelo que precisávamos atravessar e nos afundamos nela. Apesar de os cães estarem bem descansados, mal conseguiam puxar os trenós pela neve fofa mesmo com um homem ajudando, e o cenário ficou sombrio, com os três puxando os trenós para os mover apenas alguns metros. Foi um esforço tremendo e estávamos tão cansados que, apesar da pressão do frio e da nossa ansiedade, tínhamos de parar para recuperar o fôlego quase a cada dez minutos.

E, assim, trabalhamos incessantemente em direção ao sul, metro a metro, tendo a penumbra dado lugar à escuridão profunda da noite muito antes da exaustão nos ter forçado a parar e montar nossa tenda a poucos quilômetros de Danmarks Havn. A pouca distância percorrida era ruim o bastante, mas não foi nossa única preocupação naquele dia. Depois de termos alimentado os cães, de devorado o nosso *pemmican* e de nos preparado para dormir, retirando os nossos mocassins e as meias, descobrimos que os dois pés de Jørgensen tinham severas queimaduras de gelo. Todos os dedos dos pés e a ponta do pé estavam inchados e com a cor amarela cerosa de um cadáver; cristais de gelo brilhavam na pele.

Horrorizados, perguntamos como podia ter obtido queimaduras de gelo tão graves. Ele achava que devia ter acontecido pouco depois de termos partido naquela manhã, quando tinha caminhado sobre uma fissura cheia de água, e a água tinha entrado nos seus mocassins. Não tinha prestado atenção sucedido, especialmente pela dor lancinante nos pés ter passado logo; e mesmo com seus pés tendo ficado estranhamente insensíveis depois disso, não tinha dito nada para não desperdiçar tempo precioso.

Passamos a maior parte da noite a esfregar os seus pés para os aquecermos, e, pouco a pouco, conseguimos com que um pouco de vida regressasse a alguns dos seus dedos. Mas, depois de termos feito todo o possível e de nos enfiarmos dentro dos nossos sacos de dormir, eu tinha a certeza de que Jørgensen não conseguiria fazer a grande viagem de trenó pelo manto de gelo que tínhamos planejado para a primavera.

Tive certeza disto quando removemos as faixas uma semana mais tarde e vimos os dedos azuis que eram o sinal característico de uma queimadura de gelo. Iversen pensou o mesmo que eu, já que, pouco depois, quando estava sentado num monte de gelo durante umas das nossas paragens frequentes demais, ele aproximou-se de mim na penumbra e perguntou-me se eu achava que os pés de Jørgensen estariam bem na próxima primavera. Infelizmente, respondi, não. Iversen fez uma pausa, bateu com o seu chicote na perna uma ou duas vezes, dizendo depois:

— Era o que eu achava. Mas se quiser, vou contigo de boa vontade pelo manto de gelo até ao fiorde Danmark. Não deve ser uma viagem muito pior do que a que estamos terminando.

Um homem corajoso, o Iversen!

Lutamos e nos esforçamos em direção a sul, viajando de trenó no meio de tempestades, de neve e de uma escuridão tão densa que eu tinha de deixar o meu cão líder ir à frente com uma guia longa e levá-la a encontrar o melhor caminho através da confusão de gelo. Ao fazê-lo, podia garantir um aviso a tempo e evitar cair em buracos fundos ou tentar em vão subir com o trenó blocos de gelo com vários metros de altura, no entanto, era impossível ver na escuridão. Atravessamos neve profunda e fofa que não suportava nem o nosso peso, nem o dos cães, nem o dos trenós que se enterravam na neve que cedia, e estavam sempre virando, exigindo meus esforços e os de Iversen para deixá-los. Percorremos gelo velho com montes de vários metros de altura e buracos de muitos metros de profundidade. Puxamos os trenós através de gelo novo que estava suficientemente sólido, mas coberto de lodo saturado com sal que penetrava nas solas dos nossos mocassins, nas nossas espessas meias de lã, diretamente até aos nossos pés gelados que se encolhiam de frio. Isso era bom, porque assim sabíamos que nossos dedos dos pés ainda não tinham sofrido queimaduras de gelo. O gelo salgado era um inferno, quer para nós quer para os poucos cães que ainda estavam; mas não havia forma de evitá-lo, uma vez que, na escuridão, não conseguíamos ver se devíamos ir para a direita ou para a esquerda para evitarmos sua ferroada. Tínhamos apenas de manter uma rota mais ou menos reta em direção ao nosso objetivo sob as luzes tremeluzentes a sul, e aproveitar o que o gelo tinha para nos oferecer com toda a serenidade que conseguíssemos reunir — e que não era muita.

Os nossos cães estavam exaustos. Apesar de termos ficado muito tempo em Danmarks Havn, o descanso não tinha sido longo o bastante para restaurar as forças dos cães, e eles caiam pelo caminho um após o outro, mortos pela umidade e pelo esforço de nos ajudar a puxar os trenós ao longo daqueles últimos cento e treze quilômetros dos mil cento e trinta que tínhamos viajado. Quando morriam, eram esfolados, esquartejados e dados aos outros que ainda tinham forças suficientes para quererem comer. Não foi exagero quando, um dia depois de um descanso, Iversen me chamou quando eu já estava avançando:

— Ei! Espere um pouco! Não saia no escuro até eu fazer os meus cães se levantarem e conseguir que se movam

Eu e o meu cão líder, a incomparável Girly, estávamos na frente, tentando encontrar o caminho mais fácil entre a escuridão. Atrás de mim, conseguia distinguir o segundo trenó conduzido por Iversen, que lançava o seu peso na guia que tinha ao ombro sempre que o trenó precisava ultrapassar a menor irregularidade, esforçando-se e lutando para acompanhar o trenó mais leve que ia à frente. Na traseira, vinha Jørgensen, agarrado aos postes para não cair, pois os seus pés mal conseguiam suportá-lo e estavam tão doloridos que cada passo dado era como ser cortado com facas.

Éramos uma procissão digna de pena. Os cães já não ganiam, nem rosnavam uns aos outros; só de vez em quando as pobres criaturas soltavam uns arquejos queixosos quando o avanço se tornava pesado demais ou a lama salgada feria demais. Os meus dois companheiros ainda não tinham perdido o senso de humor, pois de vez em quando Iversen dava o mote e Jørgensen, corajosamente, juntava-se a ele e entoava algumas linhas de um velho salmo usado em casamentos: "Quão agradável é vivermos em união, em união".

E era, naturalmente. De qualquer forma, era melhor do que estar completamente sozinho naquela escuridão infernal, no gelo, na neve, nas tempestades e no frio; mas, como as coisas estavam, era necessária uma grande dose de coragem e confiança para conseguirem cantar. Eu não sentia nem vontade de fazê-lo.

Pouco a pouco, começamos a vislumbrar as montanhas da ilha Shannon durante o crepúsculo do meio-dia, e isso renovou nossos esforços. Durante os dois ou três dias seguintes, terra parecia não se aproximar, mas depois, subitamente, a massa negra da montanha ergueu-se sobre o horizonte e apagou as estrelas mais baixas. Não devia faltar muito, mais uma noite nos nossos sacos de dormir que estavam gelados quando deitávamos e depois escorriam umidade, e depois?... A labuta, o esforço e a luta para percorrermos o caminho tinha sido tão grande que mal podíamos acreditar que terminaria em breve, muito menos comemorar essa perspectiva. Toda a noção de alegria nos tinha sido arrancada com a tortura.

Sabíamos que agora só faltavam alguns quilômetros, mas todas as estrelas estavam a brilhar no céu há muito tempo antes de nós chegarmos ao local onde devíamos atravessar. Deixamos ali um trenó, e com Jørgensen no outro, bem coberto com os nossos sacos de dormir congelados e aquecido pelo nosso cão mais fraco, Iversen e eu nos jogamos no caminho marcado e puxamos, puxamos com todas as nossas forças, estalamos os nossos chicotes para obrigar os poucos cães a fazerem um esforço final, incitando-os com gritos e urros que esperávamos que fossem também ouvidos pelos nossos companheiros ali na escuridão. Assim, a 17 de dezembro, depois de uma luta de quinze dias desde a estação de Danmarks Havn, terminou a nossa longa viagem de trenó de oitenta e seis dias; pois, subitamente, na noite escura como breu, com a aurora boreal flamejando sobre as nossas cabeças, pairou à nossa frente o contorno sólido do navio, como se fosse uma parte mais sólida da noite.

Uma luz ou duas brilhavam na escuridão; depois, ouvimos um cão uivando e, com isso, nossos pobres animais compreenderam que o descanso estava chegando. Deram latidos curtos e alegres, que não ouvíamos há muito tempo, ergueram as orelhas e, numa antecipação feliz de tudo o que estava à distância do faro e da audição, ergueram as caudas e puxaram como não puxavam há muito. Atingiram bastante velocidade, e comigo e com Iversen nos arrastando com as pernas hirtas ao seu lado, em uma espécie de galope estranho, chegamos ao *Alabama*, enquanto os outros se apressaram a vir ao nosso encontro com lanternas para iluminar o último trecho do caminho da nossa longa viagem pela escuridão, de ida e volta, até Lamberts Land.

Subimos a bordo cambaleando e descemos até a cabine, onde companheiros felizes nos colocaram nas nossas mãos grandes canecas de café fervendo e belas fatias grossas de pão branco com montanhas de manteiga. Enquanto isso, o gelo nas nossas roupas derreteu, estávamos pingando e formando poças debaixo de nós. Depois, sob o olhar espantado dos outros, começamos a tirar nossas roupas de viagem, camada após camada, e estavam todas tão sujas e molhadas como um pano de chão pronto para o lixo.

Os nossos cães não foram esquecidos na alegria do regresso; foi dada toda a comida que conseguissem ingerir, e mais ainda. Dos vinte e três cães aptos que tínhamos prendido aos nossos trenós quando deixamos o navio em 26 de setembro, apenas sete voltaram conosco; as restantes criaturas tinham morrido pelo caminho de exaustão, de fome e de frio. A vida de um cão de trenó é dura.

No entanto, não pensamos nisso em nossa alegria esmagadora por estarmos de volta; talvez já tivéssemos sofrido o suficiente por cada cão caído. Portanto, estendemo-nos nos nossos beliches quentes e secos, desfrutando da segurança e de todo o resto, e assim adormecemos, com o delicioso conhecimento de que seria tudo igual no dia seguinte. A meu lado, no beliche, estava deitada a fiel Girly, lambendo-me a mão; foi em boa parte por ela que não tínhamos sofrido ainda mais.

Pelo menos tínhamos conseguido voltar, e as dificuldades da viagem foram quase esquecidas no momento em que sentamos ali, com as nossas canecas de café a ferver, e completamente apagadas quando vestimos roupas secas. E depois... seria Natal dentro de uma semana; em apenas quatro dia o sol pararia de deslizar para o Sul e começaria a voltar para nós, obrigando a assustadora escuridão a fugir, banhando a terra e o gelo com a sua luz, permitindo-nos ver o caminho e tornando uma viagem de trenó um prazer.

Havia, assim, muito para estarmos felizes naquela primeira noite no abrigo seguro do *Alabama*.

Capítulo 4
O Adeus ao Navio e aos Camaradas

Cinco homens no manto de gelo — Festa de despedida — Jørgensen e Unger permanecem no *Alabama* — O presente de um amigo

Era um dia brilhante e límpido de abril de 1910, e o manto de gelo estendia-se a perder de vista, uma superfície branca reluzente, apenas interrompida aqui e ali por montes de gelo azul que atraíam os raios solares e os refletiam como feixes de luz comprimida que acendia a miríade de cristais de gelo espalhados no manto pela geada intensa, fazendo a superfície rugosa cintilasse sob a carícia do sol.

A norte não se via mais nada para além de gelo, gelo e ainda mais gelo; mas a sudoeste, as montanhas negras de Queen Louise's Land tinham irrompido na cobertura branca como poderosos tufos. Tinham sido lançadas ao ar no princípio dos Tempos, vindas do interior incandescente da terra como vulcões ribombantes, e expeliram lava vermelha e quente, empurrando grandes nuvens de fumo rodopiante por toda a terra agora coberta por uma camada de gelo com vários metros de espessura. A sul de nós, esta cobertura de gelo estava enrugada como se o mar tivesse congelado durante uma tempestade, e fora através daquelas colinas e vales que, durante a última quinzena, tínhamos puxado os nossos trenós pesados do gelo marítimo, que ainda conseguíamos vislumbrar ao longe, a sudeste. Parecia tão suave à distância, mas na realidade era tão irregular que nos vimos frequentemente à beira do desespero e nos perguntando se alguma vez iríamos conseguir passar por seu labirinto de colinas de gelo, banquisas e neve profunda.

Conseguíamos ver a proliferação de ilhas e de recifes na distante baía de Dove, semelhantes a grandes navios negros em um mar branco. Era uma bela visão de onde estávamos, mas quando entre elas, as ilhas elevavam-se acima de nós, fazendo os nossos trenós parecerem pequenos botes a serem empurrados através de um mar rígido por homens a transpirar e a gritar, e a soltarem neve que voava como se fosse espuma.

Era uma paisagem desolada, e, no entanto, infinitamente mais viva do que aquela para a qual estávamos olhando. Ali, a novecentos metros de profundidade e a mais de noventa e cinco quilômetros de distância, aqueles grandes navios negros tinham servido de marcos no nosso caminho até à imponente calota polar, que tínhamos vislumbrado por entre eles e onde nos encontrávamos neste momento. Lá embaixo, tínhamos conseguido ver sinais da existência de seres vivos, as pegadas de ursos em forma de ás de espadas passeando pelo gelo na esperança de farejar uma das focas que passam o inverno aninhadas em cavernas de neve com buracos em cima para poderem respirar. Não há nada que atraia mais um urso com fome do que o cheiro de uma foca, que o faz escavar e o guia até onde uma cuidadosa velha mãe foca ou uma cria recém-nascida o esperam. Vimos ocasionalmente, na neve branca, os vestígios sangrentos de tais tragédias.

Raposas ágeis seguiam o rastro cambaleante do urso tranquilo, vivendo bem dos seus restos, tanto de carne como do que tinha sido carne antes de passar pelo urso. E, lá em cima no céu, os corvos voavam pelo gelo à procura da refeição que o grande Provedor tinha preparado para eles.

Havia sem dúvida vida no gelo, lá longe, abaixo de onde estávamos, mas aqui!... Não havia vivalma, nem um rastro ou uma pegada além das que nós e os nossos cães havíamos deixado; não se via uma ave nos céus límpidos e trêmulos, não se ouvia um som. O manto de gelo é desolador, horrível e totalmente desolador.

Neste manto de gelo havia duas pequenas tendas cônicas, como se cogumelos venenosos negros tivessem nascido na neve branca. À volta das tendas, estavam os nossos cães. A maioria deles desfrutava do descanso e do sol depois de uma etapa dura, mas um ou outro dos mais empreendedores andavam caçando na vã esperança de encontrar algo comestível que nos tivéssemos esquecido de guardar ao montar o acampamento. Farejavam avidamente o delicioso cheiro de comida que exalava dos trenós, e teriam de bom grado furtado alguma coisa se pudessem; mas tivemos o cuidado de verificar para não terem oportunidade, e raramente conseguiam obter alguma coisa com os seus esforços além do nosso chicote.

Os cães lutavam entre si, como é hábito entre os cães, especialmente quando há quatro cadelas para cada cão — um resultado infeliz da viagem árdua até Lamberts Land no inverno anterior, que nos fizera perder a maioria dos nossos cães mais fortes.

Em uma matilha normal, são os machos que lutam pelos favores das cadelas, com pelos a voar e sangue a escorrer, mas conosco era o contrário. As nossas cadelas lutavam violentamente pela fugaz atenção dos machos, menos duradoura do que é habitual, pois havia outras cadelas se oferecendo ou ferindo e mordendo a que recebia momentaneamente os favores dos deuses.

Esta circunstância tinha causado muito problemas e iria causar vários outros. Felizmente, o período do cio iria terminar em breve, e podíamos esperar um pouco de paz entre nossos animais belicosos. Também esperávamos que recuperassem as forças quando este amor violento terminasse.

Falamos destes assuntos e de outros quando nós cinco fizemos uma festa de despedida em uma das pequenas tendas no manto de gelo. Tínhamos ido tão longe juntos, mas agora devíamos seguir caminhos diferentes. Laub, Bessel e Poulsen tinham vindo conosco longe o bastante, e esperávamos ter deixado provisões suficientes para que eles voltassem ao nosso alojamento de inverno na distante ilha Shannon, e talvez até para fazerem algumas explorações naquela infinitude de picos montanhosos que, juntos, têm o nome de Queen Louise's Land.

Iversen e eu, os outros dois dos cinco, tínhamos reabastecido as nossas provisões a partir da carga no navio, fazendo os nossos trenós transportarem todo o peso que conseguiam suportar e um pouco mais do que seria razoável pedirmos aos cães para puxar. No entanto, não podíamos dispensar um grama do que tínhamos, portanto, de uma forma ou outra teríamos de nos virar. Precisávamos de toda a comida que conseguíssemos carregar conosco, pois primeiro iríamos ao fiorde Danmark e, dali, tentaríamos regressar ao navio pela costa, uma viagem de mil e seiscentos quilômetros, sem contar os inumeráveis desvios, impossíveis de evitar em uma viagem destas, que infelizmente iriam acrescentar pelo menos três centenas de quilômetros à distância.

Bebemos um chá fraco, mastigamos avidamente um biscoito ou dois e olhamos de forma pouco amigável quando um dos nossos três convidados tirou um terceiro. Depois daquilo, colocamos demonstrativamente a tampa na caixa dos biscoitos e sentamos em cima dela, enquanto decidíamos quem ficaria com quais cães. Tínhamos, sem dúvida, a maior distância para percorrer e precisávamos ficar com a maioria dos cães, e com os melhores, pois os que iam regressar ao navio podiam puxar os trenós. Era assim que devia ser e os dois grupos concordaram, tanto os que iam percorrer o longo caminho até ao fiorde Danmark em busca das notas que Mylius-Erichsen podia ter deixado, e os três que, em relativamente pouco tempo, iriam desfrutar de todas as delícias comestíveis que o *Alabama* tinha para oferecer.

Foi um pequeno banquete espartano, mas muito agradável. Quando acabamos de dividir as provisões e os cães ao agrado de todos, nos enfiamos nos nossos sacos de dormir e ficamos conversando: sobre o inverno que já tinha passado e quase esquecido; sobre as tempestades violentas e a terrível nevasca que tinha tornado impossível qualquer trabalho no exterior; sobre o difícil período de escuridão que deixou a todos assustados, apesar do luxo da vida a bordo e apesar de termos boas memórias de alguns belos dias calmos, com céus sem nuvens, estrelas cintilante, luzes do norte a flamejar, e uma lua tão brilhante que Iver tinha insistido que devia ser uma alucinação, pois não existia lua assim. Naqueles dias iluminados pelo luar, fora uma felicidade prender os cães a um trenó vazio e correr pelo gelo na caça a um urso ou um dos bois-almiscarados que viviam uma vida tão severa naquela terra coberta de neve que dissemos a nós próprios que seria melhor morrerem do que continuarem à procura de comida onde não havia. Falamos da felicidade e da solenidade daquele dia cruelmente frio no meio de fevereiro, quando o sol tinha voltado depois da sua visita de três meses e meio ao hemisfério sul. E brincamos com Iversen porque, em um momento de entusiasmo, ao ver o primeiro raio de sol do ano a acender luzinhas cintilantes nos infinitos de cristais de gelo no barco e em terra, começou a correr de um lado para o outro gritando:

— Venham ver, o sol está de volta, o sol está de volta — a voz dele ecoava pela terra toda.

Teria duvidado que voltaria? Talvez não fosse estranho que ele tivesse duvidado, pois mal conseguimos acreditar na maravilha que é quando o sol volta finalmente, depois de estar abaixo do horizonte por quase quatro meses. Sentimos a sua falta, tal como sentimos a da sua mais fiel companheira, a sombra; nos sentimos tão estranhamente nus, tão sozinhos sem a nossa sombra. Mas o sol tinha voltado e as nossas sombras voltaram com ele; negras e tão longas que quase pareciam chegar no horizonte a norte. Subimos correndo até ao cume da serra para conseguirmos ver o sol pelo máximo de tempo possível, e ficamos a olhar para sul, diretamente para a sua circunferência cor de laranja, enquanto rolava ao longo do horizonte em uma explosão de cores, tão violentas e tão harmoniosas no seu fervor, como se fossem chamas acendidas por demônios que queriam transformar a Terra em cinzas. No entanto, ao mesmo tempo, lá em cima no zênite, o céu tinha uma monótona cor azul, e o Norte estava tão negro e sombrio que trememos perante a sua visão.

O sol nos encantou por alguns minutos, depois desapareceu novamente abaixo do horizonte. À medida que desaparecia, era como se as nossas sombras fugissem para o norte, e desaparecessem ou tivessem sido obliteradas. Mas, no dia seguinte, o sol voltou e trouxe a luz, a cor e as sombras, e era bom viver a vida. E, então, a hora da nossa longa viagem de trenó chegou.

Também falamos dos outros dois que deixamos no navio, falamos de Jørgensen que devia estar conosco no manto de gelo, mas os seus pés tinham sofrido queimaduras de gelo tão graves na nossa viagem de regresso de Lamberts Land que tivemos de amputar cinco dedos dos pés — sem um médico, sem antissépticos, sem um anestésico melhor do que meia garrafa de uísque, uma tarefa sobre a qual nenhum de nós conseguia pensar sem tremer. Jørgensen tinha aguentado com valentia, e nunca o ouvimos se queixar por ter sido excluído das longas viagens de trenó da primavera. Desconhecíamos os seus pensamentos, mas ele contava piadas e ria conosco quando não havia nada que nos divertisse, e ajudou-nos da melhor forma que conseguiu de cima do seu beliche do seu beliche. Ele era um grande homem, aquele Jørgensen, estávamos todos de acordo sobre isso, e, quando nos deitamos nos nossos sacos de dormir, esmiuçamos mais o tema numa tentativa de encontrarmos algo sobre o qual falarmos e, assim, ficarmos juntos mais um pouco.

E havia aquele infatigável Unger, que fazia os trabalhos que mais ninguém queria fazer. Ele queria muito fazer tudo certo, mas como não sabia o que se devia e o que não se devia fazer a bordo de um navio, frequentemente fazia a coisa errada. Agora que estávamos prestes a cortar o cordão umbilical com o navio e os nossos companheiros, pensávamos com saudades no maravilhoso jantar que tinha feito na nossa última noite a bordo, e em como devia ter trabalhado toda a noite para confeccionar o desjejum magnífico que nos serviu antes de partirmos. Quando terminamos e viramos uma caneca do seu café escaldante, nos dirigimos ao gelo e aos trenós a que os cães já tinham sido presos, soltamos as guias e partimos, mas não sem agradecermos ao Unger, um bom companheiro, pela ajuda que sempre tinha dado com tanta boa vontade, e por todas as boas refeições que tinha feito quando as refeições eram os únicos pontos altos no nosso dia.

Não foi muito fácil dizermos adeus uns aos outros naquela desolação gelada. Em que condições nos encontraríamos novamente? O futuro era absolutamente incerto, pois havia tanta coisa que podia acontecer, tanto a eles como a nós. Portanto, adiamos o momento tanto quanto possível, bebericando o nosso chá quente e dando cabo da cabeça à procura de mais alguma coisa para dizer.

Estávamos todos inquietos e, quando a posição do sol no céu indicou que tínhamos procrastinado demais, dissemos "adeus e obrigado por tudo" e seguimos viagem, cada um para seu lado.

Os nossos três companheiros partiram em direção a sul e desapareceram rapidamente por entre os montes do manto de gelo irregular, deixando a mim e a Iversen sozinhos na grande vastidão branca. Independentemente do que pudesse acontecer, só podíamos contar um com o outro e com o que transportávamos nos nossos trenós.

Quando demos por terminado o nosso dia de trabalho e nos preparávamos para entrar nos sacos de dormir, encontrei debaixo do meu o número exato de biscoitos e a quantidade de manteiga que tínhamos sacrificado na festa de despedida. "Sacrificado" não é exagero, pois, sob tais condições, os biscoitos eram infinitamente valiosos, e a manteiga também. Sobre os biscoitos estava um pedaço de papel onde se lia: "Vocês precisam disto mais do que nós. Boa viagem e regressem em segurança. Laub, Bessel e Poulsen".

Iversen e eu ficamos sentados olhando para o papel, para os biscoitos — penso que eram seis —, para a manteiga, e um para o outro. A oferta era como o último aperto de mão dos nossos fiéis e atenciosos companheiros.

Capítulo 5
Sozinhos Entre o Céu e a Terra

Fendas no manto de gelo — Um engodo para os cães
— Superfície insegura —
Tempestade e neve persistente — Queimadura de gelo
— Dias de tempestade

Eu e Iversen subimos em um monte de gelo e observamos os nossos companheiros até estarem fora do nosso alcance. Logo desapareceram em um vale de gelo e, depois de esperarmos um pouco, não os vimos reaparecer na colina seguinte, percebemos que tinham encontrado um caminho transitável por trás e que tinham sido envolvidos por aquele grande mar gelado. Então, acenamos um para o outro, sem falar muito, e continuamos silenciosamente a tarefa de recarregar os trenós, dividindo o equipamento e as provisões entre os dois de forma que, se perdêssemos um trenó em uma das muitas fendas que constantemente nos rodeavam e cujas bocas negras davam para um submundo de onde era impossível escapar, teríamos pelo menos a possibilidade teórica de nos virar durante algum tempo com o que sobrava no outro trenó.

Sabendo o que era necessário fazer, havia pouca necessidade de palavras, assim, falamos cada vez menos e, por fim, ficamos em silêncio. No entanto, nenhum de nós gostava do silêncio, especialmente Iver, e, após uma pausa demorada, ouvi-o murmurar repetidamente algumas palavras para si próprio. Finalmente, encontrou a melodia, que era tão peculiar como as palavras:

> "Sozinho, sozinho, completamente sozinho entre o Céu e a Terra,
> Sozinho com os cães e com o gelo, sozinho, completamente sozinho."

O seu murmúrio foi-se tornando cada vez mais alto, até que, por fim, explodiu numa canção. Olhou para mim de lado, e eu abanei a cabeça ao ritmo da sua cantilena improvisada, tão melancólica, mas, ao mesmo tempo, tão animadora naquele grande ermo silencioso e letal.

Era um bom camarada, o Iver; o tipo de homem com quem se podia fazer uma grande viagem, tal como a que íamos começar, pois tínhamos mil e seiscentos quilômetros à nossa frente, e tínhamos de percorrer cada um daqueles metros antes de voltarmos para o *Alabama*. Por essa altura, as garras do inverno já teriam quebrado e o verão teria voltado; todas as encostas das montanhas teriam riachos fluindo, cada buraco seria um brilhante espelho d'água com aves migratórias vindas do belo sul a se divertirem nele.

Primeiro, tínhamos de percorrer quatrocentos e trinta e cinco quilômetros pelo manto de gelo até ao fiorde Danmark, e esse seria o percurso mais difícil da viagem. A imensa calota polar estendia-se a toda a nossa volta, com milhares de metros de espessura, quase mil e quinhentos metros no local onde nos encontrávamos. A oeste, esticava-se linha após linha, em montes gelados até o centro da Groenlândia, onde a massa de gelo atingia uma espessura de perto de três mil metros. De norte a sul, esta armadura de gelo tem cerca de três mil e setecentos quilômetros de comprimento, e de leste a oeste uns oitocentos quilômetros de largura, em média — aproximadamente três milhões, duzentos e quarenta quilômetros quadrados e dois milhões de metros cúbicos de gelo! Esta massa inimaginável de gelo foi-se acumulando ao longo das eras em uma região que, no início dos Tempos, estava coberto por uma vegetação tropical luxuriante.

Nós dois estávamos, portanto, sozinhos no meio de todo aquele gelo — além dos nossos três companheiros que tinham desaparecido no horizonte gelado há poucas horas. Estávamos tão isolados da massa fervilhante da humanidade como se, de alguma forma milagrosa, tivéssemos sido lançados ao espaço e aterrissado na maior cratera da lua, rodeados por uma parede anelar inquebrável de montanhas incrivelmente altas, através das quais todos os caminhos fossem dar ao território igualmente desolador existente além dela.

Era, na verdade, um local sombrio aquele onde estávamos, não era lugar onde um homem devesse estar.

Mas qual era o nosso problema? Porque é que estávamos reclamando agora que, finalmente, tínhamos chegado onde ansiávamos chegar há tanto tempo? Não tínhamos qualquer motivo para estarmos descontentes, pelo contrário. Tínhamos ido voluntariamente, apesar de, talvez, com alguma precipitação; até estivéramos ansiosos para acordar em frente à grande calota polar que considerávamos ser um caminho mais ou menos praticável até ao nosso objetivo.

Ainda assim, estávamos levemente aturdidos por estarmos sós ali, naquele ermo interminável, onde nenhum pássaro voava entre o céu e o gelo, onde o olho atento não conseguia descobrir o menor rastro de um animal errante, onde não havia insetos além das pulgas que os nossos cães transportavam no pelo espesso, se é que elas ainda não tinham morrido congeladas. Até mesmo um miserável verme era sensível demais para ir onde tínhamos nos aventurado a ir de livre e espontânea vontade.

Era um deserto perigoso, tendo em conta que podiam acontecer muitas coisas, imprevisíveis ou inevitáveis, coisas que significariam a morte de ambos e dos cães, e das pulgas que talvez ainda procriassem neles, sugando o sangue dos seus hospedeiros enfraquecidos. Estas coisas podiam ser de pouca importância, a torção de um tornozelo, por exemplo, que em qualquer outro lugar não mereceria mais do que um encolher de ombros pesaroso. Em qualquer outro local no mundo dos homens, uma torção seria algo fácil de curar, mas aqui era um ferimento mortal, não só para quem sofresse o ferimento, mas também para o seu companheiro que teria de esperar até o outro se recuperar e conseguir ficar pé antes de continuarem. Não havia nada que pudéssemos fazer se um de nós tivesse o menor acidente; não havia forma de ter ajuda, independentemente de quão necessária fosse, não se conseguiria encontrar qualquer refúgio: ou os dois se salvavam, ou os dois morriam e nos tornávamos tão hirtos e congelados como tudo o resto à nossa volta.

Eram coisas em que não se deve pensar muito; pensar nisto não ajudava e apenas contribuía para destruir a nossa paz de espírito. Ali estávamos, no manto de gelo, dois humanos determinados que tinham ido para ali voluntariamente, e o que tínhamos de fazer era descer o mais depressa possível para o outro lado. Sequer tínhamos tempo para desperdiçar, portanto, prendemos os cães aos trenós, olhamos uma última vez para o local do nosso acampamento para garantir que nada fora esquecido, estalamos os nossos longos chicotes nos cães, acertando onde mais sentiam, e puxamos as guias para os trenós começarem a se movimentar e para que os cães compreendessem que o tempo de descanso tinha terminado, e que agora era questão de puxar, de puxar com força. E assim, no meio de uma grande comoção de uivos e de gritos que era boa de ouvir no meio daquele silêncio assustador, colocamo-nos a caminho, dando o primeiro dos nossos passos solitários em direção à terra ao redor do primeiro braço do fiorde Danmark, a quatrocentos e trinta e cinco quilômetros de distância. Tínhamos esperança de, ao chegar lá, não encontrar uma descida muito perigosa pela alta parede de gelo, provavelmente com mais de noventa metros de altura, que delimitava a calota polar a norte, e, assim, escapar daquele inverno de gelo, frio e de calmaria paralisante.

Há muito tempo que tínhamos criado respeito pelas muitas fendas e fissuras que espreitavam perigosamente à nossa volta. Algumas eram estreitas, outras tinham vários metros de largura, chegando a atingir trinta metros ou mais. Estavam frequentemente escondidas debaixo de uma cobertura de neve dura, comprimida pelo vento, de forma que nunca as víamos, sentindo-as apenas quando o centro da ponte de neve cedia ligeiramente; ou quando ouvíamos um som oco súbito e assustador, quando dávamos um balanço forte com os pés para mantermos o trenó andando e, por acaso, estávamos passando por cima de um desses abismos.

Estas pontes de neve, na sua maioria, aguentavam, mas acontecia e não era tão raro de uma delas quebrar com o nosso peso ou com o do trenó e, durante alguns minutos, por vezes muitos, ficávamos no limbo sem saber se conseguiríamos atravessar com os cães, os trenós e nós mesmos sãos e salvos.

Tivemos sorte, e cada vez que uma ponte de neve se partia, havia sempre alguma pequena e insignificante protuberância naquela língua íngreme e muitas vezes vertical de gelo duro que impedia o trenó derrapante de cair nas profundezas insondáveis, de forma a conseguirmos, com uma cautela infinita, remover a sua carga preciosa e transportá-la para gelo seguro. Depois disto, conseguíamos puxar o trenó para segurança, longe da fenda, de um branco-azulado e brilhante na superfície, mas negra, negra como uma tumba a alguns metros de profundidade, em direção às profundezas geladas. Em uma das vezes, no entanto, uma guia quebrou-se e um dos pobres cães caiu. Caiu, caiu e caiu. Nunca o ouvimos bater no fundo, nunca ouvimos sequer um ganido do pobre animal, que deve ter caído tão fundo que nenhum som conseguiu chegar à superfície onde Iver e eu olhávamos um para o outro, horrorizados por um de nós, ou os dois, poder facilmente ter sido arremessado para aquelas profundezas, pelas mandíbulas vidradas de gelo, até à escuridão azul.

Um dia, quando pensamos que estávamos relativamente a salvo das fendas, pois também existiam dias assim, ouvi Iver a me chamar de repente. Não compreendi o que ele dizia, mas o medo e o horror na sua voz eram mais do que óbvios. Voltei para ver o que tinha acontecido e vi Iver estendido ao comprido no gelo, ao lado de um buraco negro na neve e gritando:

— Puppy, Puppy, consegue me ouvir?

Em duas passadas, cheguei ao buraco, de onde o bafo intenso do gelo chegava aos nossos rostos. Iver olhou-me horrorizado e disse:

— A guia do Puppy partiu, ele está lá embaixo. — E acenou em direção às profundezas escuras. — Eu não o ouvi bater nas laterais ou no fundo, portanto pode nem ter chegado lá. Quando paramos para descansar há pouco, ele subiu no trenó, enroscou em mim e me encarou com os seus olhos leais.

Uma lágrima de gelo rolou pelo rosto de Iver até à barba, onde congelou rapidamente; seguiu-se uma outra, depois outra, depois muitas mais; mas, cinco minutos depois, estávamos novamente a caminho do Norte, em direção a outras fendas, largas ou estreitas, conforme o destino decretasse, fáceis de atravessar ou só transponíveis após uma longa busca por uma ponte de neve onde nos atrevêssemos a colocar o nosso peso.

Houve dias em que os nossos pés se enfiavam nas frágeis pontes, por mais cautelosos que fôssemos e testássemos a sua resistência antes de nos aventurarmos a atravessá-las; e houve outros dias em que sentimos que os nossos passos eram guiados por um destino mais gentil, e íamos ficando cada vez mais imprudentes, atravessando as pontes de neve sem as testarmos primeiro e sorrindo pretensiosamente sempre que ouvíamos o som vazio e ameaçador por debaixo dos pés, apesar de mantermos o cuidado de pisarmos levemente e estalarmos os nossos chicotes furiosamente sobre os cães, pois os trenós tinham de ser mantidos em movimento. Parar significava cair e morrer.

Eu mantinha sempre à mão um pequeno pedaço de *pemmican*, e o pegava sempre que tínhamos de atravessar uma ponte de neve especialmente desagradável, uma daquelas que arqueava no meio, mas que, no entanto, ainda parecia ser suficientemente segura se conseguíssemos manter os trenós em movimento. Mostrava o alimento aos cães e permitia que inalasse o seu cheiro delicioso. Os animais começavam a uivar e a ladrar com a ansiedade de conseguirem uma guloseima tão rara, puxavam as guias para começar a andar e, quando as tinham esticadas ao máximo, para seu aborrecimento, viam o desejado *pemmican* ser lançado bem longe, para o outro lado do abismo. Agora tratava-se de quem chegaria lá primeiro; e com as caudas abanando na alegria da esperança, as línguas dependuradas e os flancos arquejantes, os cães puxavam os trenós como criaturas possuídas na esperança de ser o primeiro a chegar à guloseima que estava do outro lado, a guloseima que nunca recebiam. Nunca a apanhavam porque eu era o primeiro a atravessar a ponte e a dar um pontapé no pedaço de *pemmican* para longe do seu alcance; depois o pegava para utilizá-lo de novo na próxima emergência, enquanto os cães se lançavam uns aos outros, mordendo e ganindo, cada um acreditando que o outro tinha tido a sorte de apanhar o que estava seguramente guardado no meu bolso. Usei o mesmo pedaço em toda a viagem através do ermo de gelo.

Pode dizer-se que era trapaça e uma pena para os cães crédulos que nunca suspeitaram que humanos pudessem ser tão cruéis, mas eu tinha de ser cruel para conseguir com que eles e o trenó atravessassem aqueles locais especialmente perigosos.

Nos deparamos com longas extensões onde o gelo da superfície estava lascado como um pedaço de vidro atingido por uma bala ricocheteando, repleto de longas fendas estreitas que não eram suficientemente largas para cairmos e, provavelmente, não eram perigosas nem para nós, nem para os cães com os trenós, mas que eram bem desagradáveis de se percorrer, pois, se a sorte acabasse, facilmente podíamos quebrar uma perna na borda aguçada do gelo ou torcer um tornozelo. Era algo que nos assustava muito, pois as probabilidades de acontecer eram consideráveis, mas tínhamos que ignorar; se fossemos nos preocupar com tudo o que podia acontecer, era melhor ter ficado em casa em Copenhague. Continuamos a lutar através do gelo lascado, enfiando uma ou as duas pernas em fissuras, mas levantando-nos e tirando-as de lá novamente antes de sequer termos tempo para perceber o que tinha acontecido, gritando apenas a palavra *fenda* por cima dos ombros, para o companheiro que seguia com o seu trenó a poucos metros de distância.

É claro que eu ia sempre à frente, o mais certo a fazer, e, um dia, quando estávamos percorrendo uma zona onde existia muitas destas fissuras estreitas, ouvi Iversen a rir sozinho. Virei, espantado e um pouco irritado, para ver o que poderia ser a causa de tanta alegria, pois eu não conseguia encontrar motivo nenhum.

— De que você está rindo? — perguntei.

— De quê? — respondeu Iversen, dando uma gargalhada. — Porque você me lembra um brinquedo que tive quando era criança e que eu adorava, acho que se chamava caixa surpresa. Enfim, você está igual ao boneco que saía da caixa sempre que eu abria a tampa. É tão escuro quanto ele; seu cabelo é longo e em tufos como o dele, e fica para cima da mesma forma. E você abana os braços como ele fazia ao saltar da caixa. Uma hora está tão embaixo que eu mal o vejo, outra está aqui em cima. Realmente, é muito engraçado.

Tudo bem falar de caixas surpresa e rir de mim, mas eram as minhas canelas que eu estava cortando no gelo afiado, e seria eu a quem o destino talvez lançasse a um daqueles buracos para ficar ali. Não via, certamente, nenhum motivo para rir.

Ali em cima, no manto de gelo, quando os dias eram dourados devido à luz solar e o frio tão severo que o mercúrio tinha congelado no termômetro e a parafina ficado tão espessa que precisava ser aquecida no calor dos nossos sacos de dormir antes de conseguirmos fazer com que ardesse no fogão, ou até mesmo escorresse da lata, acontecia frequentemente coisas realmente incríveis. De repente, ouvíamos um leve farfalhar à nossa volta, como se fosse o frufru da seda pesada, e, naquele momento, subitamente, cada um dos infinitos cristais de neve e de gelo na superfície brilhavam e cintilavam com imensas fortes, como se fossem diamantes reluzentes. Era incrível e, por um instante, criava a ilusão de existência de vida à nossa volta; mas também nos enervava e nos assustava sempre que acontecia, fazendo-nos pensar por momentos que tínhamos chegado sem perceber a uma ponte de gelo frágil, que estava quebrando-se sob nós. Os cães ficavam tão nervosos como nós e saltavam de patas esticadas, tão alto quanto as guias lhes permitiam, ladravam, uivavam e ganiam com medo.

Finalmente, no entanto, descobrimos como a superfície branca e morta do manto de gelo podia tornava-se tão bela: era por causa da crosta dura e congelada de neve que se quebrava sob o peso do trenó e afundava cerca de um centímetro na neve mais fofa por debaixo. Sabendo isso, o nosso susto era apenas momentâneo, e, no momento seguinte, já estávamos estalando nossos chicotes sobre os cães aterrorizados e gritando até ficar roucos:

— Animais tontos. Aqui não há perigo de fendas. Puxem, puxem, raios!

Todos nós que tínhamos ido até ali éramos tolos, homens e cães.

Estávamos sentados nos nossos trenós, num declive cheio de fendas, descansando depois de uma etapa especialmente difícil, quando Iver fez algumas das suas inúmeras questões:

— Diga uma coisa, o que dá origem a estas fendas? Por que há tantas em um lugar e nenhumas em outro?

Iver ponderava sobre os problemas conforme se esforçava por caminhar ao lado do seu trenó, puxando tanto quanto todos os seus cães juntos. Tinha uma mente alerta, e via e reparava em muita coisa. Para ele, que antes passava seus dias em uma oficina ou na casa das máquinas de um navio, tudo era novidade. Queria saber sobre tudo o que lhe despertava o interesse naquele inferno branco e gelado ali em cima; e, quando o esforço de arrastar o trenó não era suficiente para o calar, fazia perguntas intermináveis, pensando que eu tinha resposta pronta para tudo o que podia acontecer no gelo, que sabia tudo sobre fendas, cães, trenós, condições atmosféricas e todos os outros assuntos que podem interessar a quem viaja de trenó. Era lisonjeiro se eu conseguisse pensar numa resposta plausível, mas muito irritante quando eu estava cansado ou não conseguia dar uma resposta que eu talvez devesse saber. Normalmente, estas rajadas de perguntas terminavam com um rude:

— Oh, cale-se, Iver! Guarda seu fôlego para ajudar os cães.

Então, o bom Iver ficava amuado durante algum tempo, com ar de quem nunca mais abriria a boca. Mas todo o ressentimento desaparecia assim que as fendas se escancaravam à nossa frente, por todo o lado, com as suas mandíbulas azuis e negras. Eram, simultaneamente, perigosas e uma perda de tempo, ainda assim, de uma forma ou outra, conseguíamos sempre atravessar aqueles labirintos de brechas e de fissuras, grandes e pequenas; mas o progresso era lento, lento demais para nós na maioria das vezes, que víamos as nossas provisões desaparecer a cada dia sem conseguirmos percorrer a distância necessária. Em algum momento da nossa viagem teríamos que pagar por todo o tempo perdido por conta das fendas.

Por mais desagradáveis e consumidoras de tempo que fossem as fendas, o nosso pior inimigo no manto de gelo era mesmo o vento intenso e cortante. Soprava quase sempre direto nos rostos, empurrando a neve à frente em nuvens densas. Os flocos de neve picavam como enxames e insetos impertinentes, até o início das queimaduras de gelo fazer os narizes, as maçãs do rosto, as orelhas e os dedos ficarem insensíveis ao seu ataque. Então, tínhamos de tirar as nossas luvas quentes e usar as mãos para aquecer os rostos, esfregando-os com neve tão aguçada e dura que era como uma lixa, abrindo buracos na nossa pele dessensibilizada. A neve derretia nas nossas mãos nuas e a água gelada escorria pelos dedos que já estavam ameaçados. Rapidamente, também ficavam brancos, insensíveis e mortos, e tinham de ser esfregados um de cada vez, até o sangue palpitar e a dor se tornar insuportável. Isso apenas derretia mais neve, fazia com que mais água escorresse pelas nossas mãos e congelasse e se concentrasse no pelo onde as nossas mangas apertavam os nossos punhos. Era um círculo vicioso e muito difícil de escapar.

Nós estávamos sempre prestando atenção aos sinais de queimaduras de gelo no rosto de cada um, a mancha amarela cerosa que se espalha tão rapidamente se não for impedida a tempo. De forma geral, a queimadura de gelo não é percebida de imediato pela pessoa afetada, e assim, quando o tempo estava tão frio que era provável causar queimaduras de gelo, como era quase sempre o caso no manto de gelo, tínhamos de estar particularmente vigilantes um com o outro. Assim que eu via uma mancha branca morta no rosto do Iver, avisava:

— Iver, esquente o seu nariz, está congelado. — A resposta, quando ele erguia os olhos e via o meu rosto, era frequentemente um breve: — O seu também.

Portanto, tínhamos de parar e esfregar até o sangue voltar a circular e as orelhas e o nariz começarem novamente a palpitar e a arder, em vez de estarem mortos e insensíveis.

A neve rodopiante, transportada pelo vento uivante, varria a neve solta do manto de gelo e lançava-a contra nós, até encher as nossas barbas e se solidificar, fazendo pressão nos nossos narizes de tal forma que tínhamos de raspá-la. As sobrancelhas e as pestanas ficavam pesadas com grinaldas de gelo, que tínhamos de estar sempre esfregando para conseguirmos ver alguma coisa. A neve persistente descobria todos os orifícios, todas as aberturas, por menores que fossem, nas peles quentes e acumulava-se nas nossas camisas e roupas interiores; uma vez ali, o calor dos nossos corpos derretia-a, e pingava e escorria para onde não deveria haver água, onde seria desagradável em qualquer circunstância, mas que na nossa era insuportável.

Sofremos um bocado com isso no manto de gelo, mas os nossos pobres cães sofreram mais, pois eles sofriam com a neve persistente rasteira muito mais do que nós. Por diversas vezes, nós conseguíamos caminhar contra um vento forte, com as partes superiores do corpo sob um belo sol, de tal forma que era possível ver sobre um mar ondulante de neve trazida pelo vento onde os nossos cães estavam submersos. Era impossível prosseguirmos em tais condições.

Mas tínhamos de avançar, e foi o que fizemos, devagarinho, pois nada arrasa mais os cães do que neve persistente. Tínhamos de continuar a incentivar os miseráveis animais a seguir caminho, para conseguirmos o máximo possível num dia impossível. E relutávamos em usar os chicotes, talvez não tanto por consideração pelos cães, mas por nós mesmos, pois o vento lançava frequentemente os longos chicotes de volta, e tinham a estranha tendência de nos acertar na cara, exatamente onde não tínhamos peles ou barba para proteger a pele, e a sua ponta aguçada e congelada fazia-nos sangrar. O chicote de cães é uma arma de dois gumes que castiga tanto cães como homens, sem fazer distinção. Por isso, sempre que havia vento frontal, incentivávamos os cães com guinchos, gritos e palavrões, porém mais valia termos poupado o fôlego, uma vez que não tinham qualquer efeito sem serem acompanhados pelo estalar de um chicote. Também não era de estranhar que os cães parassem e que não conseguissem nem quisessem trabalhar quando estavam contra o vento; pois o seu bafo ofegante derretia a neve persistente em torno das suas cabeças, e esta instalava-se em grumos de gelo nos seus pobres focinhos, congelando até os pelos, especialmente em torno dos olhos, o que os impedia de ver.

Estávamos constantemente a limpar o gelo e a neve dos olhos dos cães líderes, pois, se não conseguissem ver por onde estavam indo, toda a equipe tinha de parar. Os outros cães podiam cambalear cegamente pelo gelo, o seu trabalho era apenas o de rebocar e puxar; só tinham de seguir o cão líder que iria certificar-se que o faziam. Cada vez que parávamos para recuperar o fôlego, ou para ganhar forças para a próxima dificuldade, ou para limpar os olhos dos cães, ou por qualquer outra razão, os cães refugiavam-se atrás dos trenós para fugirem do vento forte e da neve lancinante. Isto sempre causava uma grande agitação: os cães mordiam-se e atacavam-se para conseguirem os melhores lugares mais abrigados atrás dos trenós, e, passado poucos minutos, as guias enrodilhavam-se e, vidradas com saliva e urina congeladas, transformavam-se numa massa de nós duros e congelados quase impossível de desemaranhar. Portanto, antes de podermos pôr-nos novamente ao caminho, aquele entrelaçado tinha de ser descongelado e desfeito, por vezes usando os dentes, mas sempre com as mãos despidas, que ficavam brancas e rígidas — queimadas pelo gelo novamente.

Era uma tarefa amarga andar de trenó contra o vento inflexível e a neve persistente, mas tinha de estar soprando com muita força para que desistíssemos, parássemos e montássemos acampamento. Quando parávamos, os cães podiam descansar imediatamente, escavando buracos para deitar e deixando o seu inimigo cruel, o vento, cobri-los com um cobertor quente de neve. Eles ficavam relativamente confortáveis, mas nós passávamos momentos horríveis tentando manter a tenda em posição com as rajadas furiosas que quase sempre anunciavam uma tempestade. Todos os objetos soltos, principalmente tudo o que era comestível, tinham de ser levados para dentro da tenda, e, frequentemente, passávamos várias horas de trabalho duro, em um frio lancinante e no vento furioso, antes de conseguirmos entrar no calor e no abrigo relativos da tenda. Antes de conseguirmos descansar, tínhamos de restabelecer rapidamente a circulação nos pontos do rosto, das mãos e talvez também dos dedos dos pés, que já tinham começado a queimar com o gelo.

Os dias em que o vento invadia furiosamente o manto de gelo e nos forçava a abrigarmo-nos eram difíceis de verdade, para nós e para os cães. Demorava muito, mesmo depois de entrarmos na tenda, até termos calor suficiente nos nossos corpos, especialmente nos nossos dedos, para conseguirmos manusear o fogão. Aquele fogão era maravilhoso quando ardia com uma chama quente, azul-amarelada, mas era tremendamente frio antes de ser aceso e tocar-lhe com os dedos nus era como agarrar um ferro em brasa.

No entanto, tudo era feito a tempo; depois de os cães terem sido alimentados, de a tenda estar arrumada e o forro de pelo de rena dos nossos sacos de dormir estar mais ou menos descongelado, enfiávamo-nos dentro deles e esticávamos os nossos membros rígidos, desfrutávamos do nosso *pemmican* e do resto, e depois adormecíamos, na esperança de que talvez o tempo estivesse bom de manhã.

Tínhamos sempre esperança, apesar de ter sido frustrada na maior parte da vezes, e, irritados, enfiávamo-nos mais no calor úmido dos nossos sacos de dormir quando acordávamos para um novo dia e ouvíamos o vento assobiando, uivando e a rugindo à nossa volta, e o impacto dos pedaços pesados de neve congelada quando batiam nos panos da tenda que vergavam sob o peso da neve e da pressão do vento, fazendo com que o pequeno abrigo que tínhamos montado contra a tempestade e a neve ficasse menor do que antes.

Não teria sido tão mau se tivéssemos podido ficar nos nossos sacos de dormir e "desfrutado" da vida; mas, independentemente das condições atmosféricas, tínhamos de sair. Em primeiro lugar, tínhamos de observar o tempo e ver se havia algum sinal de melhora e alguma probabilidade de conseguirmos continuar a andar de trenó, o que era, lamentavelmente, caso raro. Também tínhamos de cuidar dos cães; cada um deles tinha de ser retirado, com grandes protestos, da sua toca quente, para impedir que sufocasse com o espessamento da camada de neve; e também tinham de ser alimentados. Não lhes dávamos muito, pois os dias de descanso forçado eram um desperdício no que diz respeito à distância, e não podíamos dar aos cães mais do que o suficiente para aliviar a pior das suas fomes. A comida era um bem precioso e tinha de ser cuidadosamente racionada.

Esta mesma regra rígida, obviamente, também se aplicava a nós na tenda, e, em dias de descanso, a fome corroía os estômagos tanto dos homens como dos cães. Era necessária a abstinência, voluntária ou forçada, para conseguirmos completar a nossa longa viagem; no entanto, por outro lado, nem os cães nem os homens podiam passar fome a ponto de enfraquecerem. Não era fácil decidir a fome que era necessário passar, especialmente quando éramos nós os esfomeados.

Um dia inativo não era tão mal-recebido, pois havia sempre muito a remendar nas peles e no calçado. E precisávamos escrever o diário, num papel tão frio que o nosso bafo se transformava em gelo assim que tocava na folha relativamente branca e que, inevitavelmente, forrava. Tínhamos de ter atenção, porque por uma ou duas vezes descobrimos, com grande aborrecimento, que o relato dos acontecimentos dos dias anteriores, escrito com tanta dificuldade com dedos frios e rígidos, tinha sido escrito em algo não mais permanente do que uma fina película de gelo, que derretia se a temperatura da tenda subisse ligeiramente, ou se passássemos a mão relativamente quente pelo papel. Junto com a película de gelo, a escrita também desaparecia, e tinha de ser tudo feito de novo, depois de secar e aquecer o papel.

Passávamos muito tempo medindo distâncias no mapa, colocando marcadores no local onde estávamos e comparando nosso progresso com o calendário que eu tinha concebido na minha cabine quente a bordo do *Alabama*: e que precisávamos cumprir se queríamos que a nossa comida durasse. Não nos atrevíamos a achar que íamos encontrar caça no local onde os três homens falecidos não tinham encontrado nada.

O resultado do balanço feito não foi muito encorajador, e percebemos que, apesar de ainda estarmos no manto de gelo, que chegaria o dia em que nos encontraríamos sem provisões na costa desolada a norte do nosso alojamento de inverno, onde não conseguiríamos chegar se não encontrássemos alguma caça. E este pensamento sobre caça, a própria palavra *caça*, era tão inspirador que nunca podíamos afastar por completo a esperança de encontrarmos alguma coisa para matar. Falamos disso interminavelmente, este assunto que podia ser de vida ou de morte, tentando examiná-lo de todas as perspectivas — e havia muito tempo para fazê-lo durante os longos dias de tempestade. E chegávamos sempre à reconfortante conclusão que, obviamente, não deixaríamos de encontrar caça assim que chegássemos em terras adequadas e na costa, que ali certamente nos cruzaríamos com animais ao passarmos de trenó. Nós nos deliciávamos ao pensar e ao falar em toda a carne que iríamos conseguir, ficávamos ansiosos por isso e expulsávamos das nossas mentes a voz de aviso da dúvida; falávamos dos bois almiscarados em que não podíamos deixar de acertar, dos ursos que as nossas balas matariam e das focas que encontraríamos dormindo ao sol ou em uma banquisa, seguras e com a ideia de que nenhum perigo as ameaçava.

Eram pensamentos encorajadores que, frequentemente, tinham de substituir uma refeição, coisa que *faziam* — pelo menos durante algum tempo. Portanto, enquanto a tempestade uivava em torno da nossa tenda e a neve rodopiava loucamente, conversávamos alegremente sobre o quanto os cães iriam gostar quando conseguissem novamente engolir toda a carne suculenta que estaria espalhada ao final de uma caçada bem-sucedida no gelo.

Capítulo 6
Ainda no Manto de Gelo

Falando sobre os cães — Preocupações com as provisões — Perspectivas melancólicas

Muitas horas dos dias de descanso sombrios e entediantes de ociosidade forçada foram passados falando dos nossos cães. Ocupavam sempre os nossos pensamentos, e havia quase sempre um ou mais à vista, pois o meu cão líder, a Girly, que era calma e mais ou menos domesticada, normalmente estava dentro da nossa tenda e muitas vezes deitada em cima dos nossos sacos de dormir, onde funcionava como um saco de água quente vivo e ajudava a aquecer nossos pés.

Girly adorava passar tempo conosco, ficava deitada na pequena tenda, seguindo todos os nossos movimentos com os seus belos olhos fiéis, emitindo um pequeno guincho de felicidade sempre que lhe dirigíamos uma palavra gentil, e choramingando encantada sempre que lhe dávamos um pedaço microscópico da nossa comida. Girly era uma cadela bonita, uma grande ajuda nos dias árduos com o trenó e, enquanto companheira de tenda, ajudava a animar-nos durante o penoso tédio dos dias de descanso.

Iver detestava que o meu cão líder tivesse um lugar permanente na tenda, enquanto o seu cão líder, Bjørn, que ele considerava ser tão bom quanto ela, tinha de sofrer as dificuldades da vida lá fora. Bjørn era da mesma opinião e encostava-se tanto quanto possível à tenda, para compartilhar daquilo que se passava no outro lado do pano fino. Dava um guinchinho quando ouvia a Girly a fazer o mesmo, choramingava quando ouvia o latido alegre dela ao receber um pedacinho de comida. E, sempre que se ouvia este coro em cada um dos lados do pano da tenda, Iver olhava para mim com reprovação:

— Ouviu isto? Parece que o bom Bjørn estava contente pela Girly estar vivendo no luxo aqui conosco. Não devíamos...? — Olhava para mim de forma inquisitiva, e eu acenava em aprovação.

Imediatamente, Iver saltava do saco de dormir e, obviamente, não conseguia evitar tocar no pano da tenda. Isso fazia o gelo da condensação cair sobre nós, nosso cabelo e as barbas, escorrendo pelos nossos pescoços e chegando ao fundo do peito e das costas antes de se transformar em água gelada. Mas Iver nunca pensava nisso, nem na tempestade de neve que entrava quando abria a porta da tenda.

— Pode entrar, Bjørn, mas tem que se comportar — acrescentava hesitante — Ou o chefe vai ficar zangado.

Bjørn não precisava ser convidado duas vezes, entrava como uma avalanche. Era um cão grande. O pelo e a cauda estavam cheios de neve e ele expressava a sua imensa alegria por ter permissão de entrar com violentas contorções que faziam a neve rodopiar pela tenda. Era um amigo estranho para se convidar, mas Iver ficava feliz e tentava mitigar a violência do contentamento de Bjørn; Bjørn e Girly também ficavam felizes e tentavam brincar. Normalmente, Iver tinha um pequeno pedaço de *pemmican* guardado para o seu animal, que gania de alegria em recebê-lo, enquanto Girly vinha até mim em busca de conforto e consolo. Então tudo ficava confortável, até o exuberante Bjørn, nas suas tentativas de discrição, derrubar o fogão com a sua grande causa peluda. Isso o assustava e ele tentava remediar a situação afastando-se do terrível objeto frio e, ao fazê-lo, pisava o nosso jarro e derrubava-o, depois urinava, assustado com os estragos que fizera e com aquilo que sabia ser o resultado inevitável: a expulsão do paraíso para a tempestade de neve fria e rodopiante se ocupava em restabelecer, ia se reconfortando assegurando-me que, um dia, Bjørn iria aprender a se comportar dentro da tenda, para poder ficar sempre lá dentro conosco.

Mas Bjørn nunca aprendeu, nem ele nem Iver aprenderam com a experiência e, sempre que Bjørn ficava conosco na tenda, acontecia o inesperado.

Mesmo com meias rações para homens e cães, estes dias de descanso forçado custavam-nos uns catorze quilos de comida por dia, o que era um ônus terrível paras as nossas provisões quando não havia nenhum quilômetro percorrido para equilibrar. Quando não tínhamos mais nada para fazer na tenda, revisávamos as diversas capacidades dos nossos cães para decidirmos quais faziam menos pela comida que recebiam e, portanto, deviam ser abatidos para que os outros sobrevivessem. Infelizmente, havia poucos sobre os quais pudéssemos dizer algo de bom, e enquanto a tempestade uivava à nossa volta, passávamos horas a decidir que cão podíamos dispensar, o que se esquivava mais ao seu trabalho e que, na realidade, há muito tempo devia ter pago com a vida a sua falta de interesse naquela que é a única razão de ser de um cão de trenó: puxar, puxar e continuar a puxar até não conseguir puxar mais.

Regra geral, uma boa tempestade no manto de gelo durava dois dias e duas noites, apesar de termos apanhado uma que durou cinco. Quando as condições atmosféricas nos forçavam ao ócio durante um longo tempo, a sentença de morte que tínhamos emitido era cumprida. Saíamos os dois para a tempestade, os cães ganiam em expectativa e o astuto Grimrian seguia, literalmente, grudado nos meus calcanhares num esforço para não ser visto, aparentemente sabendo o que significava uma espingarda na minha mão. Então, desenterrávamos o cão condenado da sua cova de neve quente, encostávamos o cano da espingarda à sua cabeça e este morria assim que o disparo se ouvia, sem um suspiro ou um espasmo.

O disparo fazia sempre com que os cães uivassem em um longo concerto, pois sabiam que teriam carne quente para comer. Depois, enquanto o gelo nos mordia o rosto e os dedos, esfolávamos o cão morto, cortávamo-lo e dávamos uma porção a cada um dos cães vivos. A dose era pequena, pois no manto de gelo os cães tinham ficado tão deploravelmente magros que tinham pouca carne; no entanto, era o suficiente para sustentar os sobreviventes por mais um dia ou dois de tempestade sem sofrerem demais com a fome.

Levávamos sempre dois pedaços da melhor carne para a tenda, para Girly e Bjørn poderem se banquetear com os restos de um companheiro que tinha sido avaliado e considerado fraco.

Bjørn engolia sempre o seu pedaço com grunhidos de satisfação e muitas lambidas nos lábios, mas Girly limitava-se a cheirar o dela, a virá-lo e a cheirar do outro lado, dava uma pequena dentada cautelosa — e depois virava-se e me olhava expressivamente. Se conseguisse falar teria, sem dúvida, dito em tom de censura: "Todo o meu trabalho duro é recompensado com um pedaço de carne repugnante de um companheiro. Como você pode!". Teria razão, mas o que mais eu podia fazer?

Bjørn ficava de olho na Girly e, quando via que ela estava largando a carne, aproximava-se com cautela; mas a Girly sequer protestava quando, prudentemente e com a consciência pesada nos olhos, ele puxava o naco para si com a pata e o engolia de dois tragos. Bjørn não possuía bons sentimentos e não era de desprezar qualquer comida.

Iver e eu olhávamos um para o outro, sempre com muita culpa. Em uma dessas vezes, fiz festas na Girly, recompensando-a um pouco por ser uma boa cadela e se recusar a comer um companheiro; e, apesar de não ter dito nada, posso ter sorrido para Iver com alguma satisfação. De qualquer forma, ele encarou isso como uma condenação tácita do Bjørn, que não tinha tais bons sentimentos, e, subitamente, saltando do seu saco de dormir quente e úmido, abriu a porta da tenda e empurrou um guinchante Bjørn para a tempestade raivosa e para a neve fria, sem Bjørn ter qualquer ideia do que tinha feito.

— Maldito canibal — gritou-lhe Iver. – Divirta-se aí fora!

Depois disto, a Girly ganhou um pedaço microscópico de um pedaço quase invisível de *pemmican* como recompensa por sua virtude.

Aqueles dias de tempestade foram longos e difíceis de ultrapassar. Passamos quarenta e nove dias no manto de gelo e, destes, estivemos presos pelas tempestades durante dezenove dias inteiros e diversos pela metade. Foi uma quantidade assustadora.

A crueldade do tempo não se esgotou nisso, pois os dias bons e calmos foram tão raros que passamos dezoito dias (para além dos em que tivemos presos na tempestade) de batalhas lentas e árduas contra um vento mais ou menos violento, antes de termos o nosso primeiro dia bom.

Tenho de admitir que estávamos a fazer a viagem cedo demais. No verão, ou no início do verão, o tempo é muito melhor; ou é isso que dizem. Eu sempre soube que começáramos cedo demais, mas não tive outra escolha: ou atravessávamos o manto de gelo o mais cedo possível, ou tínhamos de nos preparar para passar o verão em algum ponto da costa, o que envolveria mais uma estadia de inverno, e não queríamos isto.

Eu tinha escolhido fazer a viagem de trenó através do manto de gelo mais cedo na esperança de os poderes que governam o vento e o tempo serem benevolentes. No entanto, foi precisamente o contrário e, portanto, apesar de termos escolhido quase o pior tempo para atravessarmos o manto de gelo, quando reinavam as tempestades, ainda teríamos de nos preparar para passar o verão na costa. Se as nossas espingardas não conseguissem dar-nos comida ali, e então? Não haveria mais "e então?" Mylius-Erichsen e os seus companheiros não tinham sobrevivido, apesar de um deles ser um groenlandês, habituado a sobreviver naquela terra dura.

Tínhamos passado maus momentos com as más condições atmosféricas e, muito provavelmente, iríamos passar por momentos tão difíceis como estes durante o verão, devido à fome. Qual das duas situações seria pior era uma questão de opinião; ambas eram impiedosas e podiam custar-nos a vida. Agora que tínhamos ultrapassado as tempestades: conseguiríamos fazer o mesmo com a fome?

Tínhamos todas as desculpas para calcular que o nosso desfecho seria sombrio. As provisões que transportávamos eram muito poucas para o consumo necessário durante os dias de tempestade sem qualquer progresso, e era óbvio que, muito antes de sairmos do manto de gelo, precisávamos decidir passar ali o verão, pois só no outono conseguiríamos ter esperanças de voltar para o *Alabama*. Aqueles dezenove dias de tempestade custar-nos-iam um ano inteiro, pelo menos um ano — se chegássemos a sobreviver ao verão.

Capítulo 7
Os Últimos Dias no Manto de Gelo

Uma melhoria no gelo e no frio — Terra à nossa frente
— Os cães invadem a tenda
— Corrida descontrolada — Um mundo de sonhos
— Novamente em terra

Felizmente, também podia acontecer que, ao acordarmos, sentássemos dentro dos nossos sacos de dormir, surpresos, à espera do som ao qual já estávamos habituados, escutando com atenção, mas sem ouvir o menor silvo da neve batendo na tenda; e se, ao mesmo tempo, o sol estivesse brilhando através do pano, enchendo o pequeno espaço que a tempestade tinha tornado tão triste com raios dourados, saltaríamos de imediato dos sacos de dormir e, enquanto um de nós preparava o chá, o outro apressava-se a sair para o manto de gelo alegremente iluminado, cheirava contente o ar fresco, arrepiava-se um pouco com o frio e começava a preparar tudo para partirmos o mais depressa possível.

Isto podia ser um trabalho muito frio, quando a temperatura era tão baixa que o mercúrio congelava, e tornou-se ainda mais frio quando, um dia, eu me lembrei de como, no Alasca, os esquimós congelam os esquis dos seus trenós quando querem viajar rapidamente por neve livre de pedras. Isso era algo que também deveríamos conseguir fazer, e não havia qualquer necessidade de temermos que pedras raspassem o gelo dos esquis, uma vez que estávamos em cima de uma camada de gelo com cerca de mil e quinhentos metros de espessura! Portanto, tentamos congelar os nossos esquis, e a experiência foi um sucesso estrondoso — os trenós deslizavam quase sozinhos.

Os cães ficaram bastante surpreendidos quando partimos e eles perceberam que mal sentiam o peso dos trenós. Começaram a ladrar ruidosamente, espantados, e voltaram-se para ver se tinham perdido o trenó, ou porque é que já não conseguiam senti-lo. Depois viram as nossas caras sorridentes e ouviram as nossas palavras de encorajamento: "Continuem, cãezinhos. Os trenós estão aqui e vão atrás de vocês".

Os cães continuaram a grande velocidade. Iver e eu sorrimos um para o outro, era quase inacreditável como tudo estava a decorrer bem. O sol brilhava, não havia vento para dificultar a viagem e estávamos mantendo uma velocidade relativamente boa — graças a Deus! Havia, no entanto, uma cobra traiçoeira no nosso paraíso: gelar os esquis dos trenós a uma temperatura de trinta ou quarenta graus centígrados abaixo de zero, ou até mesmo cinquenta, era uma tarefa para peritos. Enchíamos as bocas com água, para aquecê-la um pouco, cuspimos nos esquis e esfregamos com as nossas mãos despidas na madeira, camada após camada até a película de gelo ter quase um milímetro de espessura. Era um trabalho frio para os dedos nus e, quando finalmente terminamos, percebemos que as nossas mãos tinham ficado tão dormentes que nem tínhamos percebido as grandes de madeira que se espetaram nas palmas.

No entanto, não nos preocupamos muito com isso. Podíamos arrancar as farpas quando o gelo desaparecesse das nossas mãos. E só estávamos preocupados em fazer os trenós deslizarem facilmente, para poupar as forças dos cães, cobrir a maior distância possível e, dessa forma, compensar algo do tempo perdido.

Os trenós, de fato, deslizavam facilmente com os esquis gelados e, assim que chegamos tão a norte que o manto de gelo começou a descer em direção à terra ao redor do fiorde Danmark, a viagem de trenó tornou-se num verdadeiro prazer em vez da tarefa desumana que fora até então.

Estávamos quase em maio e o sol estava alto, tanto à meia-noite como ao meio-dia. O pior das fendas e das fissuras já estava evidentemente atrás de nós, pois víamos poucas, e uma grande massa montanhosa erguia-se sobre o horizonte longínquo ao norte, mais montanhas para ocuparem o lugar daquelas que tínhamos lutado tanto para alcançar e ultrapassar.

As condições atmosféricas também tinham melhorado. Já não havia tantas tempestades e as existentes já não eram tão violentas nem tão longas. Era óbvio que o pior tinha ficado para trás, portanto, à medida que acelerávamos através da vastidão gelada, incitávamos os cães com promessas de terra e de bois almiscarados, para se empanturrarem de uma forma que nunca conheceram.

Íamos gritando, alegremente, frivolidades um para o outro, enquanto avançávamos com velas nos trenós, pois tínhamos o vento a favor em vez do interminável vento de frente que tinha soprado até então. A tenda, içada num mastro feito com três esquis atados uns aos outros, virou uma vela peculiar, mas servia ao seu propósito, aumentou a nossa velocidade e a nossa alegria pelo progresso alcançado. E, como habitual, quando as coisas não corriam de todo bem para nós, Iver cantava de viva-voz, e então, através do gelo terrestre, ouvia-se um refrão reconfortante:

> "Por que sentirmos tristeza,
> Por que nos deixamos aborrecer?
> O mundo não vale isso,
> Foi feito pra nosso prazer."

Certamente não tínhamos motivos para lágrimas. O destino tinha-nos dado uma palmada de advertência nas mãos, ensinando-nos a sermos menos arrogantes e seguros de nós mesmos. É óbvio que percebemos que teríamos de passar o verão na costa; mas isso estava tudo no futuro, portanto, por que lamentar-nos agora quando tudo estava correndo tão bem? Portanto, limitei-me a estalar o meu chicote ao ritmo da canção do Iver. Este era o velho Iver que eu conhecia.

— Mas, Iver, não está vendo as nuvens cirro a se aproximarem, vindas do norte, como se fossem o longo braço do Rei do Gelo esticando-se para nos agarrar e manter-nos aqui? Provavelmente, significam que amanhã haverá uma tempestade, e você já não cantará, pois o vento estará assobiando e uivando sua canção dura sobre dias desperdiçados e poucas provisões, enquanto os flocos de neve rodopiam na sua dança fantasmagórica!

Mas Iver limitou-se a rir.

— E daí — disse ele — as coisas hoje estão indo bem, então por que nos lamuriarmos sobre desgraças que poderão acontecer amanhã? Talvez haja uma tempestade, talvez não; vamos desfrutar do presente, mesmo que o amanhã nos prejudique.

Ele tinha alguma razão.

A viagem de trenó continuou a correr bem — na verdade, cada vez melhor, com o passar dos dias. As agourentas nuvens cirro que, até então, tinham sido um infalível prenúncio de calamidade, pareciam agora ter perdido o seu contato com o futuro e com os males que este nos tinha reservado, e deixamos de lhes dar atenção. Um dia, finalmente, surgiu a visão que tínhamos procurado com tanta vontade; à nossa frente, ao longe lá embaixo, vislumbramos terra, terra praticamente livre de neve, uma visão incrível.

Largamos os trenós e os cães e aproximamo-nos a pé da beira do gelo para verificarmos se havia uma forma fácil de descer até à nossa terra prometida. Pela primeira vez em muito tempo, tínhamos as espingardas nas costas, e cada toque era como a saudação de um bom amigo, um amigo que podia nos arranjar comida se conseguíssemos chegar à terra das promessas onde provavelmente encontraríamos caça e carne — pensamentos de sonho.

No entanto, quando chegamos ao limite do manto de gelo, depois de algumas horas de caminhada, havia uma parede de puro glaciar com mais de noventa metros, por onde era impossível descer os trenós, portanto, demos meia-volta e regressamos ao nosso acampamento, cansados, desiludidos e famintos. O nosso objetivo, terra, estava tão perto e, ao mesmo tempo, tão longe.

O estado em que encontramos o acampamento não ajudou a melhorar o nosso humor. Os cães, esquecendo todo o seu treino quando os donos partiram pelo gelo, invadiram a tenda — coisa que não era difícil de fazer —, abriram as caixas com as latas e comeram algumas das nossas valiosas provisões. Os canalhas tinham devorado mais de doze quilos de *pemmican*, um bom bocado de biscoitos e alguns vegetais secos. As criaturas onívoras ainda acrescentaram a isso um pouco de um saco de dormir, e tinham lambido o fogão, o jarro e as colheres até brilharem, coisa que já não acontecia há muito tempo.

Havia pouca dúvida de que Girly tinha sido a impulsionadora deste roubo, porque ela sabia onde guardávamos as provisões e, sem sombra de dúvida, o que continham as diferentes caixas; pois era muito esperta e bastante observadora. Quando entramos na tenda e vimos o acontecimento, Girly estava deitada de costas, abanando as patas numa desculpa submissa. Grimrian e Bjørn tinham-se instalado nos nossos sacos de dormir, onde dormiam o sono pesado da fartura, ressonando alto e com um cheiro abominável. O seu acordar foi amargo, pois os cabos dos chicotes estavam relativamente intactos, apesar de os longos chicotes terem sido comidos. Este último estrago não interessava muito no momento, uma vez que precisávamos apenas dos cabos; iam perfeitamente ao encontro do nosso estado de espírito como meio de punição. Estávamos furiosos e os nossos braços foram fortes, ensinando aos atrevidos que aquele tipo particular de crime não podia ficar sem punição. De forma a aplicarmos a justiça imparcialmente, eu espanquei Bjørn pelo Iver e ele espancou a minha Girly. O castigo do Grimrian foi deixado para último, mas ele teve o que merecia, primeiro de Iver e depois de mim, portanto, não escapou facilmente.

Mal conseguimos dormir com o fedor instalado nos nossos sacos de dormir e com a raiva. Na manhã seguinte, não havia qualquer dúvida sobre a continuação da nossa viagem de trenó. Os nossos cães ladrões estavam incapazes de puxar devidamente, ainda demasiado empanturrados e, talvez, bastante doloridos devido ao tratamento aplicado; assim sendo, quer gostássemos ou não, os cães tinham de ter um dia de descanso, apesar de o tempo estar ótimo. Foi impossível ficar sossegado e deixei a tenda, na esperança de encontrar uma forma praticável de descer a imensa parede de gelo que se erguia verticalmente da terra lá embaixo. A experiência do dia anterior, de deixar os cães guardando nossos pertences, tinha-se revelado cara demais para nos atrevermos a deixá-los novamente sozinhos, portanto, Iver teve de permanecer no acampamento para vigiar a tenda, as provisões e os cães. Ele teria gostado de vir comigo, em parte pela felicidade de pisar em terra de novo, mas principalmente para ajudar, se eu me aproximasse distraído de uma fenda, como podia acontecer facilmente.

— Não me agrada nada você indo sozinho — disse Iver — Muita coisa pode acontecer. E o que faremos depois?

Sim, o que faríamos? Se acontecesse, teria acontecido, e era tudo, pois não nos atrevíamos a deixar os cães sozinhos com a comida.

Afastei-me através do gelo brilhante e íngreme e, após várias horas, encontrei um local promissor, onde um imenso monte de neve tinha feito uma espécie de ponte do fundo de um desfiladeiro sinuoso na parede de gelo até à terra lá embaixo. Parecia possível chegarmos em terra pelo desfiladeiro utilizando o monte de neve, mas, por mais tentador que fosse, não arrisquei tentar, pois era tão inclinado que temi não ser capaz de voltar a subir pelo gelo e regressar até ao local onde estava Iversen.

Foi difícil ter de voltar quando a nossa tão desejada meta estava tão perto, mas, ainda assim, fiquei animado no meu caminho de volta até Iver, e gritei de longe:

— Amanhã fazemos o nosso último percurso neste ermo de gelo, e antes de anoitecer, montamos o acampamento num tapete de urze.

Palavras promissoras, quase promissoras e arrogantes demais para se tornarem realidade, mas tínhamos passado por uma escola muito rígida para não ficarmos felizes quando sentíamos haver alguma coisa que nos alegrasse.

De fato, por algum tempo, pareceu que eu tinha falado cedo demais, como se todas as minhas belas promessas tivessem sido escritas nas mais fina das neves flutuantes. O sol brilhava, os cães tinham descansado e o nosso entusiasmo tinha, de uma forma ou outra, passado para eles, quando, com as caudas abanando começaram a correr pelo gelo inclinado. A emoção da velocidade tomou conta da minha equipe, a passada tornou-se cada vez mais frenética, e eu tive de ir refreando-os com todas as minhas forças, pois sabia que a parede de gelo vertical, com noventa metros de altura, estava próxima, e era exatamente para lá que nos dirigíamos naquela velocidade insana.

O trenó deslizava e guinava como um barco numa tempestade. O gelo estava agora completamente despido de neve, desgastado pelas neves móveis do inverno em vez de liso como um espelho. Os cães não reparavam em nada, já não obedeciam, apenas corriam sem parar, talvez também se tivessem percebido o cheiro da terra. Foi então que escorreguei, caí e fui arrastado, pois não consegui me libertar da guia que, como era habitual, tinha colocado sobre o ombro. Fui arrastado sobre o gelo duro e liso, batendo com o corpo em todo o lado, até a última guia rebentar. Foi um alívio, pois sabia que pelo menos não seria arrastado para a morte certa. Permaneci deitado onde estava para voltar a me orientar depois daquela viagem louca e vi o trenó seguir seu insano perscurso ladeira abaixo, até que, subitamente, a proa ergueu-se no ar e desapareceu tão abruptamente como os alegres latidos dos cães.

Eu estava machucado e ferido demais para conseguir levantar imediatamente, mas compreendi que Iver devia ter parado, se fosse possível, para que o seu trenó também não se perdesse. Se o trenó dele se perdesse, também estaríamos perdidos. Levantei-me com um esforço tremendo. Voltei-me e revirei-me, abaixei-me e inclinei-me para trás o máximo possível na tentativa de perceber se tinha escapado da minha dura viagem sem ossos partidos ou outros ferimentos graves; apertei aqui e ali os locais mais vulneráveis do corpo, mas era óbvio que eu não estava gravemente ferido.

Era impossível ficar de pé naquela superfície de gelo espelhada e inclinada, portanto, tive de engatinhar, agarrando-me nas menores protuberâncias de forma a chegar ao topo da subida: finalmente vi o Iver, graças a Deus, sem o trenó.

Quando ele se aproximou, perguntou-me numa voz horrorizada:

— O que é que aconteceu ao trenó e aos cães?

— Caíram pela borda do glaciar, esmagados, mortos. E eu quase fui atrás deles — respondi calmamente, esfregando o corpo dorido. — Perdemos tudo o que estava no meu trenó. É quase a pior coisa que podia ter acontecido, e estávamos tão contentes por chegarmos hoje!

Iver não queria acreditar que as coisas fossem tão ruins assim.

— Tem certeza? — perguntou, num tom ligeiramente abalado. — Não acha que podem ter escapado?

Não, eu não acreditava nisso. Eu tinha visto a traseira do trenó inclinar-se bem alto no ar, como um navio afundando. Não havia qualquer chance, a não ser que tivesse acontecido um milagre. Naquele momento, Iver gritou de alegria e deu alguns passos deslizantes em frente, no gelo liso. Tinha havido realmente um milagre.

O trenó estava a dez metros de distância, virado em cima de um cão que, incapaz de manter o ritmo frenético, tinha ficado debaixo de um esqui, fazendo de travão. O pobre animal estava a ganir tremendamente, e tinha razões para isso, porque o trenó era pesado. À frente do trenó estava sentada a minha Girly, com a língua de fora, quase sorrindo quando me viu, como se estivesse dizendo: "Mas que velocidade, você viu?".

Precisamos de oito horas de trabalho árduo, com todos os cães presos, para puxar aquele trenó pela encosta de gelo que eu tinha descido, escorregado e quase voado, tudo em poucos minutos. Mas a terra chamava por nós e, com o tempo ainda bom, tínhamos que continuar. Partimos em mais uma viagem de reconhecimento e, depois de termos esculpido cerca de trezentos e cinquenta degraus no gelo vidrado ou na neve dura e comprimida, cada um deles com aproximadamente quarenta e cinco centímetros, chegamos à base da parede de gelo e à terra que estava livre de neve e que, para nós, era o paraíso.

Cresciam salgueiros no nosso paraíso, um pequeno bosque de salgueiros com trinta ou quarenta centímetros de altura e com troncos tão grossos como um polegar inchado por uma queimadura de frio, anormalmente espesso. Havia longas hastes de relva espreitando na neve e as suas vagens cobertas com geada agitavam-se gentilmente na brisa morna. Nos lugares sem neve, viam-se camadas espessas de musgo congelado, que assim que o sol recuperasse o seu calor, iriam descongelar e tornar-se fofas, úmidas e típicas do verão, um convite para o descanso. Os nossos olhos alegraram-se com a visão da bela urze alta nos locais particularmente bem abrigados, a menos de quarenta e cinco metros do gelo eterno.

Quando também encontramos um rasto de lebre bastante percorrido, emitimos gritos de felicidade que ecoaram através daquela terra letal e silenciosa, e quando vimos rastos frescos de boi almiscarado e sentimos o cheiro fresco e quase morno das suas fezes, a nossa alegria não teve limites. O fato de também existirem vários rastros dos seguidores cruéis das lebres e dos bois almiscarados, a raposa e o lobo, fazia parte da ordem natural das coisas. Também foram recebidos com felicidade, pois tantos rastros de predadores eram uma garantia da presença de muitas criaturas herbívoras.

Aos nossos olhos, era uma terra fértil, imensamente rica em vida animal; no entanto, imediatamente atrás de nós estava a parede vertical do glaciar, com trezentos metros de altura e exalando o bafo intenso do manto de gelo. A borda do gelo brilhava com a luz solar, branca e azul; era maravilhoso olhar para ela, mas era o posto avançado do morto e desolado manto de gelo, um local abandonado pelos deuses e, em breve, também por nós.

Não era fácil abandonar um local tão magnífico, mas não podíamos desfrutar totalmente dele enquanto os nossos trenós ainda estivessem lá em cima, no manto de gelo, e, portanto, trepamos de novo, com dificuldade, até eles. Chicoteando os cães, nos dirigimos ao desfiladeiro através do qual tínhamos acabado de passar — e paramos, estupefatos: o sol estava por cima de um declive no gelo e os seus raios transbordavam por entre os altos penhascos em direção a nós. Havia um reluzir e um brilho nas encostas espelhadas e límpidas, onde os cristais de gelo, tão numerosos como as areias do mar, capturavam os raios solares e refletiam-nos num esplendor condensado e resplandecente. Para onde quer que olhássemos havia clarões e o brilho da luz e da cor; era como uma exibição fantasticamente esbanjadora de fogo-de-artifício, algo tirado de *As Mil e uma Noites*, como se ali estivessem todos os pirilampos dos trópicos e toda a fosforescência dos mares.

Quase ficamos sem fôlego perante tanta beleza, e sentamos nos nossos trenós para desfrutarmos o magnífico espetáculo. Era assim que o manto de gelo se despedia de dois viajantes exaustos, para quem a viagem através da sua imensa massa tinha sido semelhante a um pesadelo de um mês. O manto de gelo estava mostrando uma versão completamente diferente, uma faceta do gelo que desconhecíamos por completo, uma visão fantástica e desconcertante que ficava gravada nos olhos e na mente e que não pode ser esquecida como se esquece um pesadelo.

E, no entanto, devíamos conseguir esquecê-la, pois, afinal, não passava de esplendor furtado do sol glorioso e não devia impressionar aqueles que, com trabalho e dores, tinham conhecido o reino amaldiçoado e impiedoso do Rei do Gelo. Mas, mesmo sabendo que se tratava de uma fraude, não podíamos deixar de nos deliciarmos com a exibição; era um clarão tão grande que quase sentíamos que ia queimar o gelo, ou pelo derretê-lo. Gostamos do espetáculo, mas a atração da terra era mais forte. Mandamos os cães se levantarem novamente, o chicote deslizou-lhes pelo dorso.

— Esqueçam, cães, é apenas uma maldita mentira. O manto de gelo não é assim.

Deslizamos, então, pelo desfiladeiro; os trenós chiavam e rangiam. Apesar do sol ainda brilhar, parecia se recusar a ter mais envolvimento com a fraude, pois, quando chegamos a uma fenda com gelo permanente que se encontrava numa direção oposta àquela onde estava a ocorrer a exibição de fogos-de-artifício, todos os raios de luz brilhantes estavam extintos e, à nossa volta, o gelo estava tão nu quanto o gelo pode ser — frio, duro e vidrado, mau e sombrio, um reino de morte do qual os homens devem se manter afastados.

Fomos manobrando os trenós na descida, ao longo de leitos de riachos estreitos e sinuosos, escavados no gelo liso pelas correntes espumantes do verão. Tivemos grandes dificuldades para seguirmos em frente e descer com os trenós, utilizando o seu próprio peso para impulsioná-los, enfiando-os entre paredes de gelo onde a largura mal dava para passar, e, apesar de removermos gradualmente mais e mais roupa até estarmos meio despidos, o suor escorria-nos do corpo. Lutamos muito para fugirmos do maldito gelo e chegarmos àquela terra tão tentadoramente livre de gelo e de neve, com a sua bela vegetação e rastros de criaturas vivas. Finalmente, após um esforço de várias horas, emergimos do desfiladeiro sinuoso. As paredes de gelo abriram-se, como se o manto de gelo tivesse desistido de nos manter ali, e a longa ponte de neve rígida que ligava o gelo odioso à terra estava à nossa frente; deveríamos deixar os trenós ultrapassarem este último obstáculo numa corrida gloriosa, ou seria melhor sermos cuidadosos e fazê-los descer?

Vimos a altura vertiginosa, medimos com os olhos a distância até à terra livre de gelo, mas estávamos exaustos e queríamos que aquilo terminasse depressa e, portanto, ignoramos a voz da cautela e do senso comum, deixamos os trenós equilibrarem-se na beira por uns momentos e, depois, demos-lhes um empurrão. E lá descemos a grande velocidade o monte de neve numa nuvem de neve rodopiante, com o vento a assobiar-nos aos ouvidos, deslizando direito até a terra, até os salgueiros do tamanho de arbustos, as hastes ondulantes de erva com as suas vagens pesadas e incrustadas de geada, até a urze onde estávamos tão ansiosos para montar a nossa tenda para que, pela primeira vez em muito tempo, pudéssemos deitar-nos numa cama de algo que não fosse gelo.

Correu bem, exceto pelo fato dos cães não conseguirem acompanhar a velocidade alucinante; alguns deles foram atropelados pelo seu próprio trenó e passaram por debaixo dos esquis. Ganiram um pouco quando os trenós, pesando entre duzentos e vinte e cinco e duzentos e setenta quilos, os comprimiram contra a neve dura. Deve ter doído, mas também travou os trenós, o que era bastante necessário. Além disso, este tratamento não trazia qualquer problema para os cães de trenó, que suportam os mais incríveis golpes, pancadas e apertões; os nossos já tinham sofrido coisas muito piores lá em cima, no manto de gelo, que nenhum de nós, se pudéssemos evitá-lo, voltaria a pisar.

Capítulo 8
Novamente em Terra

Terra fértil — Bois almiscarados — Uma orgia de comida — Cegueira da neve — De trenó sobre a terra — Prenúncios da primavera — O fiorde Danmark

Como desfrutamos de tudo aquilo: da urze, da erva, do bosque de salgueiros anões que, para nós, parecia uma floresta, do brilho do sol e de podermos caminhar em segurança para onde desejássemos sem estarmos eternamente de vigia em busca de abismos sem fundo, e sem estarmos sempre preparados para ouvir o grito de aviso de "fenda!". Os cães desfrutaram de tudo tanto quanto nós. Agora era permitido correrem por ali livremente, pois não havia perigo de desaparecerem em alguma fissura de onde não havia escapatória possível.

Faziam uso total da sua liberdade, cheirando a urze, a erva e os salgueiros, levantando as patas como os cães fazem, e exprimindo completamente a sua felicidade enquanto perambulavam. Emitiam latidinhos alegres perante as coisas incríveis que encontravam, farejavam os rastros das lebres e dos bois almiscarados e corriam de volta até nós como se quisessem contar sobre as experiências e os cheiros maravilhosos daquele dia extraordinário, que tinha começado com a primeira luz do dia no gelo eterno, a trezentos e sessenta metros acima de onde nos encontrávamos, e terminado sob o brilho do sol do final da tarde em terra fértil.

Montamos a nossa tenda, apanhamos ramos de urze para fazer uma cama mais suave e mais divina do que qualquer outra onde já tivéssemos dormido, acendemos um pequeno fogo com urze perfumada, cozinhamos algum *pemmican* e comemos, rindo e desfrutando de tudo aquilo, depois nos aconchegamos nos nossos sacos de dormir enquanto ainda mastigávamos a última dentada de comida, e adormecemos de pura alegria e exaustão. E não era de admirar que estivéssemos exaustos, pois tínhamos levado trinta e seis horas de luta ininterrupta a descer do manto de gelo.

Estávamos tão felizes que acordamos passado pouco tempo; o nosso contentamento em estarmos ali era enorme, apesar dos membros doloridos! O sol estava jogando seu brilho na nossa pequena tenda e lá dentro estava quente. Alguns mosquitos zumbiam à nossa volta, talvez tivessem eclodido um pouco cedo, mas, para nós, aquilo era uma espécie de primavera, ou até mesmo verão, e uma grande abelha andava ocupada naquele que era o seu objetivo de vida.

Tínhamos estado tão ansiosos para chegar à terra como se fôssemos náufragos na pior aflição em um mar de espuma varrido por uma tempestade. Mas, por maior que fosse a nossa expectativa, não era nada comparada com a maravilha da realidade. E isso é algo que raramente me acontece.

Havia, no entanto, uma pequena cobra no nosso Jardim do Éden. A exibição de fogos de artifício do manto de gelo, e as muitas horas passadas na neve e no gelo a brilhar com a luz do sol tinham sido demais para os meus olhos; estavam irritados e doloridos quando adormeci, mas, quando acordei, doíam horrivelmente, como se tivessem sido borrifados com sal fino e pimenta.

Como praguejei! Aqui estava eu, precisando dos meus olhos para desfrutar das belezas da natureza de Deus e a caminho de ficar com cegueira da neve! Eu teria de ter muito cuidado. Uma faixa sobre os olhos iria restaurá-los rapidamente e algumas gotas de cocaína aliviariam as dores. Mas, ainda assim, era triste ficar sentado sob um belo sol na entrada da tenda e não conseguir ver todas as glórias à minha volta.

Iver ajudou conforme pode, falando o tempo todo.

— Olha aqui — dizia, apesar de eu não poder ver — Esta é a urze mais bonita. E está aqui um salgueiro bem grande, e ali, na encosta à esquerda, a erva é mais alta do que qualquer outra que já tenhamos visto.

Tínhamos de ter pelo menos um dia de descanso para a minha cegueira da neve passar, e também fizemos uma promessa solene aos cães de que teriam um dia inteiro de descanso assim que chegássemos à terra, e essa promessa tinha de ser cumprida; portanto, não fazia muita diferença se os meus olhos também nos obrigassem a ficar onde estávamos durante um dia, por isso, juntamos o útil ao agradável, descansamos e desfrutamos do prazer dos cães, do sol e do fato de termos chegado até à terra.

Subitamente, Iver exclamou em uma voz que tremia de empolgação.

— Olha ali! Está vendo as vacas?

Vacas?, pensei, aborrecido, e disse também: — O manto de gelo roubou seu juízo, Iver, ou está sonhando com a quinta da sua família na Jutlândia?

— Não, não — gritou Iver — Você deve conseguir vê-las. Ali estão novamente.

Iver estava tão excitado que era óbvio que estava vendo alguma coisa, portanto, levantei cuidadosamente a faixa dos meus olhos e vislumbrei aquilo que, para os meus olhos dolorosos e lacrimejantes, pareciam ser duas grandes pedras. Iver disse que eram vacas, devia querer dizer bois, mas, na sua alegria, devia ter esquecido de onde estávamos. Colocou uma espingarda na minha mão e, enquanto eu cambaleava atrás, ele foi correndo na frente. Ouvi um disparo, e assim eu também disparei na pedra mais próxima, que parecia ser tão grande como um fardo de feno e impossível de falhar, mesmo para alguém parcialmente cego. Iver deu um grito de felicidade, pois estava certo, eram bois almiscarados e um deles estava morto, o outro estava ferido e em breve também estaria morto. Depois, haveria um banquete naquela terra!

Os cães ficaram loucos quando viram e farejaram o sangue e a carne. Comeram até as barrigas estarem prestes a explodir, fizeram uma pausa para se recuperar, depois comeram novamente, enterrando-se na carcaça do grande boi até terem sangue e pedaços de carne colados à cabeça e ao corpo. Continuaram a comer até caírem para o lado, exaustos e a arfar, depois dormiram durante algum tempo, ressonando alto, acordando com os seus próprios roncos e voltando a comer.

Foi um festim magnífico. Estava um cheiro divino na nossa tenda, já que Iver cozinhou bifes com três centímetros de espessura. Quando comemos, o sumo escorreu pelo queixo e pelos dedos, que lambemos até ficarem limpinhos. Depois comemos mais um pouco e jogamos os ossos aos cães, que nem se preocuparam em lhes tocar. Aquele nosso festim, à beira do manto de gelo, era digno dos heróis em Valhalla.

Quando os cães e os homens adormeceram, completamente empanturrados, as notícias do festim espalharam-se até às criaturas selvagens, as raposas e os lobos. Vieram de longe até ao nosso pequeno acampamento e continuaram o trabalho do qual nós e os cães já tínhamos desistido, banqueteando-se tranquilamente. Os cães nem se incomodaram pelos seus parentes próximos, mas odiados, terem vindo ao banquete sem serem convidados. Assim, se um deles, acordando do seu sono empanturrado, sentisse vontade de continuar a comer, cão e raposa estariam tão ocupados que nenhum deles prestaria atenção à presença do outro.

Não podíamos permanecer ali por muito tempo, no entanto, e quando já estávamos mais ou menos recuperados da nossa digestão, prendemos os cães aos trenós e partimos para atravessar o lago, até onde a sorte nos tinha trazido. Olhamos uma última vez para o manto de gelo, contentes por nos vermos livres dele, por mais bonito que estivesse agora à luz do sol.

Não víamos nada além de belas terras altas em cada uma das margens do lago, colinas arredondadas cobertas com erva e com urze; cada passo revelava algo de novo e belo para nos deixar em êxtase — era, certamente, diferente da extensão morta e desolada do manto de gelo.

E pasme! Ali na encosta, havia uma manada de bois almiscarados pastando, ao nosso alcance, bois grandes e robustos, vacas com passadas firmes, novilhos delgados e também algumas vitelas pequenas recém-nascidas. Sentamos nas encostas para apreciarmos a visão daquelas criaturas esplêndidas. Pareciam estar brincando, apesar de ser um jogo perigoso; e um par de bois parecia especialmente aguerrido.

Eles afastavam-se um do outro, afiavam os chifres em pedras grandes e depois investiam direito e colidiam de frente. O impacto era tão violento que as patas traseiras subiam quase na vertical, o barulho ecoava por todo o lado. No entanto, muito antes de o último eco morrer com um sussurro, os dois bois já se tinham esquecido de que estavam lutando e tinham-se dedicado a pastar, apesar de continuarem a olhar um para o outro ameaçadoramente enquanto comiam a erva. Todavia, não podiam comer durante muito tempo, e tinham de fazer mais uma prova de força; machos a lutar pelos favores das fêmeas.

Era tentador intervirmos, mas os trenós já estavam apinhados de comida e nós tínhamos esperança de que, se mostrássemos moderação naquele dia, a sorte nos sorriria quando necessitássemos de caça.

Já tínhamos passado tanta fome que não queríamos matar a não ser que fosse absolutamente necessário, e, por isso, deixamos viver os bois almiscarados. Colocamos as mãos em concha na boca e emitimos gritos que ecoaram de montanha em montanha. Os bois almiscarados fizeram uma pausa na sua prova de força e olharam com curiosidade para as estranhas criaturas barulhentas que tinham invadido o seu domínio. Não pareciam estar muito contentes com a nossa proximidade, mas continuaram a caminhar calmamente pela encosta, arrancando bocadas de erva enquanto caminhavam até desaparecerem por trás do cume.

Ficamos satisfeitos e orgulhosos do nosso autocontrole e esperávamos, com todas as nossas forças que, dentro de alguns dias, quando ficássemos novamente sem carne, a ação fosse recompensada.

Continuamos a viajar de trenó para norte, em direção ao fiorde Danmark, seguindo um lago longo e estreito, pouco maior do que um leito de rio largo, rodeado por uma confusão de colinas abobadadas com pequenos vales entre elas. Perto de nós, à nossa volta, vimos sinais da chegada da primavera, na delicada cobertura esverdeada que as colinas abobadadas e os vales estavam a começar a adquirir. A erva e a urze começavam a dar brotos, e os salgueiros, os pequenos e encantadores salgueiros, estavam cobertos com amentilhos. Ouvimos a chegada da primavera no pingar e gotejar discretos de água em cada sulco das colinas arredondadas, onde o musgo e os líquenes eram verdes no lado ensolarado, mas ainda se mantinham congelados e cinzentos na encosta voltada para a montanha e para o norte gelado. E algumas aves pequenas chilreavam alegremente sob o brilho dourado do sol que enchia o vale e acariciava os topos despidos das colinas.

Estávamos felizes com a primavera e quando, mais ou menos a cada hora, parávamos para um breve descanso, sentávamo-nos e nos maravilhávamos com a visão daquela bela terra e das imensas massas de montanhas lá longe a leste e a oeste, erguendo-se azuis e frias contra o céu primaveril que brilhava discretamente; entretanto, os cães movimentavam-se para trás e para a frente nos seus próprios passos até encontrarem um bom local cheirando a primavera para se deitar. O duro manto de neve já estava esquecido quer pelos homens quer pelos cães.

De vez em quando, subíamos a um local alto para vermos o que nos esperava, onde o lago desaparecia por trás de uma encosta de montanha grande e negra — vislumbrávamos frequentemente o fiorde Danmark, as altas montanhas da Zelândia e a ponta negra do cabo Holbaek banhada por uma faixa brilhante de sol. Enquanto estávamos ali deitados a desfrutar do resto da primavera, do brilho do sol e da vista das montanhas vizinhas e das outras à distância, os meus pensamentos viajaram até àquele outro outono em que Mylius-Erichsen, Høeg-Hagen e Brønlund tinham feito a viagem do norte em direção ao local onde estávamos agora, à procura do manto de gelo que nós tínhamos felizmente deixado, mas que tinham pensado ser o caminho para a salvação, a via mais curta para um navio confortável e para os seus camaradas.

Quais teriam sido os seus pensamentos naqueles dias de tempestade escuros e frios, quando eles estavam no local onde nos encontrávamos agora a apanhar banhos de sol? Estariam preparados para o destino que os aguardava lá em cima, no impiedoso manto de gelo? Teriam perdido a esperança de conseguirem fazer a travessia, ou ainda estariam animados pelo otimismo tão comum entre os exploradores polares, que acreditam sempre que vão conseguir, de uma forma ou outra, por mais negro e incerto que o resultado possa ser.

E como teriam subido ao manto de gelo no outono, quando o brilho do sol e o degelo do verão devem ter derretido os grandes montes de neve como aquele que tínhamos descido com sucesso? E onde estava aquele glaciar longo e morto que Brønlund mencionou no seu diário, o local que, quando o viram à distância, pensaram que daria um acesso fácil para subirem ao manto de gelo?

Nós não o tínhamos visto. Pelo contrário, o local onde agora nos encontrávamos, e onde eles tinham estado há três anos, estava limitado a sul por uma parede de gelo quase vertical, com pelo menos trezentos metros de altura, e não era possível escalá-la, nem mesmo onde tínhamos descido. Será que o glaciar morto e plano que eles tinham visto era uma ilusão de ótica? Será que o reflexo da luz tinha conjurado a visão de uma rota exequível onde não existia nenhuma?

Era inútil ficar matutando nestas coisas, mas, ainda assim, os meus pensamentos continuavam voltando aos três homens infelizes, que tinham sido tão jovens e amantes da vida como nós. Tinham sucumbido ao frio entre o local onde estávamos agora e as montanhas absolutamente negras em Lamberts Land, na mesma rota pela qual tínhamos acabado de chegar. No entanto, tínhamos viajado numa época de condições atmosféricas relativamente boas e com bom equipamento; ainda assim o manto de gelo tinha-nos dado trabalho e problemas suficientes. Mylius e os seus companheiros iam na direção oposta, e numa época de escuridão, frio e tempestades, com roupa de má qualidade, sem alimentação nutritiva e sem cães. Provavelmente ainda tinham esperança de fazer a travessia de uma forma ou de outra, mas não podiam estar assim tão confiantes.

Uma nuvem flutuou pelos céus, deslizou em frente ao sol e a terra ficou escura, sombria e fria. O descanso já não era agradável e, enquanto descíamos a encosta da montanha de volta ao lago e aos nossos trenós, não falamos muito. Aquilo que nos aguardava também podia ser difícil de ultrapassar.

Continuamos a viagem de trenó. Os latidos dos cães despertavam os ecos nas montanhas, e o trabalho afastou todos os nossos pensamentos vãos e mórbidos.

O caminho era difícil, mas possível, tivéramos momentos difíceis com os trenós e voltaríamos a tê-los antes de atravessarmos a montanha à nossa frente, a última antes do fiorde Danmark. Chegamos a tempo à montanha, lutamos para subir as suas encostas íngremes onde havia pouca neve e, finalmente, chegamos ao topo e vimos a vastidão do gelo rodeada por montanhas altas e sombrias, que era o fiorde Danmark e o nosso objetivo.

Foi então que os trenós deslizaram rapidamente, descendo um monte de neve, passaram disparados por cima de uma fissura de água do mar e, antes de percebermos o que estava a acontecer, tínhamos deixado a terra e estávamos novamente em cima do gelo marítimo!

Capítulo 9
No Fiorde Danmark

Falta de caça — Encontramos o primeiro monte de pedra — Especulação sobre o comportamento dos mortos — Encontramos o primeiro monte de pedra — Onde Mylius-Erichsen passou o verão — O destino dos diários

Quando ainda estávamos no manto de gelo, tínhamos imaginado a viagem de trenó no fiorde Danmark como uma espécie de viagem ideal num paraíso de segurança, onde encontraríamos carne sempre que necessário. A realidade não esteve à altura daquelas expectativas felizes, mas, na verdade, qualquer paraíso ansiado numa hora de provação normalmente acaba por ser muito menos agradável do que o imaginado.

Na banquisa do fiorde Danmark estávamos, obviamente, livres do medo da existência de fendas, e estávamos bastante agradecidos por isso. O frio também era menor e as tempestades muito menos violentas do que as do manto de gelo, mas, quanto ao resto, não havia grande diferença entre a existência lá em cima a meio caminho do céu e aquela onde agora nos deparávamos com dificuldades sobre a banquisa paralela à terra, onde esperávamos encontrar vestígios dos nossos três predecessores.

O medo daquilo que nos podia acontecer, dois homens solitários, tinha nos seguido por todo o manto de gelo como um dos dois companheiros invisíveis, e muito deprimentes, dos quais não conseguimos nos livrar. No entanto, tínhamos tido a esperança de deixá-los para trás lá em cima, mas esse tipo de medo não é muito fácil de largar; mesmo na banquisa, onde nos sentíamos seguros relativamente às fendas e muitos outros horrores que apenas o manto de gelo consegue produzir, descobrimos que a nossa sombra invisível ainda estava conosco, sussurrando avisos sinistros sobre tudo o que fazíamos.

O medo que agora nos acompanhava era diferente do outro, não era o medo das fendas, mas o medo dos nossos esforços serem em vão, de que aquilo que tínhamos lutado para encontrar, esperávamos encontrar, estávamos certos de encontrar, apesar disso, não seria encontrado. Se fosse o caso, seria difícil de suportar, apesar da culpa não ser nossa.

Quando o medo entra em nós, torna-se facilmente numa hidra de muitas cabeças, e cada uma delas fala apenas de maus presságios. Uma das vozes estava ocupada a sussurrar-nos aquilo que já conhecíamos muito bem e que continuávamos a tentar ignorar, que os cães seriam incapazes de continuar por muito mais tempo, e que ainda nos faltavam uns bons mil e cem quilômetros até à ilha Shannon. Outra voz não parava de balbuciar que, obviamente, não encontraríamos a caça de que necessitávamos para a travessia. Nem mesmo Mylius e os seus companheiros tinham conseguido carne suficiente para salvarem as vidas, e um deles era um groenlandês e sabia muito mais sobre a caça na Groenlândia do que qualquer um de nós. Sem caça, nossos trenós estariam em breve vazios de comida quer para os homens quer para os cães. E a voz de aviso murmurava algo sobre imaginarmos quais seriam os nossos sentimentos no dia em que tivéssemos usado todos os nossos cartuchos sem acertar em nada, perdendo até mesmo a possibilidade de conseguirmos mais comida, murmurava sobre a fome e as suas consequências — que eram claramente óbvias, uma vez que ainda estaríamos a cerca de mil e cem quilômetros de Shannon, o único local na costa onde tínhamos certeza de encontrar comida.

Quando olhávamos para os nossos rostos devastados, surgia uma outra voz com uma questão horrível: será que vocês, homens imprudentes, pensaram o que significaria se o companheiro se perdesse na neblina quando fosse caçar sozinho? Ou se quebrasse uma perna no gelo à deriva? Ou se adoecer? O que você faria? Iria deixá-lo onde estava, ou tentava levá-lo até Shannon? E o que ele faria se fosse você a adoecer? Você já não estaria doente? O que é que são essas dores estranhas que sente se não isso? Por que outro motivo se sentiria tão tremendamente cansado? Isso não é um cansaço natural!

E, lembre-se, vocês estão a mais de mil e cem quilômetros do navio em Shannon! Acham mesmo que um de vocês conseguiria levar até lá um companheiro doente, se acontecesse um acidente?

São tontos, se é isso que pensam! São mesmo grandes imbecis, lembrem-se que os cães não tardarão a morrer, e não podem achar pensar que conseguem salvar um companheiro doente depois disso acontecer. É melhor desistirem já.

E será que gostariam de serem deixados aqui, sozinhos, neste ermo imensamente vasto? Imaginem só como isso seria horrendo. Lembra daquele dia no manto de gelo, quando não sabia onde estava Iver? E de como você sentiu nessa altura? Ele desapareceu por um curto período de tempo, menos de uma hora, mas foi tempo suficiente para conseguir imaginar como seria ter de cambalear sozinho os mil e cem quilômetros até à ilha Shannon.

Este pensamento era aterrador e, sempre que éramos deixados a sós, mesmo que por um curto período, o medo sussurrava-nos: imagina como será se ele não voltar. Ficará sozinho como os mortos na sua tumba — mas à superfície. Vai ser horrível.

Em outras ocasiões, outra voz segredava algo sobre as nossas peles e os sacos de dormir, que estavam inteiros e em bom estado quando deixamos o navio, mas que agora estavam tão rasgados e gastos que o vento assobiava pelos grandes buracos nas peles, e os sacos de dormir não paravam de largar grandes pedaços de enchimento. Talvez ainda estivessem suficientemente bons para utilizar durante o verão, dizia a voz, mas mil e cem quilômetros era uma distância muito, muito longa para puxar um trenó com cães fracos, ou sem qualquer cão. O progresso seria lento, se é que conseguiríamos sequer forçar o andamento do trenó. E talvez tivéssemos de passar um inverno e um verão na costa, e então o que fazer?

Então, o fantasma com muitas vozes não precisava dizer mais nada, pois nós sabíamos exatamente o que aconteceria — a centenas de quilômetros da ilha Shannon.

O fantasma teve facilidade em afetar-nos no estado enfraquecido em que nos encontrávamos com os seus sussurros agourentos. Talvez eu fosse a presa mais fácil, pois eu tinha a responsabilidade moral pelo relativo bem-estar de Iver, e também por me sentir tão estranha e inexplicavelmente cansado, tão cansado que mal conseguia levantar-me de manhã, sentindo-me assim o resto do dia.

Este tipo de pensamento não é saudável para quem faz viagens de trenó a mil e cem quilômetros de distância da sua base, e é necessário apagá-los antes que façam muitos estragos. Trabalhar é um bom remédio para pensamentos mórbidos, portanto, nos colocamos a caminho, lutamos com os trenós e cansamos os cães, gritando com eles para afugentar o silêncio, trabalhando para andarmos alguns quilômetros das muitas centenas que tínhamos de percorrer antes de podermos parar de lutar.

Isto não ajudou muito, pois apenas permitiu que o nosso outro companheiro sombrio se fizesse sentir ainda mais — a fome. Ouvíamos constantemente a sua voz urgente, sentíamos a sua pressão quando os nossos estômagos estavam vazios, como estavam quase sempre. A carne dos bois almiscarados, que tinha surgido como uma dádiva dos céus quando fugimos do manto de gelo, há muito que fora comida. E, por enquanto, os deuses não estavam a ser generosos com as suas ofertas, mesmo apesar de, há dois dias, termos sido magnânimos ao permitir que dois bois almiscarados vivessem, contando ficar nas boas graças dos deuses.

À medida que avançávamos ao longo da costa, os nossos olhos mantinham-se fixos na terra enquanto passávamos, avaliando com cuidado tudo o que não conseguíssemos identificar imediatamente. Nada conseguia escapar ao nosso olhar atento, quer fosse comestível quer fosse aquilo pelo qual viajáramos até tão longe: vestígios dos homens desaparecidos.

Não vimos bois almiscarados nem nas encostas das montanhas que se erguiam de forma bastante íngreme a partir da linha costeira, nem nos locais onde a orla das montanhas era interrompida para dar lugar a um pequeno pedaço de terra plana. Sequer vimos nenhum dos seus rastros quando nos embrenhamos a fundo no local onde tínhamos visto algo que pensamos parecer-se com um boi almiscarado. Ou será que era um monte de pedra, aquela coisa alta e pontiaguda como uma pedra?

Por diversas vezes, os nossos olhos esquadrinhadores eram levados a pensar terem visto uma coisa ou outra, e todas as vezes ficamos desiludidos: aquilo que pensáramos ser um boi almiscarado, ou o que identificamos como um monte de pedra feito pelos homens desaparecidos, não passavam de grandes pedras cobertas de musgo.

Havia muitas pedras, pedras grandes, pedras em forma de bois almiscarados e pedras que pareciam montes de pedra — e havia tantas desilusões quanto pedras.

Não havia mais nada além de desilusões no fiorde Danmark, o local pelo qual tanto ansiáramos. O caminho era muito difícil e as distâncias percorridas diariamente eram pequenas, apesar do nosso esforço ser desumano. Até mesmo as condições atmosféricas eram uma desilusão, pois estavam bem mais severas do que deveriam ter estado naquela altura do ano. Havia nuvens cinzentas e escuras a pairar, baixas, sobre as nossas cabeças, o vento era muito forte e soprava quase permanentemente nos nossos rostos; a neve caía e esvoaçava, não sendo uma neve seca e fina como pó tal como acontecia no manto de gelo, mas sim uma neve úmida e pegajosa que se colava às nossas roupas, às nossas barbas e ao nosso cabelo.

Avançávamos lentamente, desperdiçando muitas horas investigando todas as pedras que se destacassem pelo caminho, pois podiam muito bem ser um monte de pedra. E, quando a neblina escondia a terra, parávamos, não fossemos passar por um monte de pedra ou qualquer outro vestígio dos homens desaparecidos, e também para darmos aos cães um descanso merecido.

Finalmente, a nossa observação atenta foi recompensada. A alguma distância de nós, numa saliência da montanha, vimos aquilo que não podia ser um boi almiscarado, mas que podia ser um monte de pedra. Quando conseguimos chegar ao local, largamos as nossas guias e apressamo-nos a subir a encosta íngreme até àquilo que procurávamos há tanto tempo e que agora conseguíamos ver que era efetivamente um monte de pedra.

Ao lado, estava um pedaço grande de um tronco e diversos pedaços de madeira menores pequenos. Será que estaríamos novamente perante uma desilusão? Teriam Mylius e os seus companheiros erguido aquilo simplesmente como forma de conseguirem encontrar de novo a madeira depois de cair a neve do outono? Ou será que continha os registros dos homens desaparecidos, que esperávamos e contávamos encontrar no fiorde?

Mal conseguíamos acreditar que estávamos tão perto do nosso objetivo. Soltamos cuidadosamente algumas pedras da base do monte de pedra para podermos espreitar lá dentro. Para nossa felicidade, vimos um cartucho em cima de uma rocha plana. Só podia ser uma mensagem dos homens que tinham desparecido no ermo gelado.

Abrimos cuidadosamente o cartucho e retiramos o pedaço de papel firmemente enrolado que estava lá dentro; depois, sentamos numa rocha e lemos a mensagem confiante de Mylius-Erichsen, escrita antes de terem deixado aquele local. Mas que seja ele próprio a transmiti-la:

> "Fiorde da Dinamarca, *circa* 81° 25 N.
> 12 de setembro de 1907
> Hoje, Hagen, Brønlund e eu, abaixo-assinado, estamos todos bem e em forma, deixamos este local, chamado Wolf Hill, com um trenó e sete cães, para darmos início à nossa viagem de volta ao navio por gelo novo e, hoje, finalmente, seguro. Desde que deixamos o nosso acampamento de verão a cerca de onze milhas dinamarquesas [*circa* 82 quilômetros] daqui, a 8 de agosto, já tivemos de matar sete cães para termos comida para nós e para os cães sobreviventes e podermos continuar, enquanto estávamos presos no gelo marítimo, a oitocentos metros de terra, onde paramos durante dezesseis dias por haver água no gelo. Finalmente, a 25 de agosto, chegamos a terra e matamos quatro lebres. Desde então, temos deslocado o acampamento em pequenas distâncias, totalizando cinquenta e seis quilômetros, pelo fiorde Danmark, com nosso progresso em direção a um terreno de caça mais favorável constantemente dificultado pelo tempo ameno e gelo novo intransponível e, ultimamente, por mar aberto de costa a costa. Temos andado a pé pelas montanhas, seguidos pelos cães, por mais uns setenta e dois quilômetros, subindo o fiorde até à planície da Zelândia, matando ao todo 15 lagópodes jovens, 15 lebres, 1 lobo e 8 bois almiscarados (2 bois, 3 vacas e 3 vitelas); acampamos uma semana ao relento, cozinhando com troncos, que encontramos em abundância ao longo da costa, alimentamos os cães e trouxemos carne e sebo para este local, que é o ponto mais a sul do fiorde onde

conseguimos chegar de trenó. O gelo mais à frente ainda é inseguro, mas pensamos em regressar pelo manto de gelo a partir da ponta do fiorde Danmark até o fiorde a 79° N. Presumo que tenhamos tido até 15° negativos (celsius) nas últimas semanas. Transportamos lenha nos trenós para oito dias cozinhando e mais de 140 quilos de carne, suficiente para nos alimentar durante dezesseis dias e aos cães oito. Vamos seguir a baía para leste até à costa exterior, a cerca de duzentos e setenta quilômetros, e, com as reservas que ali deixamos na primavera e com um urso que possamos matar, espero conseguirmos chegar ao navio sãos e salvos daqui a cinco ou seis semanas.

l. Mylius-Erichsen,
Líder da "Expedição Danmark"

As condições ali tinham sido razoavelmente boas para os três homens, encontrando uma boa quantidade de caça. Tinham deixado o pequeno promontório onde nos encontrávamos agora, na esperança, e com razões consideráveis para isso, de conseguirem ultrapassar as dificuldades e regressarem ao seu navio sãos e salvos.

Os três tinham deixado o promontório a 12 de setembro, subindo o fiorde Danmark, procurando uma saída. Tínhamos duas outras datas para ajudar a rastrear o seu progresso até à sua morte. Uma delas foi-nos dada pelo diário do Jørgen Brønlund, que terminou com o registo sobre os três homens

"Chegamos ao manto de gelo na tarde de 19 de outubro; a subida demorou quatro dias. O quinto dos nossos cães sobreviventes está agora morto, com um golpe de um boi almiscarado. O sol já não passa acima do horizonte."

A data seguinte (15 de novembro), mostra que a viagem através do manto de gelo, desde o local onde o alcançaram a partir do fiorde Danmark até ao gelo marítimo a norte de Lamberts Land, demorou no máximo vinte e seis dias, pois Jørgen Brønlund escreveu mesmo antes de morrer:

> "Sucumbi no fiorde 79 depois de ter tentado regressar através do manto de gelo em novembro. Cheguei aqui já com o luar enfraquecido e não consegui avançar mais devido às queimaduras de gelo nos dedos dos pés e à escuridão. Os outros corpos podem ser encontrados a cerca de vinte quilômetros em frente ao glaciar existente a meio do fiorde. O Hagen morreu a 15 de novembro, o Mylius cerca de dez dias depois."

Mylius-Erichsen e os seus dois companheiros tinham, portanto, viajado de trenó pelo forda da Danmark desde 12 de setembro a 19 de outubro, um total de trinta e sete dias. De acordo com a mensagem encontrada no monte de pedra em Wolf Hill, os três homens partiram dali com sete cães e bastante confiantes de conseguirem viajar para norte até saírem do fiorde. Tencionavam levar carne suficiente para dezesseis dias de uso pessoal e oito dias para os cães, bem como lenha que durasse o mesmo período de tempo. Não era muita coisa, mas seria o suficiente para chegarem até à sua reserva mais a norte, na costa exterior (no boleamento a noroeste) a cerca de duzentos e sessenta quilômetros de Wolf Hill. Isso, é obviamente, uma distância considerável para se percorrer de trenó quando se tem provisões para apenas dezesseis dias, e quando a força e a resistência foram diminuídas pelas dificuldades do verão. A resistência poderia, e era até mesmo provável, ser equilibrada pelo fato das condições para viajar de trenó serem no geral relativamente boas no início do outono. O gelo novo oferecia um bom caminho no final de setembro, onde o tempo também costumava estar bom e os dias eram relativamente longos. Estes fatores deviam tê-los ajudado a chegar à sua reserva ao norte, onde nunca chegaram, pois, mais tarde, a encontramos intocada.

Por outro lado, andar de trenó no outono sobre gelo recém-congelado acarreta sempre, especialmente ao longo da costa exterior desprotegida, certo risco de uma tempestade ou de uma arrebentação violenta destruir o gelo e as suas boas condições para os trenós, resultando na parada obrigatória do grupo de trenós durante vários dias até o gelo se tornar novamente transponível. Pode muito bem ter sido isto que forçou os três homens a alterarem os seus planos e a desistirem da tentativa de chegarem à reserva no boleamento a noroeste, a rota que, presumivelmente, os teria salvado, uma vez que tinha uma série de depósitos de provisões bem recheados para permitir que continuasse. No entanto, sabemos pelo diário do Brønlund que, em vez de tentarem de tudo para chegar à reserva que os teria salvado, os três homens voltaram para trás pelo ramal interior do fiorde Danmark, de forma a tentarem subir até ao manto de gelo.

Não pode ter sido uma grave falta de provisões que fez os três mudarem os seus planos e a sua rota, pois tinham deixado Wolf Hill, no fiorde Danmark, com sete cães e sabemos pela entrada seguinte, e última, no diário do Brønlund que ainda tinham cinco cães quando treparam até ao manto de gelo, pois ele escreveu: "o quinto dos nossos cães sobreviventes está agora morto, com um golpe de um boi".

Assim sendo, em trinta e sete dias, o seu número de cães tinha sido reduzido em apenas dois, o que deve significar que a caça fora suficientemente boa para fornecer carne para alimentar os cães durante cerca de um mês e suficiente para eles por pelo menos uma quinzena. A não ser que tivessem tal quantidade de alimento, teriam certamente abatido os cães para se alimentarem e aos cães restantes; no entanto, desde o dia 12 de setembro quando deixaram Wolf Hill, até à segunda e última entrada no diário do Jørgen Brønlund (19 de outubro), a sua matilha tinha sido reduzida em apenas dois elementos.

É inútil especular quais foram as causas para as repetidas alterações de planos e de rotas feitas por Mylius-Erichsen e seus companheiros, mas eles devem ter passado certamente um mau bocado se perceberam que cada vez havia menos esperança de conseguirem fazer a travessia, que estavam apenas a desperdiçar dias a perambular inutilmente por uma terra desconhecida. Passou mais de um mês até terem tentado uma última possibilidade desesperada para escaparem do círculo mágico onde andavam há tanto tempo sem encontrarem uma rota exequível para a salvação. Onde quer que procurassem, tinham encontrado o caminho barrado por montanhas altas, pelo manto de gelo ou por mar aberto, e depois, numa tentativa final para escaparem, subiram até ao manto de gelo em novembro e caminharam no meio da escuridão, do frio, das tempestades e da neve ofuscante com plena consciência de que a morte os seguia e que estava prestes a alcançá-los. Com esta sequência de acontecimentos, tinham sido incapazes de aguardar pela melhoria das condições e voltarem para o navio pela costa. Iver estava certo quando exclamou depois de ler a mensagem:

— Pobres diabos, tão contentes, tão confiantes quando estavam aqui. E depois foi o que se viu! Quanto não devem ter sofrido antes do fim chegar?

Não havia mais nada ali, nenhuma razão para permanecermos ali e, portanto, voltamos para junto dos nossos cães. Tínhamos de continuar a viagem. A nossa descoberta significava que a nossa busca por vestígios dos homens desaparecidos não tinha sido em vão, mas quando voltamos aos trenós, ficamos com a consciência de que provavelmente teríamos os nossos próprios problemas para resolver antes de voltarmos ao navio, pois encontramos um dos cães morto de exaustão.

Isto nos deixou com apenas sete cães e nenhum deles era bom.

Após quatro dias de um duro percurso com os trenós, que nos custou a vida de mais um cão, chegamos finalmente a um local onde, do que podíamos calcular a partir do diário do Jørgen Brønlund, os três homens tinham passado uns meses de verão agonizantes, tendo por companheiros constantes a fome, a incerteza e a dúvida.

Era um local desolado e sombrio, não se avistava nem o menor salgueiro, nem uma só haste de erva, nem qualquer outro tipo de vegetação além de um pouco de musgo em cada margem dos muitos riachos que tinham escavado profundamente o solo. Encontramos por todo o lado vestígios de uma estadia prolongada: pegadas fundas em solo seco, montes de pedra em cada topo de colina, pequenas extremidades de cordas, um osso aqui e ali e alguns restos de material, lonas e panos de tendas. Era óbvio que tinha sido um acampamento de fome, pois cada pedaço de tecido ou de corda, qualquer bocado de tudo o que pudesse ser engolido tinha sido devorado pelos onívoros cães de trenó e tinha passado através deles. Este alimento não os nutrira, mas, pelo menos, por pouco tempo, dera a ilusão de um estômago cheio.

Também encontramos a fogueira feita pelos três homens: o aro de ferro de um esqui fora enfiado numa lata cheia de pedras e dobrado na ponta de maneira a formar um gancho de onde se podia prender o tacho para cozinhar. A fogueira em si consistia em apenas duas ou três pedras, entre as quais ainda se podia ver algumas cinzas e pedaços queimados de madeira e de osso. Tinham queimado tudo o que ardesse.

Em torno da fogueira, estavam três latas de comida de cão, vazias de comida e cheias de pedras. Davam uns assentos ligeiramente melhores para os três se sentarem em frente à fogueira do que as pedras aguçadas no local. Uma roda de pedras perto da fogueira mostrava onde a tenda tinha sido montada em 1907.

E era tudo. Raramente vi um local tão desolado e deprimente. À nossa frente estava o amplo fiorde, uma camada de gelo ainda por explorar, mas gelo mole saturado de água e, por isso, uma visão desagradável para quem, daqui a uns dias, teria de arriscar a sua sorte e tentar atravessá-lo até umas ilhas planas existentes do outro lado. Não era uma perspectiva agradável.

Para sul, estendia-se uma costa monotonamente plana, com uma faixa litoral submergível rochosa. A norte, os olhos seguiam uma costa relativamente mais alta, mas também uniforme, até ao cabo Rigsdagen, um lugar miserável e tenebroso, para além do qual estava a área mais oriental de Peary Land, que mal se via acima do horizonte.

À nossa volta, existiam diversos montes de pedra, mas o primeiro, o segunda e o terceiro que abrimos estavam vazios, tal como o quarto e o quinto — e começamos a ficar ansiosos. O local era incontestavelmente o acampamento de verão dos homens mortos. Eles tinham estado ali pelo menos dois meses, e era ali que tínhamos esperado encontrar um relato detalhado, talvez diários, pois era um lugar provável para os terem deixado, pois seriam relativamente fáceis de encontrar se os três não conseguissem voltar para casa.

Havia muitos montes de pedra, mas onde o relato podia estar escondido?

Foi então que abrimos o último que ficava bem no interior, e ali, finalmente, encontramos aquilo que procurávamos, aquilo que tínhamos viajado tão longe para encontrar: a caixa de um termômetro, bem fechada, e, lá dentro, o relato das suas tentativas enérgicas para mapear o máximo possível aquela terra vasta e desconhecida — e da sua luta heroica para manterem a vida durante os meses frios em que um destino maléfico e a chegada do verão os tinham forçado a permanecer naquele local desolado e deprimente.

Aquele relato seria decisivo para nós. Questionávamos se iria conter informação que nos obrigasse a seguir em frente, ou se diria que tínhamos chegado ao final da nossa viagem e que podíamos voltar para trás e tentar fazer o caminho de volta, sabendo que tínhamos feito tudo o que era esperado de nós.

Foi isto que lemos:

> "A 28 de maio de 1907, no promontório que fica a nordeste desta terra (*circa* 82° 04 N. e 22 W.), o tenente Hagen, o groenlandês Brønlund e o abaixo-assinado despediram-se da campanha da equipe de trenós do tenente Koch, que tinha chegado ao extremo norte da Groenlândia e estava voltando para o navio no cabo Bismarck. Viajamos para oeste com 23 cães até 1° de junho e chegamos ao glaciar do cabo Peary e descobrimos que o canal Peary não existe, o penhasco de Navy está ligado por terra a Heilprin Land. Nós rebatizamos a baía da Independência como "fiorde da Independência" e construímos um monte de pedras (com um relato) em um promontório baixo perto do cabo. À saída do fiorde, descobrimos e exploramos dois fiordes secundários: o fiorde de Brønlund a noroeste e o fiorde de Hagen a sudoeste, e construímos um monte de pedras (contendo um relato) neste último. Descobrimos anéis de tenda esquimó antigos. A chegada súbita de tempo ameno com neve profunda e água no gelo, a falta de caça, a doença e a fraqueza dos cães, dificultou e atrasou a nossa viagem de saída do fiorde, resultando na nossa chegada a este local a apenas 12 de junho. Todo o progresso pelo gelo era impossível. Só tínhamos quinze cães vivos e morreu um outro desde então.
>
> Entretanto, temos nos alimentado exclusivamente de caça (7 bois almiscarados, 1 vitela, 15 gansos selvagens, 4 lebres e 3 lagópodes). Fizemos mais explorações e acrescentamos plantas e fósseis de plantas e de animais às nossas amostras científicas. Chamamos a esta terra de "Terra de Cristiano, Príncipe Herdeiro".
>
> Não tendo conseguido caça grande desde 16 de julho, e estando sem mais comida para nós e para os cães, temos de deixar esta área hoje, pois não tem qualquer caça e já vasculhamos em um raio de quarenta

quilômetros, e vamos tentar chegar a áreas costeiras com caça — deslocando-nos num bloco de gelo até ao gelo contínuo com os nossos 14 cães, 2 trenós e todo o nosso equipamento. Estamos todos em boa forma física e bem de saúde. Vamos tentar chegar um pouco mais longe a sudoeste, subindo o fiorde Danmark, onde encontramos bastantes lebres e bois almiscarados para caçar quando por ali passamos em maio. Se conseguirmos obter uma quantidade suficiente de carne, tencionamos, quando o gelo se tornar novamente transponível lá para o final do mês atual, percorrer de trenó os cerca de novecentos e trinta quilômetros de volta para o navio, ao qual esperamos chegar antes do final de setembro, com ou sem cães.
Os montes de pedra erguido aqui nas redondezas foram construídos pelo Hagen para medições trigonométricas e não contêm relatórios. Vamos deixar relatos daquilo que nos acontecer em um ou mais desses montes mais acima no fiorde.
8 de agosto de 1907. l. Mylius-Erichsen,
Líder da "Expedição Danmark à costa nordeste
da Groenlândia, 1906–1908"

Esta declaração, junto com a informação contida no diário encontrado no corpo de Brønlund em Lamberts Land, dava-nos uma imagem relativamente completa das viagens dos três homens e do seu trabalho na região em torno do fiorde Danmark, e da sua intenção de fazer uma viagem de regresso até ao seu porto de inverno, que terminou no seu sucumbir à fome e ao frio, nos escuros dias de novembro em Lamberts Land.

Já podíamos regressar com a mente tranquila, uma vez que, no fiorde Danmark, naquela imensa área que se estendia à nossa frente, não havia mais nada para encontrar.

Os homens tinham levado os seus diários quando partiram do local onde nos encontrávamos agora, e os tinham levado quando partiram de Wolf Hill para sul, portanto, certamente os teriam levado até o manto de gelo e ao último acampamento no gelo marítimo em frente ao glaciar em Lamberts Land. Quando Jørgen Brønlund deixou o acampamento e os seus dois companheiros mortos, levou seu próprio diário e os esboços dos mapas que tinham elaborado, que eram de todos. E, assim, continuara a caminhar sozinho, através da escuridão e do frio — até ter morrido perto da reserva em Lamberts Land.

Três anos mais tarde, quando chegamos ao local onde devia ter sido o seu acampamento, já era tarde demais. Os degelos de três verões tinham derretido o gelo, ou o quebraram de tal forma que fora à deriva pelo mar, juntamente com tudo o que transportava.

Todas as ansiedades que atormentaram os três homens durante os vários dias assustadores de verão no fiorde Danmark estavam refletidos no relato conciso de Mylius-Erichsen, escrito em seu nome e em nome dos seus dois companheiros, e depositado em dois montes de pedra nas margens daquela terra desolada, na esperança de virem a ser encontrados se não conseguissem terminar a viagem.

Encontramos e, quando Iver e eu os seguramos nas nossas mãos, fomos invadidos por um sentimento da maior admiração por aqueles três homens que tanto tinham lutado para explorar terras desconhecidas, que tinham conquistado e pago pela vitória com meses de interrogações sobre se alguma vez conseguiriam chegar à reserva que os salvaria, e temendo que as suas vidas pudessem ser sacrificadas em vão.

Não havia mais nada a encontrar no fiorde Danmark, mais nada que pudéssemos fazer; podíamos agora voltar e tentar regressar ao navio que estava a mais de mil e cem quilômetros ao sul — e isso, sensivelmente na mesma altura do ano em que os três homens mortos tinham tentado fazer a mesma viagem.

Montamos a nossa tenda perto do centro do acampamento de verão dos três homens tombados e, deitados nos nossos sacos de dormir, Iver e eu falamos das esperanças que eles tinham tido, das desilusões e dos sofrimentos. Mas estávamos cansados e exaustos demais para conseguirmos pensar em muito mais além de como haveríamos de proceder na nossa viagem através da monótona superfície branca, a reluzir com umidade, que tinha travado e morto os três que tinham tentado antes de nós.

Enquanto estávamos ali deitados nos nossos sacos de dormir, abordei de novo um assunto que ultimamente nos tinha dado bastante no que pensar e, pela última vez, pedi a Iver a sua opinião: será que deveríamos ir para oeste na esperança de conseguirmos chegar aos esquimós em Thule, ou será que deveríamos tentar fazer o que os homens mortos não tinham conseguido, irmos para sul, ao longo da costa, até o nosso navio a mil e cem quilômetros de distância. As duas rotas eram semelhantes em termos de distância e, tendo listado tudo o que havia a favor de uma rota e da outra, e as objeções a ambas, eu disse algo semelhante a termos de pensar bem, pois um só erro podia custar-nos a vida.

Iver sentou-se no seu saco de dormir, esfregou os olhos como tivesse estado a dormir durante o meu longo monólogo sobre os prós e os contras — e talvez tivesse — e disse:

— Você é o comandante deste navio. Vai para leste se acha que é o melhor; ou para oeste, se preferir. Eu sigo para onde quer que você vá, e prometo que, se as coisas correrem mal, nunca irá me ouvir dizer que talvez tivesse sido melhor se tivéssemos ido na outra direção.

No dia seguinte, iniciamos a nossa viagem de regresso a casa — na direção leste.

Capítulo 10
Viajando no Lodo

Escorbuto e as suas consequências — Os cães e a viagem pelo lodo — Reservas na costa — Caça aos ursos — O início do verão — O monte Mallemuk e a salvação

Começamos a nossa viagem por volta de 1º de junho, deixando o cabo Rigsdagen a oeste, e nos esforçando para atravessar a embocadura do fiorde Danmark até ao local onde estava agora a nossa tenda, em uma ilha ao largo do local plano e rodeado de gelo que era a Terra de Cristiano, Príncipe Herdeiro, uma pequena mancha negra na vasta extensão de branco que se estendia à nossa volta. Os nossos cães tinham encontrado locais secos, onde descansavam após uma etapa difícil, durante a qual tinham puxado os trenós ao longo de cinquenta quilômetros de um lodo pavoroso de neve profunda e aguada. Iver tinha saído para caçar, na esperança de conseguir obter alguma carne para nós e para os cães, que necessitavam desesperadamente de comida nutritiva, e eu estava sentado dentro da tenda, em um saco de dormir enrolado, lutando contra pensamentos tenebrosos sobre o futuro, que parecia ser tão incerto e sombrio.

Incerto, não, pois ali sentado no nosso acampamento naquela pequena ilha, a mil e cem quilômetros do nosso navio, havia pouca incerteza relativa ao futuro, pelo menos naquilo que me dizia respeito. Eu tinha descoberto que fora atingido por aquilo que era praticamente o pior golpe que pode acontecer a alguém que viaja de trenó, longe de qualquer lugar onde se possa encontrar ajuda. Eu estava doente, sofria daquele pesadelo que tinha afligido os primeiros exploradores polares e que causou a morte de muitos bons homens — escorbuto.

Há algum tempo eu andava com uma ideia bem fundamentada de que algo não estava bem comigo, que o cansaço que me tinha assolado durante o final da viagem no manto de gelo, e especialmente enquanto descíamos o fiorde Danmark, era mais do que a consequência natural do esforço que tinha sido levar os trenós até tão longe. Nem era do meu feitio antecipar a desgraça, e foi o que eu fiz tantas vezes no fiorde Danmark, e isso tinha-me deixado a pensar. No entanto, nunca suspeitei por um só momento que uma doença pudesse ser a causa da minha fadiga e da minha visão sombria do futuro, ou que tivesse desenvolvido escorbuto.

Mas era escorbuto que eu tinha, e bem grave: as articulações sensíveis e inchadas, as manchas vívidas nas pernas e nas coxas, os dentes soltos e sensíveis, o sangramento das gengivas, as vertigens quando puxava com força um trenó, tudo isto passa uma mensagem assustadora impossível de ser mal interpretada. Estava sentado no seu saco de dormir a tentar lembrar-me do que o manual médico dizia sobre a doença. Mas por que me dar ao trabalho? Eu não tinha nada daquilo que o manual iria dizer que era necessário para curar esta temida doença, nem quaisquer meios de adquirir. O único resultado de ficar dando voltas à cabeça foi ter-me lembrado subitamente de que a descrição da doença tinha escrito em itálico: "*Se não for ministrado tratamento imediato, o escorbuto causará desmaios e terminará em morte*".

E assim era e ali estávamos sem qualquer tipo de medicamento ou qualquer possibilidade de tratamento ou de repouso, e a uns mil e cem quilômetros do navio. Mas mesmo que tivéssemos estado a bordo do navio, não teríamos medicamentos eficazes para o escorbuto, pois as pessoas pensavam que os modernos alimentos em lata tinham posto um fim à doença, e não mais os carregavam. Se quiséssemos chegar até ao navio, teríamos de nos esforçar mais, muito mais do que um homem condenado podia fazer. E o Iver? Teria dificuldades em chegar sozinho ao navio. Na verdade, não teria "dificuldades"; era impossível conseguir fazer a travessia sozinho, portanto, também iria morrer se eu morresse. E todas as probabilidades apontavam para a minha morte com escorbuto, tal como muitos tinham morrido antes de mim. Mas, até lá, eu seria um fardo intolerável para ele, iria atrasá-lo, fazê-

-lo demorar-se e arrastá-lo comigo, meu fiel companheiro, lenta, mas seguramente, até à destruição.

A minha cabeça zunia com estes pensamentos, e estava a afundar cada vez mais em um turbilhão de desânimo; e quando Iver regressou de mãos vazias, disse-lhe diretamente o que se passava comigo e o que isso significava para ele.

Ele não disse muita coisa, se bem que deve ter pensado muito. A diminuição rápida das minhas forças também o tinha surpreendido, e há muito que temia ser alguma doença o que me fazia sentir tão exausto e não apenas o esforço, mas também nunca teria imaginado que pudesse ser escorbuto.

Se fossemos três, tal como era nossa intenção até Jørgensen ter tido queimaduras de frio tão graves nos pés que ficou incapacitado, a perspectiva não teria sido tão sombria. Dois homens teriam naturalmente mais possibilidades de levarem o trenó até à ilha Shannon, mesmo que eu estivesse deitado em cima dele, simplesmente um peso extra. Mas um homem sozinho? Impossível, absolutamente impossível. Ele nunca chegaria lá.

Atormentava-me a ideia de que, talvez, devesse ter desistido da ideia de viajar até ao fiorde Danmark quando as circunstâncias mudaram e eu ficara com apenas um homem para me acompanhar, mesmo ele sendo melhor do que os melhores. Mas quem consegue ouvir a voz cautelosa do aborrecido senso comum, quando já se embarcou num empreendimento que muitos consideravam impossível? Eu não, certamente. Impossível? Então tinha de ser feito. Mas a sorte tinha-nos abandonado — e não havia mais nada a dizer.

Dois homens muito silenciosos enfiaram-se nos seus sacos de dormir naquela noite, e o sono tardou a chegar. Iver foi tudo aquilo que eu esperara, e mais.

— Escuta — disse, quando digeriu a ideia —, é ruim, claro, este maldito escorbuto. Mas eu prometo que farei tudo para ajudar, independentemente do que me possa acontecer. Também é possível que daqui a pouco tempo encontremos caça suficiente, e aí talvez você tenha uma possibilidade de recuperação, certo?

Manteve a sua promessa durante todo o longo e crítico mês que se seguiu.

Durante os primeiros dias, ainda pensei ser de alguma serventia para puxar ou empurrar o trenó pelo lodo de neve; mas não demorou muito para reconhecer que isso era uma ilusão, e que tudo o que eu podia fazer era ir cambaleando à frente dele, na esperança de poder fazer algum tipo de trilha para os cães, talvez até descobrir um caminho melhor, fazia tudo para não ser um fardo.

No entanto, eu não conseguia caminhar grandes distâncias daquela forma, e não demorou muito para que não conseguisse me manter erguido sem o apoio do trenó. Caía muitas vezes e era incapaz de me levantar sozinho, e ficava estendido no lodo gelado até Iver se aproximar e me ajudar a pôr-me de pé. Era terrível querer andar e não ter forças para o fazer.

Uma semana depois, tive de desistir de tentar me desvencilhar sozinho. Já não conseguia ficar de pé e fui obrigado a aumentar o esforço do Iver e dos cães ao acrescentar o meu peso àquilo que eles já mal conseguiam arrastar através daquele terrível lodo de entulho, neve e água, e que durou todo o mês de junho. No entanto, eu ainda conseguia manusear o chicote sentado em cima da carga do trenó, e usar a minha língua para fazer com que os cães puxassem mais. Mas, em breve, até isso seria demasiado para mim, e quando um dia desmaiei, não tive alternativa além de me deitar no trenó e deixar Iver atar-me com uma corda em cima da carga, como um pacote, para me impedir de cair quando o trenó balançava e guinava no lodo sem fundo.

Foi um duro golpe e, como utilizador veterano de trenós com algum conhecimento de causa, eu devia ter ficado envergonhado, mas estava tão doente que mal reparei no que o Iver tinha feito por mim, como tinha posto um anoraque debaixo da minha cabeça quando o trenó batia em gelo duro, ou o tempo e o esforço que teve procurando o melhor caminho para que eu não sofresse demais.

Os cães também sofreram bastante, e a sua força diminuía a cada dia que passava. O lodo e a fome podem enfraquecer até o mais forte dos cães, e há muito tempo que nenhum dos nossos era forte.

O terrível lodo com o qual tivemos de lidar durante todo o mês de junho também foi o maior tormento dos pobres cães. Sempre que o trenó ficava preso, o que acontecia frequentemente, trepavam em cima dele para escapar do intolerável lodo gelado, e depois se sacudiam, como fazem todos os cães, e se encostavam em mim, encharcando-me, como se eu já não estivesse suficientemente encharcado. Eu normalmente estava, já que, de vez em quando, tinha de sair do trenó para aliviar o peso quando estava irremediavelmente preso. Nessas alturas, sentava-me num monte de gelo, ou deitava-me no pedaço mais seco de gelo que conseguisse encontrar, enquanto Iver estava enterrado no lodo até à cintura e à luta com o trenó; por vezes escavava, tirando o lodo do buraco onde o trenó estava preso, outras tentando dar pontapés ou empurrando-o para baixo, para que o peso do trenó e dos cães ficasse em solo firme pelo momento necessário para tirá-lo do buraco, guinchando e gritando para que os cães puxassem e continuassem a puxar.

Depois de ter conseguido tirar o trenó do buraco onde tinha ficado preso e de tê-lo parado num local onde não afundasse muito, Iver vinha buscar-me, sempre contente e alegre, apesar do esforço e da água que pingava dele. Ajudava-me a ficar de pé e apoiava-me enquanto, juntos, cambaleávamos até ao trenó, em cima do qual eu me deixava cair pesadamente e me deixava ser atado de novo. Assim, lentamente, voltávamos a andar, acompanhados por urros e gritos, e a dificuldade era tão grande que Iver ficava em silêncio para conservar as suas forças, e os cães arfavam com o esforço.

Dia após dia, descemos a costa de trenó, uma costa aborrecida, sem caráter, um glaciar plano e baixo que se estendia por quilômetros. O tempo também estava escuro e feio. Caía neve muitas vezes, ou flocos grandes e úmidos ou neve violentamente persistente, trazida pelo vento que vinha guinchando do glaciar numa saudação tardia e indesejada do interior amargamente frio. Nem sequer fomos poupados da neblina e dos chuviscos. E assim, durante um mês, tivemos lodo por debaixo de nós; umidade à nossa volta, e nuvens negras cheias de neve e de chuva a pairarem baixas sobre nós; umidade e água em cima e embaixo, umidade e água por todo o lado.

Felizmente, ainda nos restavam algumas provisões — *pemmican* e um pouco de chá, uma meia dúzia de biscoitos, e esse era nosso único consolo durante aqueles dias longos e árduos. Ansiávamos o dia todo pelo momento em que o *pemmican* pudesse ser servido, infelizmente apenas parcialmente cozido para pouparmos combustível, mas, mesmo assim, delicioso. A fome que passávamos era grande, e aumentava a cada dia que passava, enquanto a nossa ração diária, que já era pequena nos dias de abundância quando o trenó estava carregado de comida, foi cortada a menos de metade quando iniciamos a viagem de regresso.

Eu desejava comida, mas comia pouco, pois o *pemmican* gorduroso me enjoava e eu mal conseguia engolir um bocado. Oferecia a minha ração ao Iver, mas ele a recusava.

— Vamos guardar isso — dizia — até você recuperar e ter que engordar novamente.

Bem, talvez tivesse alguma lógica, mas não havia muitas perspectivas de eu voltar a ficar bem ou precisar engordar. Estava perdendo a consciência com cada vez mais frequência.

Iver continuava a se digladiar ao longo da costa, forçando todos os músculos para manter o trenó em andamento, e todos os sentidos para não perder o menor vestígio de caça ou um sinal das reservas mais ao norte que a Expedição Danmark tinha deixado para uso de Mylius-Erichsen e dos seus companheiros na viagem de regresso.

Os seus esforços geraram resultados na forma de gansos que foram cozidos e depois, finalmente, a reserva, cujo tamanho foi uma surpresa desagradável e nos fez temer pelo futuro. Novecentos gramas de *pemmican*, a mesma quantidade de couve e de almôndegas de carne e meio quilo de salame era tudo o que a reserva continha. Era absolutamente incompreensível. Eu disse ao Iver para ver novamente, que deveria haver mais comida em uma reserva feita para exploradores famintos. Aquilo que encontramos seria um aperitivo para Mylius e os seus dois companheiros, o suficiente para lhes atiçar a fome. Mas não havia mais nada, e sentimos mais dúvidas e mais tristeza do que nunca, pois, apesar de não termos conseguido saber antes de deixarmos Copenhague o que estas reservas teriam, pensamos que teriam provisões suficientes nos locais marcados como depósitos no mapa oficial da Expedição Danmark.

A linha de locais marcados no mapa tinha parecido bastante tranquilizadora, ainda que o homem que tinha feito a marcação mais a norte ter avisado de que não os conseguiríamos encontrar e, por esse motivo, tinha se recusado a dizer o que continham. Ainda assim, tínhamos esperança de que contivessem provisões se alguma vez os encontrássemos, tal como fizemos. Os conteúdos dos dois locais mais a norte eram sinistramente escassos.

Felizmente, a nossa desilusão foi parcialmente contrabalançada por dois gansos que Iver caçou perto da reserva. Mas não duraram muito. As nossas provisões estavam a diminuir rapidamente e a nossa comida de cão quase já tinha acabado. Havia muitos gansos no local onde estávamos, e Iver certamente teria conseguido caçar mais alguns, se tivéssemos nos atrevido a ficar ali por mais uns dias — mas não o fizemos. Tínhamos de continuar a viagem sem perder tempo, em direção a sul, ao longo da costa até Lamberts Land, que eu esperava conseguirmos atingir antes de ser demasiado tarde. Dali, Iver talvez pudesse voltar ao navio sozinho, se a sua coragem se mantivesse.

Portanto, Iver continuou a sua luta pela costa, forçando os cães relutantes pela lama de água e de neve, empurrando o trenó enquanto eu permanecia amarrado a ele, um peso morto inútil que não conseguia nem saltar quando o trenó estava prestes a virar no lodo, nem me lançar dele quando estava febril.

Apesar de todo o seu trabalho e do seu esforço, Iver tinha sempre tempo para colocar algo macio por baixo da minha cabeça quando esta me doía mais, e, embora numa espécie de coma, vi-o muitas vezes inclinar-se sobre mim, sorrindo, embora um pouco ansioso.

— Está um pouco melhor assim, não é?

E na minha letargia, ouvia-o falar com os cães, incitá-los com as ameaças mais horrendas ou tentando convencê-los com belas promessas de montes de comida quando chegássemos ao final da viagem. Ele era sempre zeloso e atencioso com Girly:

— Puxa agora, Girly, puxa com todas as forças. Vamos levar nosso comandante para terra.

Era difícil percorrer toda aquela costa lúgubre de trenó. O verão tinha chegado, e a primeira metade de junho já tinha passado; o sol brilhava timidamente, agora que o vento tinha expulsado as nuvens do céu, mas tinha algum calor, pelo menos o suficiente para o sentirmos. A neve derreteu depressa e o lodo foi desaparecendo gradualmente, deixando água límpida sobre o gelo, reunindo-se em lagos rasos em todas as poças. O sol tornou o gelo quebradiço, partindo-se sob a pressão do vento e da maré. Formaram-se longos canais por entre as banquisas flutuantes, onde reluziam pequenas ondas brilhantes e onde as focas quebravam a superfície, voltando as suas cabeças em forma de bala e observando-nos com os seus olhos grandes, redondos e incrivelmente expressivos. Mas, infelizmente, estavam sempre fora do nosso alcance.

Um dia, durante uma pausa, um urso aproximou-se. Eu o vi bem de perto, mas a única coisa que podia fazer era gritar para o Iver, que andava à caça de uma foca. Depois, com uma dificuldade considerável, consegui soltar Grimrian do trenó na esperança de que ele conseguisse manter o urso afastado. Mas correu tudo mal. Grimrian era suficientemente corajoso quando fazia parte da matilha, mas não gostou da ideia de atacar um urso sozinho. Talvez tivesse sido algo perigoso para ele; mas, pelo menos eu, teria trocado alegremente o pequeno e magro Grimrian por um urso. Começou com bravura, mas mudou de ideia quando descobriu que estava sozinho e, em vez de ir direto ao urso e fazê-lo parar, foi pedir proteção ao Iver. Iver baixou um joelho para refinar a pontaria e disparou de longe contra o urso que fugia. Atingiu-o nas costas e feriu-o mortalmente, apesar de não tê-lo matado de imediato; portanto, com sangue jorrando da ferida, o urso arrastou-se até à água brilhante e atirou-se, fazendo com que o salpico se erguesse como uma auréola dourada em torno do que poderia ter sido a nossa salvação. O urso afundou a menos de cem metros da terra, observado por duas focas intrigadas que eram incapazes de compreender os estranhos movimentos do seu arqui-inimigo enquanto sua vida se extinguia.

Terrivelmente desapontado, Iver sentou-se à beira do gelo terrestre e ficou olhando demoradamente para a água, enquanto eu, no trenó, escondia o rosto nos braços. Se ao menos eu tivesse visto o urso um minuto mais cedo, ou se o Grimrian tivesse sido o cão que sempre pensamos que ele era e não um maldito covarde, ou se a bala do Iver tivesse acertado apenas um centímetro mais à frente — então podíamos ter parado durante uns dias e desfrutado do calor do sol, enquanto comíamos até recuperarmos a força e a saúde com a carne suculenta do urso que ia agora à deriva pelo mar, e que teria alimentado os nossos cães dando-lhes coragem e força renovadas.

Mas não estava destinado a ser assim: em vez de descanso e prazer, o sinal que fiz ao Iver significava "temos de continuar, meu amigo. Temos de chegar a Lamberts Land o mais depressa possível, para o seu bem".

A segunda reserva não continha mais comida do que a primeira, o que nos deixou cada vez mais intrigados. No entanto, havia alguma comida de cão, e ficamos felizes pelos cães, e talvez também por nós. Durante as duas últimas semanas, partilhamos o *pemmican* com os cães, portanto, eles agora podiam nos compensar e dar um pouco da sua comida. Mas até essa esperança foi frustrada, pois, por mais esfomeados e exaustos que os cães estivessem, não quiseram comer aquele estranho sucedâneo de comida de cão. Limitaram-se a cheirá-lo e deixá-lo onde estava, enquanto perambulavam na esperança de encontrar algo melhor. E tiveram sorte, pois farejaram uma das reservas de carne da Expedição Danmark, carne e bacon com três ou quatro anos de idade, cujo fedor se estendia por quilômetros por terra e mar. Mas os cães gostaram mais daquilo do que do produto artificial.

Não tendo conseguido caçar o urso e estando reduzidos a apenas duzentos e cinquenta gramas de *pemmican* por dia — a maior quantidade permitida para termos qualquer esperança de terminarmos a travessia — não podíamos dar-nos ao luxo de parar, descansar e desfrutar do pouco que havia para desfrutar — a chegada do verão. Não que fosse verdadeiramente tão pouco.

Todas as encostas das montanhas tinham água escorrendo; a água percorria todos os leitos das quedas de água, e o verde estava a nascer e a crescer nas vertentes ao sul. Era uma bela visão, mas, ao longo da costa, esta água corrente comia grandes pedaços ao gelo e fazia com que o progresso fosse tão difícil que um barco teria sido melhor do que um trenó. Os cães ficaram quase doidos de medo quando Iver os levou para os grandes lagos que, por vezes, tivemos de atravessar. Por vezes, tinham de nadar à frente dos trenós, enquanto Iver empurrava por trás e eu ia deitado em cima da carga, sendo molhado com água gelada que arrefecia o meu corpo febril.

O progresso era muito difícil, mas Iver sabia o que estava em jogo e parecia estar possuído por uma força hercúlea e, portanto, conseguia ir avançando — como, coisa que jamais compreenderei. No entanto, à medida que o lodo se transformava gradualmente em água e muita dela escorria para o mar, o caminho tornou-se um pouco mais fácil e, antes de junho ter terminado, chegamos ao estreito de Dijmphna que, para estes comuns mortais, parecia terra que fluía com leite e mel.

O gelo estava bom para andar de trenó. Atravessamos apenas alguns canais, mas as focas brincavam contentes e alguns patos passeavam por ali, talvez não numa tal quantidade que pudéssemos falar verdadeiramente numa riqueza de vida animal, mas era suficiente para nos parecerem muitos, já que certamente não tínhamos sido beneficiados no que diz respeito à caça. Também vimos focas no gelo, onde tinham subido, saindo da água gelada para se aquecerem ao calor do sol. Havia rastros de urso relativamente frescos aqui e ali, e as gaivotas faziam ninhos na encosta da montanha. As aves deixavam os seus ninhos e mergulhavam em direção a nós e aos cães, emitindo guinchos estridentes como resposta aos gritos de felicidade do Iver. Os cães recuperaram o ânimo, ladrando um pouco e olhando para as gaivotas, tentando morder as que se mostrassem especialmente atrevidas, e até começaram a erguer as caudas caídas. As escrevedeiras-das-neves chilreavam alegremente na terra verdejante enquanto pulavam de pedra em pedra. Parecia um bom local para estar.

Havia luz durante vinte e quatro horas e, à meia-noite, o sol brilhava a norte com uma explosão de laranja flamejante que emprestava uma cor brilhante às montanhas negras. Era o verão do norte, e percebemos que teríamos de parar por algum tempo para deixar que mais alguma água morna escorresse pelo gelo, como devia escorrer antes de podermos continuar. Mas também compreendíamos que não haveria continuação da nossa viagem se não conseguíssemos obter caça, e muita. Ou isso, ou encontrar a reserva que a Expedição Danmark tinha feito em algum local ao longo daquela costa.

Não sabíamos o que a reserva continha. Se tivesse apenas alguns quilos de comida enlatada, como as duas anteriores, teria pouco interesse para nós, pois quase não restava comida e não havia nada para os cães exceto a pele de um dos seus, que matamos imediatamente ao acamparmos na terra de leite e de mel. Se encontrássemos a reserva, os três cães sobreviventes também sentiriam que nós acreditávamos, ou que pelo menos tínhamos esperança, em tempos melhores.

Quando Iver montou a tenda e a tornou tão habitável quanto possível, nem sequer fui capaz de mancar para dentro com a ajuda dele, tendo de engatinhar para entrar. Quando cheguei, caí dentro do meu saco de dormir, com tanta falta de ar e tonto com dor e exaustão que estava convencido que aquele local seria o fim da minha viagem. Não conseguiria continuar sem, no mínimo, bastante comida e um longo repouso.

No que me dizia respeito, pouco importava se o meu fim fosse aqui ou trinta quilômetros mais à frente, pois eu já tinha desistido de toda a esperança de voltar ao navio e à sua comida, descanso e, talvez, algum medicamento que ajudasse com o meu escorbuto. Essa esperança tinha sido arrancada de mim durante as muitas horas em que eu estivera deitado, preso em cima do trenó, um mero peso morto para Iver e os pobres cães.

Iver e eu éramos muito francos sobre tudo, pois tive de lhe explicar o caminho por onde ir, e o que ele deveria fazer de forma a ter uma chance de regressar quando, cedo ou tarde, chegasse a hora temida e ele ficasse completamente sozinho naquele imenso ermo.

Afinal, fui eu que o contratou para esta aventura, um homem sem qualquer experiência no Ártico, e, portanto, era minha obrigação fazer o possível para que chegasse são e salvo. Todas as noites, escrevi no meu diário um relato dos ataques do escorbuto ao meu corpo, e fiz Iver prometer que levaria o diário com ele, nem que fosse a última coisa que ele conseguisse salvar, pois a minha descrição da doença e do seu progresso seriam a sua única prova de que eu morri de morte natural.

Iver recusou-se a acreditar que as coisas estavam tão ruins, e enquanto estivemos acampados no monte Mallemuk, andou a caçar sempre, independentemente das condições atmosféricas, quer estivesse sol e calmo, quer houvesse neblina, chuva ou uma tempestade; enquanto eu dormia na tenda, com uma espingarda ao meu alcance para o caso de um urso se aproximar de mim, coisa que nunca aconteceu. As horas demoravam a passar enquanto Iver estava fora, e eram de grande ansiedade, pois podia acontecer-lhe muita coisa.

Ele podia ficar fora durante horas de uma só vez, mas nunca regressava sem uma lebre, uma gaivota, um airo-de-asa-branca ou outra coisa qualquer. Não havia muito para caçar, pois as focas eram tímidas e sempre alertas, estivessem no mar ou no gelo. Os rastros de urso que vimos tinham vários dias e, apesar de existirem diversos rastros de bois almiscarados em terra, ele nunca viu nenhum, independentemente de quão longe tenha ido e do quanto tenha procurado.

Um dia, voltou mais cedo do que habitual e era óbvio que tinha acontecido alguma coisa excitante, já que o ouvi gritar e cantarolar a grande distância, mas só quando chegou mais perto da tenda é que percebi que ele devia ter finalmente achado a reserva.

Resplandecente de felicidade, ele me assegurou que era uma grande reserva, uma caixa inteira de provisões, rações completas para dois homens para quinze dias, uma quantidade incrível de comida para homens esfomeados. Agora poderíamos comer a nossa dose durante vários dias — isto, se o conteúdo não tivesse sido estragado pela água, o que, infelizmente, era possível.

Iver não tinha aberto a reserva; queria que tivéssemos esse prazer juntos e tinha voltado correndo com as boas notícias. Tremia de entusiasmo enquanto me ajudava a sair da tenda e a ir até à costa, e falou incessantemente enquanto prendia os cães ao trenó, cantando e rindo em direção à costa e prometendo-lhes todas as delícias imagináveis. E foi me assegurando que iria melhor e logo ficaria em forma, e me colocou o mais confortável possível no trenó.

— Espere até ver a reserva — disse — E, é uma visão esplêndida. Só vai deixá-lo melhor.

E era uma visão esplêndida, apesar de não tão magnífica como o Iver a tinha descrito. Antes mesmo de termos chegado e de Iver ter aberto a caixa de alumínio, o cheiro era o suficiente para me indicar, sentado à espera numa colina a pouca distância, que o conteúdo não estava em tão bom estado como Iver esperava que estivesse.

Havia um pequeno buraco na lata de alumínio, e a água tinha entrado, estragando biscoitos e chocolate de tal forma que eles tinham mau aspecto e gosto pior. O açúcar tinha derretido, algumas das latas estavam enferrujadas e o seu conteúdo estava longe de ser odorífero. No entanto, no nosso estado de fome, uma tal descoberta justificava completamente a nossa alegria insana. Há muito tempo que não víamos comida como esta.

Naquela noite, recusando atenção à voz da cautela, desfrutamos de um verdadeiro banquete. Iver recebeu uma lata de meio quilo de guisado como recompensa pela descoberta e, apesar de eu ter gostado de comer carne, concordamos que um mingau seria melhor para mim. A aveia tinha bastante mofo, mas as consideramos comestíveis; portanto, Iver cozinhou aveia, e cheirava deliciosamente dentro da nossa pequena tenda. Comemos e nos deliciamos com a nossa refeição em um silêncio devoto, saboreando com gosto cada colherada e, ao terminarmos com café e um pedaço de chocolate mofado, não podíamos desejar mais nada.

Em um momento tão auspicioso, não dedicamos um único pensamento ao escorbuto ou a outras enfermidades e, além disso, eu sentia que estava começando a melhorar. Os meus desmaios já não eram tão frequentes; na verdade, não tinha desmaiado uma só vez desde que chegáramos ao monte Mallemuk e encontráramos aquele belo local para acampar. Assim sendo, tendo novamente um pequeno abastecimento de provisões e parecendo que eu estava melhor, sentimos que podíamos olhar para o futuro imediato sem grande ansiedade. Felizmente, sempre se é otimista.

Os dias foram passando, um igual ao outro, e o tempo foi a única coisa que mudou. Às vezes estava bom, com um céu aberto e sol quente que atraía insetos ruidosos, mas, na maioria das vezes, estava tempestuoso, frio e enevoado. Iver saía todos os dias, à procura de comida para o seu companheiro doente, na esperança de apanhar caça grossa, que daria comida para os cães e mais alguma para levarmos conosco quando continuássemos a nossa viagem. No entanto, nunca encontrou nada, e tivemos de nos contentar com gaivotas, não tantas quanto teríamos gostado, mas na média de uma por dia. Parecia que aquelas gaivotas eram o que mais necessitava, pois a cada dia que passava sentia minhas forças regressando e via as manchas lívidas no meu corpo diminuírem e ficarem menos azuladas. À medida que os dias foram passando, fui ficando cada vez mais convencido de que o milagre sobre o qual não me atrevera a sonhar há dez dias estava realmente acontecendo e eu estava me recuperando.

Pensamos em mudar o acampamento para mais perto da água aberta na esperança de conseguirmos caça maior, um urso ou uma foca, e, quando Iver estava montando a tenda e eu estava sentado no saco de dormir à espera de que ele me viesse me ajudar a chegar à costa, tive a ideia pretensiosa de tentar caminhar sozinho.

Quase não me atrevi a tentar, pois seria um golpe devastador se a melhoria que eu sentia não me tivesse tornado efetivamente mais forte; mas, finalmente, ganhei coragem, sai do saco de dormir como a ajuda de dois bastões de esqui, levantei-me com dificuldade e fiquei de pé, coisa que eu não fazia há mais de três semanas.

Fiquei tão contente que joguei fora um dos bastões, dei alguns passos e depois larguei o outro, mantive-me em pé por um momento, hesitante, sem qualquer apoio, e depois dei um passo atrás do outro, gritando de felicidade:

— Olhe, Iver, veja... eu consigo andar!

A felicidade do Iver era tão grande como a minha. Ele veio correndo e quis pôr um braço à volta dos meus ombros para me impedir de cair, mas não havia necessidade de me apoiar: com grande esforço, mantive-me em pé, caminhei até à costa e me sentei no trenó, sem ajuda.

Acredito que uma recuperação tão rápida depois de um ataque de escorbuto tão violento foi quase um milagre, nem consigo encontrar outra explicação para além das propriedades curativas das cerca de doze gaivotas que Iver caçou do céu para mim. Comi todos os pedaços de carne, suguei óleo e engoli até as tripas. A carne praticamente não estava cozida, pois tínhamos de economizar parafina como fazíamos com todo o resto, e eu tive de cortá-la em pequenos pedaços para engolir inteiros, já que os meus dentes e as minhas gengivas ainda doíam como abcessos.

Partimos novamente, e cada vez que o trenó parava, eu tinha de descer para ter certeza de que era verdade que eu conseguia mesmo levantar e andar. Iver e eu estávamos felizes como não ficávamos em bastante tempo, cantávamos e riamos de forma a ecoar pelas montanhas, enquanto nossos três cães restantes partilhavam da nossa exaltação, erguendo as caudas caídas e até mesmo abanando-as um pouco.

Dezoito dias depois de chegarmos ao monte Mallemuk comigo deitado num trenó quase morto, deixamos o nosso acampamento sob a grande montanha e fomos para o gelo que agora já estava quase livre de neve. Eu era capaz de fazer a minha parte nos trabalhos mais difíceis e, apesar dos esforços e das nossas roupas estarem encharcadas de dia e de noite, fiquei mais forte a cada dia e, em breve, estava tão forte quanto antes. Tinha de agradecer ao meu camarada incrível, Iver, que tinha feito um esforço sobre-humano para levar o trenó e a mim até um local onde pudéssemos acampar durante o verão.

Mas, talvez, o que mais admirei e que, depois destes anos todos, ainda relembro com gratidão, foi o seu esforço contínuo para me animar. Ele tinha sempre qualquer coisa alegre e encorajadora para dizer quando via que eu precisava. Mantinha sempre os seus olhos nos meus, quando avaliava para ver se conseguia ajudar ou mitigar a pressão física ou mental que eu sentia. Também tenho a certeza de que, da mesma forma que me ajudava com as suas palavras e atos quando eu mais necessitava, não me falhou num só segundo nos seus pensamentos. No entanto, ele sabia bem o que a minha doença e seu resultado possível poderiam representar para ele, que podiam trazer o maior peso que pode ser colocado sobre os ombros de alguém: o arrepiante e paralisante horror da completa solidão.

Capítulo 11
Água e Fome

Água sobre o gelo — Trenó-barco — O mofo é um vegetal? — Falta de caça em terra e no mar — Tentativa de apanhar pulgas-do-mar — Lamberts Land à luz do sol

Estávamos à espera de condições difíceis na viagem de regresso e já as tínhamos encontrado; mas agora que eu estava livre do meu escorbuto e que estava novamente em forma para enfrentar qualquer luta e desilusões que podiam aparecer, ficamos demasiado confiantes. Já éramos novamente dois para lidarmos com tudo, e sentimos que nada do que pudesse acontecer seria mais difícil de ultrapassar do que o que já tínhamos sobrevivido.

Já estávamos no verão; o sol brilhava e a maior parte da água já tinha saído do gelo. Com os dois a caçar, sentíamos que não podíamos continuar a ter tanto azar como até agora. Agora éramos dois para dividir o trabalho e as dificuldades com o trenó, dois para nos apoiarmos mutuamente numa emergência e nas horas de amarga desilusão, dois para fazermos e suportarmos tudo aquilo que Iver tinha tido de fazer e suportar sozinho nas últimas cinco ou seis semanas. Assim sendo, não era de espantar o fato de estarmos otimistas quando deixamos o monte Mallemuk e retomamos o nosso lento progresso em direção ao sul. Estava tudo bem, e estávamos convencidos de que o pior já tinha passado, pois o que nos aguardava não podia, de forma alguma, ser tão difícil como as coisas tinham sido quando Iver se digladiava sozinho e eu estava entre a vida e a morte.

Como era verão, esperávamos ter dificuldades com a água: iríamos encontrar grandes lagos de água do degelo das banquisas e canais largos entre os próprios blocos; enquanto, ao longo da costa, as marés teriam feito grandes fissuras no gelo que não seriam fáceis de atravessar. Em terra, os rios selvagens estariam escorrendo dos glaciares das terras altas e dos grandes montes de neve que derretiam com os raios solares, libertando torrentes de água. Seria difícil, mas não causaria mais do que um pequeno atraso aqui e ali, e já estávamos bem habituados a isso. Além do mais, ainda tínhamos tempo, pois há muito tempo que tínhamos nos resignado ao fato de não ser possível chegarmos ao *Alabama* antes de este deixar o seu porto de inverno.

Mas ainda havia o nosso outro inimigo: a fome; e esse podia ser muito difícil de ultrapassar. Ainda tínhamos algumas provisões no trenó: quatro ou cinco quilos de *pemmican*, que podiam ser consideravelmente esticados se não comêssemos mais do que o que comemos no mês anterior — duzentos e cinquenta gramas por dia. Também tínhamos algumas mãos cheias de biscoitos e duas pequenas latas de chá, sendo este último o nosso único luxo. Mas também tínhamos aquilo que era muito mais importante do que a pouca comida que transportávamos no trenó: as reservas da Expedição Danmark mais à frente na costa.

Daqui em diante, sabíamos com toda a certeza onde estavam aquelas reservas e o que continham, apesar de termos de viajar ao monte Mallemuk para obtermos essa informação através de uma carta deixada por Mylius-Erichsen, e que tínhamos encontrado na reserva ali existente. Claro que algumas das provisões podiam estar estragadas devido à água, mas sempre teria algo que pudéssemos comer. O que era comestível não dependia tanto do seu estado de conservação como da fome que sentíssemos. Homens esfomeados não escolhem.

E se tudo corresse mal e tudo falhasse, o que nosso otimismo excessivo dizia que não era possível acontecer, ainda tínhamos os nossos três pobres cães; estavam bastante magros, eram, na verdade, visões deploráveis, mas ainda deviam ter alguma carne nos ossos.

Considerando tudo isto, as perspectivas pareciam relativamente boas quando deixamos o monte Mallemuk.

No entanto, perdemos muito desse otimismo assim que deixamos o fiorde e tivemos de passar muito tempo procurando a leste e a oeste por formas de atravessarmos os muitos canais que tinham surgido na camada de gelo antes tão firme. Quase parecia que o gelo estava se quebrando totalmente, uma possibilidade que nunca imaginamos termos de considerar.

Tínhamos de acelerar um pouco o passo para o gelo não falhar completamente. E assim, continuamos a nossa luta, de uma forma ou de outra, através dos canais. Por diversas vezes, deixávamo-nos transportar calmamente numa pequena e frágil banquisa, apenas grande o bastante para transportar o trenó, nós e os cães aterrorizados a ganir, que odiavam toda aquela água tanto quanto tinham odiado o lodo fundo.

Só por uma vez um destes transportes gelados nos falhou, e quase foi fatal. Iver já estava em cima da banquisa com o trenó e os cães, mas, por sorte, eu ainda estava no gelo mais robusto, pois, de repente, o bloco quebrou em pedaços. Exercendo toda a força possível, consegui colocar a frente do trenó em cima de gelo mais ou menos sólido, enquanto Iver salvava o nosso precioso equipamento, um a um. Conseguimos salvar tudo o que flutuava, mas o resto afundou-se.

Meia hora depois do acidente, estávamos ao redor de uma pilha de coisas ensopadas avaliando os prejuízos. Conseguimos secar a maior parte das coisas, mas os nossos biscoitos bolorentos estavam arruinados, apesar de termos espremido a água salgada, de termos molhado com água doce de uma poça de gelo e tentado secar sobre o fogão. O resultado não foi o esperado. Os biscoitos tinham gosto de sal, mofo e manteiga rançosa, e também ligeiramente a parafina. Estavam nojentos, mas nós os comemos — e sofremos por isso durante algum tempo. Não podíamos desperdiçar comida e, mesmo se o sabor fosse horrendo, os biscoitos ainda deviam ser nutritivos.

As condições atmosféricas estavam contra nós. A temperatura estava acima do grau de congelamento, portanto a água simplesmente jorrava do gelo. E ainda havia a neblina, uma neblina contínua que tornava impossível encontrarmos o caminho por entre os inúmeros cursos de água e canais, que pareciam todos correr ao contrário do que esperávamos ser o Sul — pois a nossa única bússola foi uma das coisas que perdemos quando a banquisa se desfez.

O progresso era muito lento, e era aqui que estávamos contado em acelerar em direção ao sul como se tivéssemos botas das sete léguas!

As nossas provisões diminuíram até não passarem de uma ilusão. Os cães mal conseguiam andar, e muito menos puxar, e Girly ia deitada no trenó, incapaz de sequer se levantar, exausta pelo trabalho duro, pela fome e pela umidade. Era uma visão lamentável.

Se ao menos tivéssemos conseguido caçar um urso, tudo teria melhorado rapidamente; mas nunca conseguimos, apesar de termos visto muitos rastros ao longo dos canais largos, onde tinham andado à caça de focas que brincavam na água fria, repletas da alegria da primavera, e olhando curiosas para nós. Iver insistia que podíamos vê-las rindo de nós e que se mantinham fora do nosso alcance deliberadamente.

A fome atormentava-nos de novo. Os cães também estavam passando muita fome, especialmente Grimrian que há bastante tempo andava praticando a arte de viver dos excrementos, dos outros e os seus. Ele não desdenhava nada que fosse comestível — exceto os biscoitos salgados e mofados que nós tínhamos comido.

Começamos a falar em abater um dos cães para termos um pouco de carne e darmos aos outros dois cães alguns ossos para roerem, mas mantivemos esperança na caça e os deixamos continuar a viver e a sofrer, na talvez vã esperança de que tempos melhores viriam.

Já algum tempo que vinha reparando que Iver dedilhava os cães quando estes se aproximavam de nós à procura de consolo e de conforto, o que faziam sempre que parávamos para descansar, e como, de vez em quando, acenava com a cabeça pensativo depois de dedilhar as colunas dos cães.

Eu não compreendia o significado destas carícias estranhas, e fiquei bastante surpreendido quando, em resposta à minha pergunta, ele disse que, apesar do Bjørn estar muito magro, ainda era possível sentir alguma gordura nele. Por um momento, fiquei olhando para o Iver sem compreender, mas depois entendi o que ele queria dizer e fiquei tão chocado que estive prestes a insultá-lo de canibal, mas detive-me a tempo, pois Girly estava no meu colo, olhando para mim com os seus olhos brilhantes e de devoção fiel.

Eu me arrepiei com a ideia, mas depois comecei a fazer festas na cabeça da minha fiel cadela com uma mão, enquanto a outra, inconscientemente, percorria a coluna, dedilhando-a, tal como tinha visto Iver fazer com Bjørn.

Não consegui sentir qualquer gordura, apenas as vértebras duras. Depois Iver mostrou-me onde pensava ter conseguido sentir gordura e, depois disso, sempre que havia uma oportunidade, nós dedilhávamos desavergonhadamente as colunas dos cães e tentávamos nos convencer que ainda havia um pouco de gordura nos pobres animais que pensavam que estávamos acariciando-os!

Não havia nenhuma gordura na Girly, nem forças, e ela morreu. Foi uma recompensa miserável por todo o seu trabalho e fidelidade, e pela grande capacidade que tinha mostrado como cão-líder; no entanto, apesar de ser doloroso pensar que a Girly tinha morrido de fome e de exaustão, fiquei satisfeito que tivesse morrido quando morreu, uma vez que isso me salvou de ter de comer o cão ao qual eu mais me afeiçoara entre todos os muitos cães-de-trenó que eu, como explorador, já tivera ao longo das minhas diversas viagens.

Apesar de toda a água que nos rodeava, por fim chegamos ao local onde deveria estar a última reserva. Infelizmente, estava guardada por um largo canal, tão largo que só podia ser atravessado de barco. Construímos um, enrolando todas as nossas posses na tenda e amarrando o embrulho ao trenó.

Primeiro, experimentamos cautelosamente em um lado raso para ver se o trenó flutuava o suficiente para nos levar; e descobrindo que, por pouco, era possível, prendemos os dois cães ao trenó e demos-lhe um empurrão, com Iver deitado de barriga para baixo do lado direito, com as pernas esticadas para trás, e eu numa posição semelhante do lado esquerdo.

Havia um risco considerável em nos entregarmos e às nossas mercadorias a uma engenhoca tão frágil, e nós estávamos relutantes em fazê-lo; mas era a única forma de atravessarmos. Estávamos sempre tocando na água, porque o trenó inclinava-se ora para um lado ora para o outro, até que, finalmente, sentimos chão debaixo dos pés e içamos o trenó-barco seguramente até terra, orgulhosos da nossa invenção e da nossa coragem — e nos sentindo muito mais confiantes sobre o futuro. Agora podíamos enfrentar percursos mais curtos de mar aberto com relativa tranquilidade. Também devíamos estar encontrando uma reserva em breve, onde deveriam existir provisões de quinze dias para dois homens. Era um pensamento fantástico para nós, pois apenas nos restava um quilo de *pemmican*, uma pequena lata de chá e dois cães emaciados, apesar de Iver insistir que não eram só pele e osso, uma vez que ele achava que ainda conseguia sentir gordura nas costelas.

Encontramos a reserva e suspeitamos de imediato que nem tudo estava bem. A lata de alumínio estava enferrujada e à beira de água, onde pequenas ondas do canal de maré conseguiam passar-lhe por cima. Não parecia nada promissor e, quando a abrimos, a visão foi terrível. Tudo o que podia ter mofado, mofou. Estava tudo tão coberto com bolor que não se conseguia ver mais nada, tal era a espessura dos cílios que pareciam pequenos animais peludos. A ferrugem tinha corroído algumas das latas e vapores fétidos exalavam dos buracos.

Voltamos e viramos os nacos de mofo, partimos pequenos pedaços para ver se estavam totalmente mofados na totalidade, como estavam mesmo; e tínhamos decidido jogar fora tudo o que estava rançoso quando Iver disse de repente:

— Espera! Você disse muitas vezes que precisamos de vegetais. Mofo também não é uma espécie de vegetal?

Eu tinha dúvidas que fosse, mas era sem dúvida uma possibilidade, portanto, limpamos os pedaços rançosos das piores partes do bolor e comemos, apesar de não nos terem feito muito bem.

Ainda assim, havia ali coisas para deixarem dois homens esfomeados felizes. A reserva continha comida suficiente para talvez uns oito dias, se fossemos cautelosos; e também havia uma lata cheia de parafina que encontramos mais à frente na costa. Isso foi magnífico, pois significava que podíamos usar o nosso fogão se caçássemos alguma coisa de monta — como faríamos em breve — e se quiséssemos fritar um bife.

As encostas das montanhas viradas a sul eram relativamente férteis, e nós perambulamos bastante até o interior na esperança de encontrarmos bois almiscarados em um dos vales maiores. Estes vales estavam riscados de leitos de rios profundos, cheios até em cima com a água leitosa que jorrava do glaciar e das neves e que rodopiava até chegar ao mar.

Estas correntes eram difíceis e perigosas de atravessar, pois não conseguíamos ver o fundo através da água leitosa e, portanto, não fazíamos ideia da profundidade. Algumas eram tão fundas que tivemos de voltar para trás com a água formando espuma à volta das nossas cinturas e procurarmos outro vau melhor. A água também estava tão incrivelmente gelada que os músculos nas nossas pernas e coxas se contraíam em cãibras cuja dor era quase insuportável. No entanto, teríamos aceitado de bom grado o frio e as cãibras, a dor e o perigo, se as encostas das montanhas nos tivessem agraciado com um vislumbre dos bois almiscarados que tinham coberto o chão enlameado do vale com um padrão complicado de marcas de cascos, de dentadas por onde tinham perambulado enquanto engordavam a pastar e depositaram fezes que não podiam ser antigas.

Também existiam quantidades consideráveis de excrementos de lebres, no entanto, apesar de percorrermos a região durante três dias, nunca vimos o brilho branco com o qual a lebre trai a sua presença durante o verão. Até os lagópodes eram tão escassos que apenas conseguimos dois como recompensa por todo o nosso esforço naquela terra de montes e de glaciares sem rastos. Depois disso, desistimos. Aparentemente, os animais terrestres eram ainda mais difíceis de ver do que os animais marinhos.

Quando regressamos ao acampamento, esgotados e exaustos, depois de todas aquelas horas de caminhada e busca infrutíferas, vimos focas nos canais de maré, infelizmente todas tão longe que estavam fora do nosso alcance. Iver exclamou, furioso:

— Está vendo aquele animal ali? Raios me partam se ele não está rindo de nós. — Quase parecia que estava, e prometemos nos vingar de manhã.

Houve uma noite em que a sorte nos sorriu por um breve momento. Fomos acordados por uma comoção tremenda lá fora, perto da tenda: gritos, guinchos, rosnados e assobios, e, a alguns metros da tenda, um urso olhava espantado para os nossos dois cães miseráveis, amarrados ao lado da nossa tenda.

Saltamos para as nossas espingardas, mas o urso foi mais rápido do que nós e, quando ficamos prontos para disparar, ele já tinha chegado ao canal e estava fora do nosso alcance, correndo pelo gelo com passadas longas e lentas, cômicas se quem visse estivesse cheio e satisfeito, mas era uma visão dolorosa quando a fome nos comia as entranhas.

A culpa foi do Grimrian. Ele tinha tanta mania de tentar satisfazer a fome comendo corda e roendo madeira que tínhamos levado as espingardas para dentro da tenda para protegê-las das suas atenções. Se não o tivéssemos feito — e era a primeira vez que o fazíamos — o urso não conseguiria escapar e teríamos nos banqueteado durante muitos dias. Infelizmente, Grimrian, você mal soube o que a sua ganância nos custou naquela noite.

Hora após hora, dia e noite, andamos de um lado para o outro, ao longo do canal, à procura de focas. Vimos focas quebrando a superfície suave da água, vimos as gotas brilhantes de água escorrerem pelas suas cabeças redondas, humanas — assobiamos tão tentadoramente quanto possível, mas a foca permanecia imóvel na água, escutando os sons desconhecidos, e fizemos pontaria com todo o cuidado, disparando a nossa bala com o desejo convicto de esta finalmente atingir o objetivo. No entanto, cada vez que o fizemos, a foca desaparecia, intocada. Não conseguíamos compreender, pois normalmente conseguíamos ter boa pontaria. Era possível que as espingardas tivessem recebido algum golpe na dura viagem que tivesse alterado as miras; no entanto, quando disparávamos para uma pequena pedra como alvo, acertávamos sempre. Não havia nada de errado com as miras.

Então o que acontecia? Era como se as focas estivessem enfeitiçadas e fossem impenetráveis pelas balas, que quase conseguíamos ver a entrarem na cabeça e, no entanto, não as matavam.

Hora após hora, dia após dia, caçávamos aqueles animais enfeitiçados e com belos olhos humanos, e continuávamos disparando em direção à água para as cabeças que, em tempos idos, faziam os marinheiros jurar que tinham visto tritões ferozes, sereias sedutoras e outras criaturas estranhas que aterrorizavam as suas mentes supersticiosas.

Mas nunca conseguimos caçar uma foca.

Finalmente, conseguimos resolver o mistério e, apesar de não ajudar em nada, pelo menos confirmou que não havia nada de sobrenatural no que estava acontecendo: as focas, simplesmente, ainda não tinham gordura suficiente para mantê-las flutuando depois de serem abatidas, por isso nunca conseguimos apanhar nenhuma.

Eu devia ter lembrado disso, claro; e talvez tivesse lembrado se não estivesse com tanta fome, me impedindo de pensar ou raciocinar com clareza. Sendo esse o caso, não percebemos a amarga realidade até um dia virmos a cabeça de uma foca perfurada por uma bala, com o sangue e a gordura a flutuarem na superfície lisa da água, formando uma mancha em torno da cabeça do animal. Ficamos em êxtase, pois agora, finalmente, tínhamos caçado uma foca e iríamos comer o suficiente. Mas, rapidamente, o nosso júbilo transformou-se em horror, pois a foca flutuou apenas uma fração de segundo, afundando como uma pedra logo em seguida.

Depois disto, compreendemos tudo, mas também percebemos que as nossas vidas estavam em risco, pois era óbvio que não podíamos esperar que as focas engordassem. Assim sendo, e sem mais demora, tínhamos de tentar chegar a um local onde pudéssemos encontrar caça terrestre, ou arriscar tudo para chegarmos à próxima reserva que estava a cerca de cento e treze quilômetros ao sul, na esperança de que ainda existisse.

As nossas provisões de comida estavam criticamente baixas, só restava um pouco de *pemmican*, uma pequena lata de chá e os dois cães, que certamente não tinham sequer um pedaço de gordura nos seus corpos magros e torturados.

Antes de continuarmos o nosso caminho, quisemos tentar salvar uma das focas que tinha afundado em uns três metros de água. Dragamos à procura dela durante um dia inteiro, sem qualquer resultado além de ficarmos encharcados e de termos apanhado algumas pulgas-do-mar. Isto nos deu uma ideia louca: talvez conseguíssemos apanhar pulgas suficientes para termos uma espécie de refeição depois de um dia difícil de trabalho. Portanto, sacrificamos o último pedaço da Girly para servir de isca, prendendo-o a uma camisa que introduzimos dentro de água, e depois observamos as pulgas-do-mar enquanto elas rodeavam o pedacinho. Assim que se reuniram pulgas o bastante na abrangência da camisa, a puxamos cuidadosamente para a superfície, no entanto, independentemente do nosso cuidado, as pulgas do mar descobriam sempre o nosso objetivo maléfico e desapareciam instantaneamente. Tentamos vezes sem conta, mas ao fim de cinco ou seis horas à pesca, só tínhamos conseguido meio frasco de pulgas-do-mar, que rangiam entre os nossos dentes e tinham um sabor horrendo. Tiveram tanto efeito na nossa fome como uma bola de gelo nos fogos do inferno.

Depois disso, desistimos de pescar pulgas-do-mar e partimos para o sul, com Bjørn e Grimrian cuidadosamente presos ao trenó, para não darmos qualquer possibilidade de escaparem ao seu derradeiro destino: serem mortos e comidos.

Continuamos a avançar com esforço, o melhor possível, lutando até doerem todas as articulações. Saltamos os canais estreitos e içamos o trenó sobre eles; nos canais mais largos, íamos de carona num pedaço de gelo ou remamos para atravessar, deitados no nosso trenó-barco com as pernas na água. Tivemos de saltar para a água por diversas vezes, ficando de pé no fundo, para impedirmos o trenó de capotar.

Fomos avançando, mas era um avanço horrendamente laborioso e lento tendo em vista a nossa microscópica reserva de provisões. Estávamos encharcados desde que começávamos a andar de noite, até o sol quente subir aos céus na manhã seguinte, quando parávamos os nossos trabalhos infrutíferos. Então, torcíamos a água das nossas roupas e nos enfiavamos nos sacos de dormir ensopados para dormirmos um pouco, enquanto aguardávamos que o frio da noite diminuísse o fluxo de água que corria pelo gelo e nos permitisse avançar novamente.

Fomos digladiando pelo gelo um pouco a norte de Lamberts Land, onde Mylius-Erichsen e Høeg-Hagen tinham sucumbido "vinte quilômetros em frente ao glaciar existente a meio do fiorde", tal como Jørgen Brønlund tinha descrito. Mas não se avistava ali nenhuma parede de gelo. O manto de gelo projetava-se até ali, entre Lamberts Land e a montanha um pouco mais a norte, mas era num fluxo uniforme de gelo que se fundia imperceptivelmente com o gelo marítimo, fazendo com que fossemos incapazes de identificar o local que Jørgen

Brønlund tinha descrito como "em frente ao glaciar". Não havia qualquer parede de gelo. No entanto, quando visto sob a luz enganadora do luar, tal como Brønlund tinha visto quando deixou os companheiros no seu último acampamento, talvez alguma elevação no manto de gelo tivesse parecido uma parede de gelo.

Foram apenas estes os pensamentos que nos ocorreram enquanto lutávamos para ultrapassar a cena da catástrofe no fiorde 79, estando quase tão perto da morte como Mylius-Erichsen e seus dois companheiros tinham estado. Estávamos esfomeados e exaustos, tal como aqueles três homens tinham estado; mas enquanto eles tinham sido subjugados pelo frio e pela escuridão, tínhamos a luz brilhante do sol e um calor relativo que nos davam alguma esperança. Isso era de grande importância; mas, por outro lado, tínhamos de lidar com a água, e isso era ruim.

Chegamos a terra muito perto do túmulo de Jørgen Brønlund, e, apesar de estarmos cansados, fomos imediatamente caçar na esperança de podermos poupar um dos cães. Iver levou a espingarda de canos sobrepostos com uma bala num cano e munição esférica no outro, e eu levei a espingarda que só podia ser usada com ursos ou bois almiscarados. Fomos cada um para seu lado de forma a podermos cobrir a maior área possível e, durante dez horas, andei aos tropeções por aquela região acidentada, fértil e coberta de rastros de bois almiscarados e de lebres.

Nunca vi nada comestível, não avistei vivalma. Quando estava regressando à tenda, morto de cansaço, a minha mente paralisada com a ideia de que apenas meio quilo de *pemmican* e dois cães emaciados nos separavam de morrer de fome, ouvi sons familiares dos dias relativamente alegres em que viajávamos de trenó pelo manto de gelo:

"Por que sentirmos tristeza
Por que nos deixamos aborrecer?
O mundo não

O que teria acontecido ao Iver? Provavelmente tinha caçado alguma coisa e estava a fazer com que a sua alegria ressoasse por todo o lado; no entanto, ele tinha estado tão estranho nestes últimos dias que eu me interrogava se a combinação de fome, esforço, água e desilusão não tinham acabado com a sua coragem e afetado o seu cérebro. Senti um arrepio com essa ideia. Tinha de tentar descobrir; saber a razão para a sua cantoria alegre no meio da nossa desgraça. Cantarolei uma resposta e fiquei aguardando ansiosamente pela resposta do Iver:

— Doze lagópodes. — E as montanhas ecoaram o grito e o devolveram centuplicado: "doze, doze, doze" — de montanha em montanha, por toda a região.

Senti os joelhos cedendo e tive de sentar-me numa rocha. Mal conseguia acreditar que, finalmente, a sorte nos tinha sorrido. Para a cabeça de um homem esfomeado, doze lagópodes eram muita carne e significavam não apenas um alívio, mas a libertação da fome. Levantei-me e corri num trote rígido pela montanha até onde Iver estava sentado numa rocha, o seu rosto reluzindo de felicidade e, à sua frente, estavam os doze belos lagópodes — vários dias de liberdade da fome corrosiva.

Eu e Iver estávamos muito felizes. Queríamos cantar, despertar os ecos e ouvir a vida à nossa volta; pois o sol brilhava e, quando regressássemos à tenda, íamos cozinhar lagópode; no entanto, tínhamos concordado em dar apenas uma breve cozida, cozinhá-los devidamente demoraria muito para pessoas nas nossas condições.

E os bois almiscarados? Não, nunca vimos nada para além dos seus rastros, que talvez já tivessem vários anos. Também era óbvio, pela quantidade de rastros, que havia lebres naquele lugar, mas raramente víamos uma.

No entanto, podemos viver muito bem com lagópodes se houver suficientes, e havia, tínhamos doze, uma riqueza inimaginável! Iver confessou, com culpa, ter engolido a cabeça ensanguentada de uma das aves e que, portanto, comera algo que não podia partilhar comigo. E como comemos! O lagópode cozido é delicioso e a sopa de lagópode não é de se jogar fora. Acrescentando a isso uma xícara de chá e o que mais um homem poderia desejar? Nada! Mas, sim: descanso e sono, e isso também tivemos, mais do que era normal, pois, aliviados da tensão nervosa do último mês, nos deixamos dormir e tivemos de esperar quase um dia inteiro até que o gelo noturno nos permitisse continuar. Usamos o melhor possível a espera forçada saindo novamente para caçar sob o sol brilhante. Desta vez, os únicos animais ou aves que vimos foram uma lebre, que conseguimos caçar, e uma coruja-das-neves esvoaçante que deixamos escapar.

Capítulo 12
A Situação Piora

Sobre o fígado de cão — Escolhas difíceis — Uma boa reserva e uma pior — Envenenamento — Orgias verbais — Sonhar com comida — Apenas uma pequena caixa de chá pio

Não havia certamente nada que nos mantivesse em Lamberts Land, portanto, voltamos a amarrar os nossos dois pobres cães em cima da carga e partimos, comigo puxando e Iver empurrando. Fomos parar no local de escoamento do manto de gelo e tivemos de lidar com todas as dificuldades com as quais já contávamos: fendas estreitas que atravessávamos no limite, ou barrancos largos com rios de espuma no fundo, que eram tanto difíceis como perigosos de atravessar por pontes de gelo que o sol tinha tornado frágeis — talvez aguentassem, mas também podiam quebrar, e aí...

No entanto, apesar de termos atravessado muitas, nenhuma se quebrou. Ainda assim, não deixávamos de tremer com a possibilidade de cairmos e irmos ao encontro de uma morte certa na água gelada que rodopiava lá embaixo. Saímos daquele gelo assustador o mais depressa possível e labutamos para seguir em frente, em direção à grande ilha a sul onde, de acordo com a mensagem deixada por Mylius-Erichsen no monte Mallemuk, deveríamos conseguir encontrar quatro ou cinco caixas de provisões, se a sorte estivesse do nosso lado. Isso nos permitiria ficar calmamente na ilha, cujas montanhas negras pareciam tão próximas, apesar de ainda demorarmos quatro ou cinco dias para lá chegarmos.

Quando chegamos à ilha, já tínhamos comido a última comida enlatada e Iver tinha abatido seu querido Bjørn, esfolado e, como ele dissera, deixara-o bem-preparado para consumo humano. Era bom conseguirmos mastigar alguma coisa, mas não havia uma só partícula de gordura na carne, portanto Iver tinha-se enganado quando lhe dedilhara as costas e dissera conseguir sentir gordura. Mas e o fígado? Deveríamos ou não comer? Tinha um ar bastante tentador, mas achávamos que o fígado do cão seria tóxico se o cão tivesse morrido de exaustão, e pensávamos que tantos cães nossos tinham morrido quando viajávamos no outono por terem comido os fígados dos seus companheiros mortos. Era um grande dilema.

Tentamos nos convencer que o veneno que matava um cão não tinha de ser necessariamente perigoso para os humanos, no máximo seria ligeiramente prejudicial. Concordamos que era uma justificativa lógica, apesar de eu não estar completamente satisfeito com aquilo. Depois recordei-me de algo sobre colocar uma colher de prata no tacho onde algo possivelmente venenoso iria ser cozinhado, portanto, peguei uma moldura de prata que trazia sempre comigo, tirei a fotografia, esfreguei a moldura até estar brilhante, e atei-lhe um fio para a puxarmos do tacho e vermos se o fígado era ou não tóxico.

Sentimos que estávamos a tomar todas as precauções adequadas e, assim sendo, cozinhamos o fígado do cão junto com a moldura de prata, e aguardamos ansiosamente pelo resultado: um quilo de carne é uma quantidade tremenda quando se está quase a morrer de fome.

Devemos ter-nos esquecido de algo importante sobre cores, mas, fosse o que fosse, quando o fígado estava a cozinhar há uns dez minutos e recuperamos a moldura para vermos o que tinha acontecido, vimos que pouco tinha mudado, exceto por não estar tão brilhante como no início e ter ficado ligeiramente acastanhada. Decidimos que a cor não parecia ser perigosa e concordamos que, a não ser que a moldura ficasse verde, o fígado estaria bom para comer.

O tom castanho foi ficando mais escuro à medida que o fígado cozia, mas a moldura não ficou verde, portanto, comemos o fígado e orgulhamo-nos da forma inteligente em que salvamos aquele pedaço para os nossos estômagos encolhidos.

No entanto, o fígado não estava tão bom como tínhamos pensado, pois, pouco depois de o termos comido, caímos num sono pesado e só acordamos vinte e quatro hora depois, e com dores de cabeça lancinantes. Assim sendo, apesar das nossas precauções, devia haver algum veneno no fígado do pobre Bjørn, e prometemos solenemente um ao outro que, quando chegasse a hora do Grimrian, não lhe comeríamos o fígado.

Não há muita carne num cão esgotado e exausto, e a que há não tem bom sabor; mas serviu para nos satisfazer um pouco e isso era o mais importante. No entanto, mesmo com o fígado e aquilo a que chamávamos o tutano dos ossos, todo o animal forneceu escassas rações por uns dois dias, e depois foi a vez de Grimrian ir para o tacho.

Foi o Iver quem o matou, e tinha instruções para lançar imediatamente o fígado à água para que não nos sentíssemos tentados. Tive de fazer algo na tenda e, quando terminei e olhei para ver como estava indo, vi o corpo esfolado do Grimrian estendido no gelo, parecendo incrivelmente pequeno e, pela primeira vez, belo e apetitoso, e ao seu lado estava o fígado, também já lavado e apetitoso.

Olhei para o Iver com desaprovação, que me disse que simplesmente não tinha sido capaz de se deitar ao mar aquela bela comida rosada. Não queria ser eu a fazê-lo?

Vendo que ele não o tinha feito, teria de ser eu. Brigando por sua falha, caminhei apressadamente até ao fígado, coloquei-me em posição para dar um pontapé que o lançaria para longe na água — e baixei delicadamente de novo o pé. Depois, voltei-me para o Iver, cuja expressão de culpa tinha agora passado a uma de deboche.

Ficamos bastante tempo a olharmos um para o outro e para o fígado, enquanto tentávamos convencer-nos que este fígado, o nosso último pedaço de carne comestível, não podia ser efetivamente nocivo. Debatemos pontos a favor e contra, e isso demorou um tempo, até Iver apresentar um argumento bastante interessante:

— Escuta — disse. — O fígado do Bjørn não nos matou, portanto o do Grimrian também não deve matar.

Não havia como contestar aquilo, portanto, ignoramos as vozes de aviso do senso comum e da cautela, cozinhamos fígado sem a moldura de prata e o comemos. Estava delicioso, mas, obviamente, não devíamos ter comido, pois era tão tóxico como o do Bjørn e teve o mesmo efeito: vinte horas de sono e, depois, uma dor de cabeça lancinante.

Teve ainda outras consequências consideravelmente piores, mas só percebemos alguns dias depois, e foi nessa altura que pagamos verdadeiramente pela nossa idiotice e ganância.

Foi difícil chegar ao local da reserva — chamava-se ilha Schnauder —, pois havia uma infinidade de canais abertos, rios de águas rápidas ou lagos formados com águas do degelo que tínhamos de atravessar ou vadear. Ficamos encharcados desde o momento em que começamos a andar de trenó até à ilha, para a qual quatro caixas de comida nos atraíram com uma força irresistível até chegarmos, com membros doloridos e tornozelos inchados. Estes últimos foram o resultado de escorregar e cair no chão gelado e irregular, e de pisar nos incontáveis buracos que o degelo tinha criado na superfície, buracos amaldiçoados e perigosos, quase escondidos sob uma camada de gelo ou de neve, por vezes fundos até o joelho e com largura suficiente para um pé entrar.

Finalmente, chegamos a terra, torcemos a água das roupas, largamos as guias e olhamos um para o outro: e agora?

Naquela altura, os últimos ossos do Grimrian já tinham sido raspados e esmagados para chegarmos ao tutano, e já não sobrava um grama de comida, exceto algumas colheres de chá. Havia apenas três possibilidades: ou encontrávamos a reserva, ou caçávamos alguma coisa, ou morríamos de fome.

Partimos de imediato ao longo da costa, na esperança de que a reserva pudesse estar por perto e intacta. Não conseguíamos fazer nada além de avançar a cambalear. Iver tinha dores nas costas e no flanco, e doía-lhe a cabeça a cada passo que dava. Estava assim há alguns dias e estava preocupado, e eu também, pois seria muito pior termos de lidar com uma doença agora do que fora quando eu adoeci, por pior que tivesse sido.

Estávamos a nos aproximar do extremo sul da ilha, e as nossas esperanças tinham desaparecido, quando, a alguma distância, vimos uma caixa quadrada em um promontório de rocha, uma visão celestial. Já mal conseguíamos andar, mas a visão das provisões foi tão estimulante que conseguimos continuar até chegarmos. Estava tão brilhante e intacta como no dia em que fora embalada em Copenhague, há cinco ou seis anos!

Que momento feliz! Ali estávamos ao crepúsculo, naquele local desolado, a olhar para a lata de alumínio que brilhava com simplicidade ao lusco-fusco, como se estivesse iluminada por dentro pelas maravilhas que continha; um presente dos céus para homens exaustos e esfomeados. Houve um consolo imediato de todos os nossos anseios, pois, dentro daquela caixa, havia provisões para quinze dias, talvez para um mês inteiro ou mais, se fossemos tão comedidos como a fome nos ensinara a ser. Estava ali tudo o que o nosso coração desejava, exceto o descanso. Mas teríamos de descansar, descansar durante vários dias antes de podermos enfrentar novamente tal caminho. Iver precisava particularmente de descansar, já que estava tão magro que mal fazia sombra, tão doente que quase não conseguia arrastar-se atrás de mim, o rosto tão devastado que eu estava à espera que ele colapsasse a qualquer momento. Tínhamos de descansar durante, pelo menos, uma semana, e recuperar forças, pois podíamos ter que enfrentar momentos difíceis no caminho durante os quatrocentos e oitenta quilômetros que ainda tínhamos de percorrer antes de chegarmos à ilha Shannon. E o outono estava quase chegando!

Depois da primeira descarga de alegria, surgiram a dúvida e a ansiedade: deveria haver quatro ou cinco caixas, mas nós só tínhamos visto uma. Onde estavam as outras? Começamos a procurar e, mesmo na escuridão que se aproximava, encontramos as restantes num canto abrigado, ou melhor, os restos delas, pois alguns exploradores tinham parado ali e provado toda a maravilhosa comida. Como devem ter ficado saciados e satisfeitos! Havia restos da reserva por todo o lado: tinha sido destruída por pessoas que nunca pensaram na possibilidade de outros poderem passar por ali depois e cuja comida que destruíram podia tê-los salvado de morrer de fome. As caixas tinham sido arrombadas e os seus conteúdos espalhados por todo o lado. Procuramos por entre as pedras e encontramos latas com os conteúdos aparentemente intactos, mas encontramos muitas outras que tinham sido rachadas com um machado para os cães poderem comer o que continham: guisado, gulache, compota, morcela e outras coisas que não se destinavam a ser comida de cão.

Foram os homens da Expedição Danmark que fizeram a reserva para servir Mylius-Erichsen e os seus companheiros na sua viagem de regresso, e, naturalmente, as pessoas da expedição tinham todo o direito de utilizar como entendessem as suas próprias provisões, sem prestarem contas a ninguém para além das suas próprias consciências. E se isso ajudasse de alguma forma o objetivo da expedição, tinham obviamente todo o direito de dar a comer aos seus cães a comida destinada a pessoas, mesmo as iguarias — se os cães as comessem. Mas os líderes das Expedição Danmark não tinham qualquer justificativa para marcar "reserva" em várias localizações num mapa oficial, quando eles próprios tinham ajudado a esvaziar, ou quase, algumas dessas reservas antes mesmo do mapa ter sido desenhado. Uma coisa assim podia ser maliciosa. Na verdade, quase nos matou.

Nunca, nem mesmo para nós próprios, negamos que os membros da Expedição Danmark podiam fazer o que quisessem com as suas reservas e o conteúdo destas, mas era difícil homens famintos verem todas aquelas latas abertas com rótulos de fazer crescer água na boca e, nos excrementos dos cães, bocados não digeridos de barras de chocolate ou de biscoitos que tinham sido atirados aos cães para lutarem por eles e engolidos inteiros com diversas camadas de papel de embrulho, papel de alumínio e até mesmo barbante.

Esperávamos que os cães não tivessem tido muitas dores de estômago ou diarreia por comerem todo aquele magnífico chocolate pelo qual teríamos dado um ano de vida; mas sentimos que tinham merecido as dificuldades que devem ter tido para libertarem os pedaços por digerir que ainda estavam espalhados pelo local da orgia, uma espécie de *corpus delicti*, uma acusação contra um homem irrefletido.

Não foi agradável descobrir que toda aquela comida tinha sido desperdiçada, e era um mau presságio para o que iríamos encontrar nas outras reservas; mas a nossa alegria e agradecimento por aquele única caixa inteira eram tão grandes que esquecemos rapidamente o nosso desapontamento e, recolhendo todos os pedaços de comida que conseguimos encontrar, arrastamo-nos de volta para a tenda pela noite escura e fria, onde nos enfiamos dentro dos nossos sacos de dormir, exaustos mas felizes, tendo andado de trenó durante trinta e seis horas seguidas.

Iver escreveu no seu diário: "Nunca pensei que a vida pudesse ser tão gloriosa, como quando nos sentamos em frente a uma pequena fogueira comendo um pouco da comida que tínhamos encontrado, sabendo que tínhamos o suficiente para quinze dias!".

O prazer que tivemos a comer! Não engolimos a comida, estávamos sem comer há tempo demais para fazermos isso; mas calculamos cuidadosamente uma pequena ração diária e a dividimos em pequenas refeições, que fomos comendo pouco a pouco. Felizmente, também tínhamos encontrado uma lata de parafina na reserva, portanto não tínhamos de nos preocupar com combustível.

Estava tudo bem conosco, e não podíamos desejar mais nada. A vida era gloriosa e tão cheia de promessas como de planos para o futuro.

Depois de dois dias de descanso, fui caçar, enquanto Iver ficou na tenda por mais um dia. Saí e, apesar de ir caçar levei um biscoito de marinheiro e um pedaço de porco no bolso. Estava absolutamente convencido que voltaria dentro de pouco tempo com um quarto de um boi almiscarado às costas. Tínhamos visto diversos rastros de bois almiscarados, aparentemente frescos, na ilha, e, uma vez que esta era relativamente pequena, sentíamos que não conseguiriam escapar aos nossos olhos atentos. Dez horas depois, regressei à tenda, desapontado, cansado e com os pés doloridos. O biscoito e o porco tinham desaparecido sem eu sequer perceber que os comera.

No dia seguinte, Iver foi caçar. Não havia como contê-lo, ele tinha de ir e foi, com um pedaço de porco no bolso e tão convencido como eu que caçaria alguma coisa. Virou e acenou alegremente antes de desaparecer, mas, muitas horas depois, regressou deprimido e com a mesma cara com que eu tinha regressado — nada. Nos enfiamos dentro dos nossos sacos de dormir, desfrutando do sol e conforto da visão da comida que tínhamos encontrado — e determinados a descansar por agora.

Já tinha ficado óbvio que tínhamos de ficar deitados e quietos na tenda até recuperarmos dos efeitos causados pela ingestão dos fígados dos cães, ou pelo menos até terem diminuído o suficiente para conseguirmos caminhar sem cada passo nos causar uma dor insuportável, pois era esse o preço que recentemente estávamos pagando pela nossa falta de força de vontade, quando a tentação de comermos os fígados dos dois cães foi grande demais, mesmo apesar de sabermos que eram tóxicos.

Pouco depois de termos comido o segundo fígado, quando as nossas dores de cabeça já tinham desaparecido, a nossa pele começou a soltar-se em grandes flocos e, onde as nossas roupas ficavam mais justas ao corpo, desenvolvemos grandes feridas. O pior, no entanto, eram os nossos pés, pois a pele calosa das solas dos nossos pés quebrou-se, deixando arestas aguçadas que cortavam como facas a pele altamente sensível. Caminhar tornou-se um tormento, e fazíamos feridas maiores a cada passo que dávamos.

A nossa caça continuou sem dar qualquer resultado que merecesse ser mencionado, pois o que é um lagópode ou dois para homens esfomeados, portanto, tivemos de nos lançar ao gelo novamente, com todas as dificuldades e a água do degelo. Tivemos de arriscar as nossas vidas e atravessar com o trenó canais com noventa metros de largura ou mais. No entanto, o destino foi gentil conosco, o barco-trenó nunca capotou quando estávamos atravessando os locais mais profundos e, apesar da água nos gelar até os ossos, não nos matou. E, assim, lá fomos nós, cambaleando com os nossos pés feridos, esperando que as feridas nos nossos corpos sarassem, mesmo apesar de continuarem a se abrir sempre que nos movíamos. Mas feridas se curam, mesmo que demore algum tempo, e, à medida que as semanas foram passando, as nossas também curaram e desapareceram.

O verão já estava no fim, o frio de outono tinha-se instalado cedo naquele ano e o inverno enviara suas forças avançadas e sombrias sobre terra e mar. Os rios pararam o seu correr apressado e alegre de verão em direção ao mar que tudo engole e que começou a gelar e a formar um caminho frágil para atravessarmos. Era o percurso de que necessitávamos, pois para conseguirmos chegar ao final da nossa viagem, tínhamos de confiar as nossas vidas a esta crosta fina, mas forte, que se formava no mar nas noites frias e úmidas do final do verão. Mas, infelizmente, a primeira pequena tempestade outonal foi suficiente para quebrar o gelo fino e enviá-lo para alto mar; um pouco mais que uma brisa foi suficiente para parti-lo, um bafo que normalmente desconsideraríamos.

A necessidade nos obrigou a continuar, as nossas provisões estavam desaparecendo rapidamente e, mesmo apesar de sermos tão comedidos quanto possível, a fome começava novamente a se fazer sentir. Só pensávamos em comida, só falávamos em comida. Já estávamos demasiado acostumados aos perigos e às dificuldades e enfrentaríamos tudo com calma — se apenas tivéssemos conseguido obter comida.

Na nossa mente, revivíamos refeições que comemos na nossa existência anterior, e eu contei ao Iver sobre alguns dos jantares elegantes em que tinha participado, refeições esplêndidas, dignas da mesa de um rei. Listei todos os pratos que foram servidos, perdi-me em descrições de iguarias que talvez existissem apenas na minha imaginação. Às vezes, sentia-me um livro de culinária e quase conseguia saborear as coisas extraordinárias que estava descrevendo.

Iver era um bom ouvinte. Por vezes, via-lhe um olhar de espanto, ele resmungava, encantado com a ideia de alguns dos pratos que eu disse que comera num passado distante, numa vida completamente diferente. De vez em quando, interrompia uma das minhas descrições de algum menu especial para me perguntar se não tinha havido pratos mais simples do que aqueles que eu descrevera. Se não havia mais nada, pelo menos podíamos desfrutar da ideia de gloriosos pratos que nos deixassem cheios — e sentirmo-nos mais esfomeados do que nunca.

Também tentei falar de outras coisas, para fugir da gula verbal que tinha iniciado. Lembro-me de uma vez, quando passávamos por uma montanha grande, alta e longa, ter dado ao Iver uma pequena lição de geologia, explicando como aquela montanha tinha se formado no início dos tempos. O Iver ouviu, absorvendo todas as palavras, e eu fiquei contente por, pelo menos por algum tempo, termos nos afastado da nossa interminável conversa sobre comida e belos jantares; então, o Iver interrompeu e disse:

— Sim, é tudo muito bom e interessante saber como a montanha foi criada, mas imagina como seria fantástico se fosse feita de papas de aveia e tivéssemos de comer toda.

Era uma forma de se ver a coisa!

Os pensamentos sobre comida também invadiam os nossos sonhos, quando não estávamos exaustos demais com a dureza do dia para sequer conseguirmos sonhar. A diversidade daqueles sonhos era muito pequena, Iver normalmente sonhava com um bife a nadar em manteiga derretida, mas os meus sonhos eram mais complicados: eram sobre um grande prato de sanduíches abertos, mas a iguarias em si estavam, infelizmente, escondidas sob uma folha de jornal. O jornal, óbvio, tinha de ser removido, e eu passava a noite toda ocupado a fazê-lo, pois, cada vez que removia a folha, havia mais uma folha por baixo. No final, havia dezenas, centenas, talvez milhares de folhas de jornal empilhadas num grande monte de papel à minha direita, enquanto à minha esquerda estava o prato, com os seus deliciosos *smørrebrod* ainda escondidos debaixo de mais papel.

Quando acordávamos de manhã, a bater os dentes de frio, contávamos um ao outro as orgias da noite, e o jogo começava de novo. De dia, falávamos de comida e de noite sonhávamos com ela; e assim, a toda a hora, não pensávamos em mais nada para além de comida, e só apenas fugazmente dos riscos que estávamos correndo para obtê-la.

Nem sempre era fácil dividir a nossa ração minúscula com equidade absoluta, mas se tivéssemos um delicioso *pemmican* no tacho, não havia qualquer dificuldade, pois quando chegava o momento solene em que considerávamos já ter cozinhado o suficiente, servíamos uma colher cheia ao Iver e uma a mim, até o tacho estar vazio. Por vezes, sobrava no tacho e na tampa, e até mesmo estes ficavam limpos e a brilhar. Nós nunca deixamos escapar a menor migalha de comida.

Durante muito tempo, o nosso único "luxo" fora o chá. Já só tínhamos um bocadinho na caixa, talvez uns quinze gramas, e era feito em ocasiões solenes de comemoração ou para nos animarmos em tempos de grande adversidade, como quando as nossas provisões estavam tão baixas que tínhamos de nos contentarmos só com esperança.

Um dia, ou melhor, uma noite, fui acordado pelo efeito secundário de ter bebido muita água no dia anterior, o que fizéramos para termos alguma coisa dentro de nós que fizesse os nossos estômagos sentirem-se cheios. A água exerceu sua vingança a meio da noite. Sair não era agradável, uma vez que estava um frio terrível fora do calor úmido dos nossos sacos de dormir; mas tínhamos aprendido a evitar sair: uma lata de comida vazia era excelente para a ocasião e tínhamos uma sempre ao nosso lado. Naquela noite, depois do meu exagero de água, usei a minha lata e, quando me deitei novamente para dormir, ouvi um estalo, mas não prestei atenção; pois tratava-se apenas de um dos muitos sons que o gelo conseguia fazer.

Quando acordei, descobri horrorizado que a pequena caixa de chá que nos dera tanto conforto, não estava no seu local. Eu tinha certeza de que, na noite anterior, estava em cima da caixa de cozinha perto do meu saco de dormir, mas acabei por descobri-la no fundo da lata que me tinha servido de alívio algumas horas antes. Olhei para o Iver, estava dormindo como se nunca fosse acordar e, sabendo o que o chá significava para ambos, pesquei a pequena caixa, despejei o líquido supérfluo e espremi as folhas o mais que pude, que depois sequei mais ou menos no corpo — tudo antes de o Iver acordar.

Naquela manhã o Iver queria muito beber chá, mas eu disse-lhe que já havia tão pouco que era melhor esperarmos até o trabalho diário ter terminado, e talvez até encontrássemos alguma caça antes do anoitecer. Iver suspirou e admitiu que eu tinha razão, mas o seu rosto iluminou-se quando, nessa noite, fiz chá para os dois e lhe dei a sua parte. Eu estava muito ansioso com o sabor que teria o chá, mas depressa percebi que não estava tão ruim. Mal consegui detectar algum sabor indesejado, apesar de saber que lá estava, e Iver limitou-se a dizer num tom de voz feliz:

— Que bom que ainda temos, pelo menos, um pouquinho de chá.

Eu partilhava da sua opinião, e fiquei contente por ter ficado calado sobre o pequeno acidente noturno.

Utilizamos aquelas folhas repetidamente, até não conseguirmos retirar delas gosto ou cor; como nos sentimos mal e desamparados quando deixamos de contar com o conforto do chá!

Anos depois, contei ao Iver o que tinha acontecido com a caixinha do chá, ele apenas disse que eu fiz bem em fazer o que fiz, pois sem chá, independentemente do seu estado, tudo teria sido ainda mais difícil de suportar.

Capítulo 13
Os Dias Ficam Menores

Chega o outono — Mar aberto — Abandonamos o trenó e os nossos sacos de dormir — Ao longo da costa — Tempestade, frio, fome — Deixamos os nossos diários numa fenda numa rocha

Quando estávamos no fiorde Danmark, nos interrogamos diversas vezes em que estado estaríamos se não chegássemos ao navio antes de o verão nos alcançar. Pensamos — e temíamos — que seria mais do que difícil sobrevivermos ao verão se fossemos forçados a viver na costa, e se ainda teríamos forças suficientes para desafiar os dias duros do outono. Afinal, Mylius-Erichsen e seus dois companheiros não tinham sobrevivido.

A meio do verão, ainda falávamos da ameaça de "veranear" e tremíamos com a ideia, até uma noite, quando estávamos sentados na tenda a falar sobre isso, percebemos subitamente que não havia nada para dizer ou temer — nós tínhamos conseguido! O verão já tinha terminado, pois o sol desaparecia atrás das montanhas à meia-noite e já ficava escuro na tenda.

É claro que não era a primeira vez que tínhamos reparado que ficava escuro de noite, mas tinha acontecido tão gradualmente que nunca tínhamos parado para pensar nisso. Só quando percebemos que precisávamos de um pedaço de vela para ver enquanto reparávamos uns sapatos de pele, é que compreendemos subitamente que tínhamos sobrevivido ao verão.

Iver ficou bastante aturdido com a descoberta, depois, sorriu e disse:

—Bem, sobrevivemos ao verão, e mais facilmente do que quando você falou sobre isso no fiorde Danmark.

Ele tinha razão, as coisas tinham corrido melhor do que eu pensara ser possível. Apesar de termos todos os motivos para temer aquilo que o outono pudesse trazer, estávamos tão felizes e satisfeitos quanto era possível alguém estar com equipamento gasto, as roupas em farrapos e comida para apenas quatro ou cinco dias de consumo muito cuidadoso. E, claro, não nos podíamos esquecer que ainda tínhamos de percorrer o percurso mais extenso dos trezentos e vinte quilômetros até ao abrigo decente mais perto, a cabana na estação de Danmarks Havn.

As noites tornaram-se longas, frias e escuras. As estrelas brilhavam e cintilavam; a aurora boreal tremeluzia em tons de amarelo, vermelho ou verde pelo escuro céu noturno, flamejando de tal forma que quase extinguia as estrelas, ou as apagava até quase não conseguirmos vê-las, não mais do que vestígios, fogueiras a arderem no espaço e prontas para se mostrarem novamente, um jogo contínuo de luz, movimento e cor.

O outono tinha chegado com força. Toda a água tinha desaparecido da terra e do gelo, e o mar estava coberto com gelo novo, que parecia estar bom e relativamente sólido, apesar de ainda ouvirmos o tilintar dos esquis e as nossas próprias pegadas: se o som fosse claro e agudo, então estava tudo bem; mas se fosse pouco nítido e abafado, então teríamos de ter muito cuidado, pois o gelo poderia estar fino demais.

Nunca se pode estar muito despreocupado no Norte; e, mesmo quando estamos confiantes no sucesso, nunca podemos esquecer que os espíritos malignos das terras polares têm meios poderosos para fazer mal àqueles que se vangloriam de terem ultrapassado todas as dificuldades que aquelas terras podem apresentar.

Nem sempre era fácil nos lembrar disso e, quando o trenó deslizava facilmente pelo gelo e fazíamos um bom progresso, eu e Iver dizíamos um ao outro orgulhosamente que, apesar de toda a nossa má sorte, as coisas não tinham corrido assim tão mal. E, apesar de nunca o termos dito em voz alta, ambos pensávamos sermos uma dupla muito impressionante e outras coisas que podemos pensar de nós mesmos quando a nossa barriga está bastante vazia e a sorte parece estar a sorrir ligeiramente a dois humanos temerários.

Mas havia uma ilha rochosa mais à frente e ali residia um espírito maligno sombrio, que sabia muita coisa e que ria traiçoeiramente das duas criaturazinhas miseráveis que tinham tão elevadas opiniões sobre si próprias e que até pensavam terem sido mais espertas, com a sua força, coragem e ingenuidade, do que a poderosa e impiedosa Natureza, e que era a si próprios que tinham de agradecer por terem chegado tão longe quanto chegaram. Assim sendo, após algumas horas de uma viagem fácil de trenó pelo gelo novo e brilhante, pisamos na ilha rochosa, atiramos para o lado as guias e apressamo-nos até ao topo, antecipando com felicidade a visão do mar a sul, coberto de gelo tão bom para andar de trenó como aquele que tínhamos acabado de atravessar. As nossas vozes alegres e cheias de expectativas acordaram o espírito maligno e ele soprou o seu bafo gelado sobre nós, varrendo para longe toda a nossa arrogância e estilhaçando a nossa fé no futuro, tal como o gelo que tínhamos esmagado nas poças quando ali chegamos intempestivamente, correndo para vermos gelo bom entre a ilha rochosa e o continente, a uns vinte quilômetros para sul. Quando chegamos lá acima e olhamos para sul, os nossos olhos ficaram encandeados pela luz solar que se refletia nas pequenas ondas caprichosas de um mar aberto, e ouvimos um ligeiro ondular a correr, a suspirar e a lamentar-se ao entrar e sair da praia.

Ficamos ali os dois, silenciosos e hirtos, como se a visão de toda aquela água nos tivesse transformado em gelo e paralisado os nossos pensamentos. Até onde a nossa vista alcançava a leste e a sul, onde estava o nosso caminho até à estação de Danmarks Havn, a cento e noventa quilômetros de distância, não se via um pedaço de gelo, nem o menor bloco flutuante.

No entanto, passado uma hora de busca ansiosa, encontramos um caminho por onde podíamos passar, apesar de significar corrermos um risco que ninguém no seu juízo perfeito teria tomado. A oeste de nós ondeava gelo novo e foi por este gelo que fizemos o nosso caminho, andando com todos os cuidados, até nos encontrarmos na mesma terra da estação de Danmarks Havn. Se conseguíssemos manter as nossas forças e nenhum de nós quebrasse uma perna no caminho para terra, nem o gelo nem água podiam nos impedir de chegar à cabana.

Teria sido bom termos algumas provisões para nos ajudar a manter as forças, mas, em vez disso, fomos obrigados a apertar ainda mais os nossos cintos, uma vez que a primeira reserva onde chegamos após enfrentarmos os maléficos espíritos polares estava vazia. Latas cortadas com um machado contavam claramente o que tinha acontecido, e constatamos novamente que grandes tabletes de chocolate e aveia revigorante tinham sido atiradas aos cães. Procuramos entre as pedras e voltamos todas as latas que encontramos, mas não encontramos nada para comer. O que os homens ou os cães tivessem deixado foi destruído pelas tempestades e pela umidade.

Não tínhamos tempo para gastar em considerações inúteis sobre o que poderia ter levado alguém a tratar comida daquela forma. O que fora feito não podia ser desfeito, e agora, tendo passado a pente fino a reserva vazia, compreendemos que a última etapa por terra até à estação de Danmarks Havn ia ser a parte mais difícil de toda a corrida. A etapa exigia que se viajasse com pouca coisa, com muita persistência e depressa, portanto, decidimos abandonar o trenó e tudo que não fosse absolutamente vital.

A tenda que tinha sido a nossa casa durante os últimos seis meses, e onde tínhamos passado tantas horas — felizes, tristes, ou ansiosos à espera de que algo acontecesse —, era pesada demais para transportarmos. Teríamos de nos arranjar com menos, portanto, de forma resoluta, cortamo-la em pedaços e cada um de nós levou apenas o suficiente para nos cobrirmos. Os nossos sacos de dormir também eram muito pesados e foram cortados em meros regalos para pés. Deixamos uma das espingardas e alguns cartuchos na reserva vazia e, assim partimos em direção a sul, ao longo da costa, apenas com o que era absolutamente essencial e os nossos diários num embrulho às costas.

Seguimos a linha costeira, comemorando sem grande entusiasmo quando chegamos a uma extensão de praia em que podíamos caminhar mais ou menos normalmente, e ficando ligeiramente aborrecidos quando a montanha se ergueu do mar quase perpendicularmente e tivemos de continuar o nosso caminho, agarrando-nos com as mãos à vertente de pura rocha, com pequenas ondas atraentes que riam com ironia acerca de noventa centímetros de distância. Ou íamos aos tropeções por uma faixa costeira submergível onde existiam incontáveis buracos fundos e armadilhas por entre um caos de pedregulhos enormes, que só conseguíamos atravessar saltando de um para o outro. Isto era perigoso, tão perigoso que, por diversas vezes, relembramos com saudades as fendas no manto de gelo e os noventa centímetros de lodo ou a água do degelo no mar gelado. Tudo tinha sido duro e difícil, mas estes pedregulhos eram piores, muito piores do que tudo o que já experimentáramos até então. Além disso, agora estávamos passando fome, e já não dávamos passos seguros; escorregávamos facilmente e tropeçávamos ainda com mais facilidade — foi, de fato, um milagre termos atravessado aquela costa repleta de pedregulhos sem quebrarmos uma perna.

Caminhamos e continuamos a caminhar, até não conseguirmos andar mais, depois deitamo-nos por trás de uma rocha, enfiamos as pernas dentro dos nossos regalos, cozinhamos um naco de *pemmican* e agitamos ansiosamente a lata de parafina: já não restava muita. E tentamos dormir apesar do frio lancinante, ali deitados a tremer miseravelmente e desejando apenas termos luz suficiente para podermos continuar a avançar.

Foi então que vimos um urso à nossa frente, na costa, onde tinha estado a banquetear-se numa foca acabada de caçar. Infelizmente, o urso também nos viu, sibilou, rugiu furiosamente e fugiu para o mar, começou a correr; acertamos uma bala nas costas, chegou à água e mergulhou no mar onde morreu a vinte metros da terra, muito além do nosso alcance.

Sentamo-nos numa rocha a olhar apáticos para toda aquela carne e gordura que nos podiam ter alimentado e aquecido durante vários dias, talvez semanas, se nós..., mas a corrente levava o urso para o mar alto e sacudimos a cabeça, resignados. Todas as nossas esperanças desmoronavam à nossa volta e já só restava o instinto de autopreservação para nos ajudar: era continuar ou morrer. Levantamo-nos e, gelados e exaustos, cambaleamos pelo meio das rochas para ver se o urso tinha esquecido de um pouco de foca que pudéssemos comer. Não havia nada além de um pedaço de pulmão roído, e, portanto, limitamo-nos a continuar em silêncio, até a fadiga nos derrubar e termos que procurar algum descanso numa cama de musgo congelado.

Seguimos a costa até à foz de um fiorde com recifes, onde, lá de cima, tínhamos visto gelo pelo qual podíamos caminhar e que se estendia até à costa oposta. Mas as nuvens estavam juntando-se sobre os picos da montanha a oeste e a descerem pelas suas encostas negras. Eram sinais ameaçadores, e se o tempo se transformasse numa tempestade, o gelo à nossa frente — o nosso caminho para a salvação — podia se quebrar facilmente. Se isso acontecesse, poderia demorar vários dias até estar novamente bom para caminharmos sobre ele, ou teríamos de contornar o fiorde, acrescentando uns cento e sessenta quilômetros à distância a percorrer, e não seríamos capazes de fazê-los.

No entanto, tivemos um golpe de sorte quando caçamos quatro lagópodes, aparentemente gordos e bons para ficarem de reserva, uma vez que já tínhamos muitíssimo pouco *pemmican* e nenhuma parafina para cozinhar. Era mau não termos parafina, mas, como de habitual, "há de se ver o copo meio cheio". Não tendo parafina, não tínhamos necessidade de carregarmos uma lata de parafina que, assim sendo, foi deixada na praia. O fogão, agora também supérfluo, teve o mesmo destino, tal como uma caçarola, aliviando a nossa carga. Quando há poucos prazeres, há pouca necessidade de equipamento — e como ficamos gratos!

Caminhamos por terra enquanto houve luz, apressando-nos o mais possível numa tentativa de corrermos contra a tempestade que se avizinhava, que ganhou apesar dos nossos esforços, abatendo-se sobre nós um turbilhão de neve, obrigando-nos a procurar abrigo por trás de um pedregulho, onde ficamos durante um dia ou dois até a tempestade abrandar.

O gelo ainda aguentava, e foi com uma mente relativamente despreocupada que caminhamos sobre a sua superfície uniforme. Estava coberto por uma fina camada de neve, o que tornou fácil a caminhada e nos ajudou a mantermos o equilíbrio sempre que uma rajada de vento descia do interior para nos lembrar que, apesar de uma tempestade ter passado, havia outras juntando-se no local onde esta se tinha formado. No entanto, não podíamos estar a pensar no que estaria chegando; tínhamos de seguir em frente e, se chegasse uma tempestade, faria pouca diferença se nos fulminasse em terra, se nos levasse para mar alto num bloco de gelo que tivesse se destacado, ou se morrêssemos de fome e de frio em terra.

Portanto, continuamos a caminhar, a caminhar e a caminhar pelo gelo fino e em direção a alguns recifes que estavam no nosso percurso, a meio caminho da costa a sul onde encontraríamos a salvação.

Chegamos aos recifes e sentamo-nos durante algum tempo por trás de uma rocha para recuperarmos o fôlego e nos recompormos do esforço, felizes por termos conseguido chegar mais ou menos a meio do fiorde. Se o gelo aguentasse mais à frente, deveríamos chegar à terra onde estava a comida, em Danmarks Havn, antes do anoitecer. As nossas imaginações conjuraram visões de comida e acalmamos a nossa fome com o único meio que tínhamos ao nosso dispor: falar de comida, uma verdadeira orgia de vocábulos alimentares.

Com as pernas rígidas, gelados até ao tutano e esfomeados, lutamos contra o vento até ao cimo do recife de forma a vermos o gelo em direção a sul. Mas o que vimos foi água, mar aberto fumegando com uma neblina gelada e com borrifos levantados por rajadas violentas.

Não havia nada a fazer, absolutamente nada, tínhamos de esperar ali onde estávamos, apesar do frio e da fome. O recife era o fim da nossa viagem, ou ainda nos seria dada mais uma oportunidade?

Encontramos um abrigo miserável numa fenda na rocha, e ali nos sentamos bem juntos durante dois ou três dias intermináveis. Nos aconchegávamos o máximo possível um ao outro, ou deitávamo-nos abraçados para obtermos algum calor, primeiro peito com peito, depois costas com costas. Tentamos retirar o maior calor possível dos corpos gelados um do outro, na esperança de, assim, descongelarmos os nossos membros. Ou talvez apenas sentíssemos um calor relativo por nos abraçarmos tanto que o vento gelado não conseguia se enfiar entre nós? Quando o frio se tornava cortante demais, conseguíamos um pouco de calor nos nossos corpos, arrastando-nos até ao cimo do recife para ver se em breve poderíamos aventurarmo-nos novamente no gelo. Mas, sempre que o fizemos, a tempestade ainda empurrava nuvens de geada através da água negra, batida pela tempestade, e rastejávamos de volta ao nosso abrigo, desapontados, e ali ficávamos a pensar em comida. Iver escreveu no seu diário:

"Agora já não ingerimos nada quente, pois não temos combustível. E, aqui, na ilha, não há galhos de salgueiro ou qualquer coisa que queime, o que é uma pena, pois ainda nos resta um pouco de chá!"

Era mesmo uma pena! Esta frase encerrou o diário do Iver naquela parte da viagem, pois, quando a tempestade finalmente se extinguiu e a geada sarou as feridas que as ondas tinham rasgado no gelo, deixamos no recife até mesmo as parcas coisas que tínhamos carregado até então, de forma a podermos avançar em direção à costa ao sul e à comida que nos aguardava em Danmarks Havn. Embrulhados numa camisa velha e enfiados numa fenda na rocha, debaixo de uma pedra para que nenhuma tempestade pudesse espalhar o seu conteúdo, ficaram os nossos diários, os registros de Mylius-Erichsen e todas as outras coisas que, há uma semana, tínhamos considerado essenciais para a mera preservação da vida!

O mar que tínhamos de atravessar estava coberto com uma pequena camada brilhante de gelo; já não nos preocupávamos se era fina ou espessa, se suportaria ou não o nosso peso. Tínhamos de continuar para não morrermos de fome e de frio naquele recife desolado. Mas, apesar de estarmos dispostos a arriscarmos a nossa vida ao longo dos cerca de trinta quilômetros até à terra a sul, sobre gelo extremamente fino, não nos arriscávamos a perder os nossos papéis ao levá-los conosco. Se não conseguíssemos fazer a travessia, havia ainda a possibilidade de os nossos diários que estavam na fenda da rocha naquele recife poderem ser encontrados, e a nossa viagem e a nossa morte não serem em vão.

Era uma dor deixar os diários para trás, os registros de cada raio de sol que nos tinha encorajado, ou de cada momento amargo de má sorte com que nos deparáramos. No entanto, sabíamos que se conseguíssemos atravessar o gelo em segurança e chegar à terra a sul, então, mais cedo ou mais tarde, iríamos refazer aqueles quilômetros para norte e recuperar o embrulho, deixado no recife em um dia de outono em que as nossas vidas estavam por um fio.

Capítulo 14
O Impulso Final

Na terra de Danmarks Havn — Alucinações com comida e calor — A tentação de um vale ensolarado ao sul — Descanso e sono atrás de um pedregulho — Medo da espingarda — Quase morremos congelados —Uma pequena lata de comida — Finalmente sob um teto — Comida, muita comida

Deixamos o recife, aquele local de frio e de fome, e conseguimos atravessar milagrosamente um intervalo de maré com a água a borbulhar no rastro que deixamos. Depois começamos a caminhar e andamos, andamos, pelo gelo liso, em cuja superfície espelhada os raios do sol do meio-dia brilhavam e nos atingiam diretamente nos olhos, com um estranho efeito hipnótico. Deixamos de falar e já nem pensávamos, limitando-nos a ver a luz cintilante e a ouvir o arrastar monótono dos nossos pés na superfície lisa do gelo fino como se fosse algo distante.

Caminhamos sem parar, e embora a costa ao sul ainda parecesse tão distante como sempre estivera, sabíamos que devíamos estar quase a chegar até ela, se conseguíssemos continuar a andar e se o gelo não cedesse. E, portanto, caminhamos interminavelmente, sem mesmo pensarmos em comida ou estarmos cientes da fome — o fim das nossas provações estava à vista: fosse rodeados por água a borbulhar, num pequeno buraco no gelo, ou por chegarmos à costa que se afastava continuamente.

O gelo não cedeu e, após muitas horas de caminhar automático, a costa subitamente chegou a nós de uma vez. Vimos grandes pedregulhos à nossa volta e, antes de termos percebido o que tinha acontecido, ou como, tínhamos percorrido os trinta e dois quilômetros e estávamos na terra da estação de Danmarks Havn e da comida.

Sentamos numa rocha e nos cumprimentamos com um aperto de mão. Não dissemos muita coisa, pois já não eram necessárias quaisquer palavras entre mim e o Iver. Baixamos as cabeças num gesto de gratidão, ficamos imóveis durante algum tempo, novamente capazes de formular pensamentos, pensamentos sem qualquer controle consciente. As nossas mentes estavam estranhamente vazias depois daquele grande esforço, mas, no entanto, por entre os nossos pensamentos desconexos, ainda havia lugar para a gratidão pela nossa salvação naquele dia.

Quando o sol se pôs por trás das montanhas e a lua cheia se ergueu do mar a leste, recompusemo-nos, pois tínhamos de continuar. E assim, levanta-se, Iver, e lá vamos nós. Agora temos apenas de não parar de caminhar e, em breve, chegaremos à comida.

A comida, no entanto, ainda estava a dez quilômetros de distância, portanto tínhamos apenas de aguentar e caminhar, caminhar até não conseguirmos continuar a colocar um pé em frente ao outro, e, depois, nos enfiar atrás de uma rocha e dormir até o frio nos acordar, e depois voltarmos a caminhar, caminhar até a exaustão se sobrepor à vontade de caminharmos para salvarmos a nossa vida.

Cambaleamos sob o luar brilhante e por entre as sombras negras como corvos, e, na manhã seguinte, quando o sol rasgou a neblina gelada a leste, ainda andávamos aos tropeções ao longo da costa. Nessa altura já não conseguimos continuar. Só faltava um pequeno percurso através do pequeno glaciar — um derradeiro obstáculo que quase foi *o último*, pois o glaciar tinha uma grande superfície espelhada que descia até ao mar negro, e nesta superfície escorregamos, caímos, nos agarramos a pequenas protuberâncias, levantamos, escorregamos novamente, e cada escorregadela aproximava-nos mais do mar negro e espumante. Mas conseguimos atravessar o glaciar e, escorrendo suor no vento gelado, colapsamos por trás de uma rocha e dormimos até o frio espetar farpas geladas no interior dos nossos corpos e nos acordar.

Felizmente, a costa além daquele glaciar era baixa e fácil de percorrer, portanto, continuamos a cambalear, o melhor que nos era possível, enquanto a fome nos corroía as entranhas e os pensamentos sobre comida nunca nos deixavam.

Subitamente, dei por mim a pensar em todos os embrulhos brancos de sanduíches que costumavam estar nas prateleiras na porta das salas de aula quando eu estava na escola. Conseguia vê-los, cheirá-los e, depois, começava contá-los; dez, vinte, trinta. Foi então que algo se imiscuiu na alucinação e eu vi um embrulho de sanduíches, apenas um, mas grande, na costa um pouco à minha direita e não muito longe.

Pensei: tem que correr, ou alguém vai agarrá-lo antes de você. Mudei de direção e comecei a acelerar direito a ele, quando uma pergunta do Iver, num tom surpreendido, me trouxe de volta à dura realidade de uma praia desoladora na costa dos mares polares, onde uma pequena pedra branca brilhava ao sol.

Foi uma bela visão, e eu teria desfrutado dela de bom grado por mais algum tempo, independentemente do preço a pagar.

Iver não estava em melhores condições, pois enquanto eu via embrulhos modestos de sanduíches, ele via caixas cheias de comida. Limitava-se a abanar a cabeça em desespero sempre que batia com os pés doloridos contra o que não passava de uma pedra.

De repente, Iver começou a caminhar ao meu lado, a dizer algo sobre o vale verdejante virado a sul. A praia era pedregosa e não conseguíamos evitar esbarrar um contra o outro, e eu apenas estava interessado em comida e não em vales verdejantes. Disse ao Iver para caminhar atrás de mim, explicando-lhe que era impossível caminharmos lado a lado naquele terreno e no nosso estado.

Pouco depois, Iver reapareceu ao meu lado e eu disse de forma bastante ríspida para ir para trás de mim:

— Ou você vai à frente, Iver, ou eu; não podemos ter o consolo de caminharmos lado a lado, assim não vamos a lugar nenhum.

Iver suspirou e ficou para trás, mas voltou para o meu lado vezes sem conta, até eu dizer:

— O que se passa, Iver? Não podemos caminhar juntos. Consegue entender isso? — Ele oscilava nos seus pés sensíveis, portanto, sentamos numa pedra. — O que se passa, Iver?

— Nada — respondeu, abanando a cabeça. — É que estou tão cansado. E não paro de pensar naquele pequeno vale lá em cima, no fiorde Skaer. Lembra dele, não? Estava virado ao sul e pega todo o sol do meio-dia.

Sim, eu lembrava.

— E o que é que tem? — Perguntei. Iver sentou-se e pensou por algum tempo antes de responder:

— Eu estou tão cansado, e gostaria de me deitar, e pensei...

Ele não precisou dizer mais nada.

Eu disse, então, palavras ríspidas ao meu bom Iver, ameacei usar toda a força que me fosse possível se ele não desistisse dessa ideia. E contei sobre os corpos que tinha visto, de homens mortos pelo frio ao longo do caminho pelas terras de ouro do Alasca.

— Eles também estavam cansados e apenas quiseram descansar um pouco. Também eles tinham um vale ensolarado à vista, mas nenhum companheiro para os incentivar a continuar. Por isso, morreram, Iver, congelados, enquanto cochilavam com o cansaço. Quer fazer o mesmo, agora que estamos tão perto do nosso objetivo? Quer deitar-se e morrer no seu vale verdejante... e me deixar aqui sozinho?

Não, claro que ele não queria, mas tinha sido bom falar sobre o assunto, conseguindo o descanso, por pequeno que fosse, e, talvez acima de tudo, recuperado o seu senso de camaradagem. Sei apenas que, pouco tempo depois, continuamos o nosso caminho cambaleante, eu à frente e Iver atrás de mim, e eu ia olhando por cima do ombro para garantir que ele não se estava se afastando para o seu vale verdejante.

As horas passaram e a noite chegou, e já não conseguíamos ver para caminhar. No entanto, o destino foi gentil e houve uma calmaria. Apesar de o frio ser lancinante, conseguimos algumas horas de um sono agitado, antes de nos esforçarmos para continuarmos assim que o primeiro raio matinal começou a brilhar nos picos das montanhas lá longe no interior.

Não estávamos tão cientes da nossa fome, talvez por estarmos exaustos e torturados demais para conseguirmos distinguir uma necessidade ou dor específica, quando havia tantas para nos entorpecerem os sentidos. Iver sofria mais do que eu porque banhara os seus pés doloridos em um riacho de água corrente e ficara com vários grãos de areia afiada entre os dedos. Tinha-o feito há três dias e a areia afiada já lhe tinha desgastado a pele dos dedos, deixando-os em carne viva e sangrando, fazendo com que sofresse tremendamente na nossa caminhada sem fim.

No entanto, de vez em quando, a fome voltava a se manifestar e empurrava todas as nossas outras sensações da nossa consciência: sentíamos uma dor física, um desejo avassalador por comida.

Iver voltou a se aproximar de mim, e, durante alguns minutos, caminhamos lado a lado em silêncio, oscilando em cima dos pés, tropeçando e batendo com os ombros um no outro; era impossível continuarmos assim.

— Ou vai atrás ou na frente, Iver, não me importo qual, mas não podemos caminhar assim tão juntos, por mais que quiséssemos.

Iver ficou para trás e eu conseguia ouvir os seus passos instáveis no solo gelado, os seus tropeções ocasionais numa pedra, os seus grunhidos quando a dor se tornava grande demais para ser suportada em silêncio. Então voltava para o meu lado.

Depois de isto acontecer diversas vezes, eu parei e nos sentamos numa pedra.

— O que se passa, Iver? — perguntei. — Novamente o vale?

Ele não disse muita coisa, limitou-se a permanecer sentado olhando para longe, sacudindo a cabeça.

— Não — disse ele — não é o vale. Estou faminto, não aguento muito mais.

Eu também estava faminto e não aguentava muito mais; mas não havia nada a fazer. Havia comida em Danmarks Havn e não havia qualquer possibilidade de encontrarmos algo comestível antes de chegarmos lá, a não ser que encontrássemos um urso e conseguíssemos dar-lhe um tiro.

Um tiro? Olhei para Iver, que era quem transportava a espingarda, e tive um pensamento.

— Diz honestamente, Iver: é da espingarda que você tem medo?

Ele acenou com a cabeça em desespero, olhou para mim firmemente e estendeu a espingarda:

— Toma e me dá alguma das suas coisas para transportar. Eu não posso ficar mais tempo com a espingarda, é perigoso.

Foi assim que fiquei a saber, e recusei-me a transportar a espingarda.

— Fica com ela, Iver — disse — Carregue-a como tem feito até agora e não pense muito nisso. Mas se ajudar você a manter a paz de espírito, digo que vejo você o tempo todo à minha frente. E quando a fome adormece a dor, a exaustão e a razão, os meus pensamentos são, sem dúvida, os mesmos que os seus. "Se ele caísse para o lado e morresse, o que eu faria? Comeria ou não um pouco daquilo que já não era o Iver?".

Ele acenou afirmativamente e disse:

— Sim, mas sou eu quem tem a espingarda.

— Eu sei disso, Iver — respondi —, mas fica com ela. Depois de todos os nossos esforços, podemos continuar a caminhar juntos, até não conseguirmos continuar a caminhar; e podemos continuar a lutar juntos, até não conseguirmos continuar a lutar... ou até chegarmos ao fim da nossa viagem.

E assim continuamos aos tropeções, eu à frente — procurando o caminho mais fácil entre as pedras, a neve e o gelo, e Iver caminhando atrás de mim com a espingarda pendurada às costas, ambos lutando contra pensamentos tão horríveis dos quais só os que estão mortalmente cansados, esfomeados e atormentados podem ser vítimas.

Não tínhamos certeza do local onde estávamos na costa, e não parávamos de pensar que víamos terra familiar à nossa frente: aquelas eram certamente as duas colinas do promontório dos dezessete quilômetros, o promontório no extremo sul? Quando lá chegamos, afinal não era o promontório dos dezessete quilômetros, mas um pouco mais à frente pareceu que conseguíamos distinguir na escuridão que se aproximava as duas pequenas colinas do promontório dos dezessete quilômetros.

Chegou à noite. A escuridão nos envolveu e fez com que tudo parecesse irreal, escondendo de nós pedras, riachos e gelo. Tropeçamos, caímos, escorregamos, e fomos cambaleando até chegarmos a um enorme pedregulho que quebrava a tênue corrente de ar vinda do Norte, oferecendo a dois homens cansados um local para descansar e calor em forma de -20°.

A lua ainda não tinha surgido e, impedidos de ver, tivemos de parar, deitando-se para descansar, dormir e recuperar um pouco de força para a última etapa. Eu adormeci imediatamente e tive um belo sonho: estava na casa dos meus pais, de costas para uma brilhante lareira de azulejos, na minha frente estava a minha mãe com um prato de sanduíches dizendo: "Come meu rapaz, deve estar com fome depois daquela longa caminhada". Olhei para toda aquela comida maravilhosa, ouvi a voz da minha mãe e desfrutei do calor que quase me queimava as costas. Estava tudo bem, e eu estava em paz comigo mesmo, mas estava um pouco aborrecido com alguém que não parava de dizer: "Vamos, vamos embora!". Por que é que eu iria embora quando estava tão confortável? Era uma ideia louca. Mas ouvi novamente a voz e era a voz do Iver. Ele sacudiu meu ombro e disse:

— Anda, vamos embora, ou vou morrer congelado.

Foi então que acordei. A lua estava sobre o horizonte a sudeste — grande, redonda e vermelha. Estava imensamente frio e o vento tinha-se desviado, soprando diretamente nas minhas costas e fazendo com que estas ardessem — não com o calor do fogão do meu sonho, mas com um frio lancinante. Levantei-me com a ajuda do Iver, ficando ali balançando enquanto Iver arranjava a mochila nas minhas costas, contando-me com os dentes a bater sobre a dor tremenda que tinha nos pés. E, assim, lá fomos cambaleando sob o luar e vimos o nascer do sol, parcialmente velado pela neblina gelada. Estava um frio assustador.

Foi quando avistamos novamente duas colinas, mas agora não havia qualquer dúvida: era o promontório dos dezessete quilômetros.

E foi naquele momento que encontramos comida!

Era uma lata de sopa Beauvais, esquecida pelos homens esbanjadores da Expedição Danmark, o menor tamanho de lata, mas para nós era algo esplendoroso, uma esperança de vida, uma promessa irrevogável de que o pior tinha passado.

Abrimos a lata cuidadosamente com um canivete e fizemos uma pequena fogueira com pedaços de uma caixa de madeira que algum homem rico tinha jogado ali. E, assim, tínhamos novamente comida, e comida quase escaldante — depois de não sei já quantos dias. Inalamos com devoção o cheiro glorioso da sopa, e sentimos o líquido mágico restaurador de vida gotejando pelas nossas gargantas e chegando às fibras mais remotas dos nossos corpos. O sol brilhava e a fumaça da nossa fogueira modesta subia direito até o céu, uma oferta de agradecimento, aceita por Deus.

Dali faltavam apenas dezessete quilômetros até encontrarmos mais comida, muita comida, muito mais do que aquela pequena lata de sopa que nos tinha dado tanta vida. Portanto, rimos um para o outro com bocas que quase tinham esquecido de como o fazer, e falamos com lábios queimados pelo gelo, rígidos e duros de terem estado tanto tempo fechados à medida que nos esforçávamos para avançar.

Tínhamos que continuar. Tínhamos que percorrer aqueles últimos dezessete quilômetros e chegarmos à cabana antes que a chegada da escuridão nos obrigasse a parar. Não iríamos aguentar mais uma noite sem calor e abrigo. Portanto, ajudamo-nos um ao outro a levantar, os nossos pés doíam como se estivessem caminhando em cima de ferros em brasa, e continuamos com grande esforço, deixamos a costa interminavelmente longa e voltamos para o interior, para cima, em direção à cordilheira verde atrás da qual estava a cabana da Expedição Danmark.

Colocamos os braços ao redor dos ombros um do outro e caminhamos até não conseguirmos caminhar mais; depois descansamos um pouco sob o sol quente, até repararmos que as nuvens estavam surgindo do oeste dando um aviso de tempestade, e o instinto de autopreservação nos forçou a levantar novamente. Uma tempestade naquele momento teria sido a nossa morte.

Vimos a cabana do cimo do monte, pequena e torta, mas para os nossos olhos era um palácio. Portanto, cambaleamos pelo monte abaixo em direção ao objetivo que tínhamos imaginado tantas vezes durante a nossa longa viagem. Tivemos de descansar diversas vezes, a última das quais a apenas quarenta e cinco metros do nosso objetivo: a cabana que, para dois viajantes famintos e exaustos, significava comida e dias de descanso.

Quando me levantei para percorrer aqueles últimos quarenta e cinco metros, Iver não conseguia andar mais. Ficou sentado onde estava e pediu-me para voltar com um biscoito, um pedaço de chocolate, qualquer coisa, desde que fosse algo para comer. Acenei com a cabeça para indicar que o faria, mas, quando caí, em vez de caminhar, dentro da cabana, esqueci completamente do meu amigo Iver que estava sentado lá fora e ansiava por comida. Ali na mesa, à minha frente, estava uma embalagem com chocolate, e isso limpou quaisquer outros pensamentos da minha mente. Com mãos tremulas, rasguei a cobertura e comi. Oh, como foi maravilhoso!

Iver, entretanto, entrou cambaleando sozinho e afundou-se num banco junto à mesa. Sem dizer nada, empurrei um tablete de chocolate para ele, que o devorou com muito estalar de lábios e grunhidos de prazer.

Então, pela quinquagésima vez pelo menos, comecei a sensibilizar Iver — e a mim mesmo — que tínhamos de ser muito cuidadosos com a comida e não sermos demasiado vorazes no início, pois comer em excesso podia ser perigoso. Eu contei ao Iver que, no nosso país, quando alguém estava fraco de fome tinha de ser levado para o hospital e ali não lhe davam mais nada além de colheradas de canja de galinha.

Fraco com a fome? Nós sabíamos o que era passar fome, se é que alguém alguma vez a teve e sobreviveu. Prometemos um ao outro sermos bastante prudentes, comermos pouco e com frequência, íamos ser verdadeiramente sensatos.

Óbvio que nos esquecemos completamente disso, a razão foi incapaz de nos manter afastados da comida, agora que podíamos ter tanta quanto quiséssemos. Rapidamente, havia fogo ardendo no pequeno fogão e, quando algumas horas depois, nos esticamos deliciados em novos e quentes sacos de dormir e esperava-nos um sono longo e imperturbado, cada um de nós já tinha comido meio quilo de chocolate, muito mingau de aveia, pelo menos meio quilo de guisado, bebido uma caneca de cacau que não tínhamos conseguido fazer suficientemente espesso e comido incontáveis biscoitos com manteiga, cobertos com sardinhas. Tinha sido paradisíaco!

Mas o paraíso dos famintos mostrou ser o inferno dos saciados. Ainda assim, o choque violento da grande refeição não nos matou como merecíamos, e, gradualmente, controlamos tão bem os nossos apetites que comíamos apenas aquilo que precisávamos. É possível que qualquer pessoa sensata tivesse considerado uma gula tremenda aquilo que nós víamos como uma ração modesta; mas nós não éramos pessoas sensatas.

Capítulo 15
Novamente Inverno

Em Danmarks Havn — Tentativa de resgatarmos os nossos diários — Para sul em direção ao *Alabama* — Chegamos à ilha Shannon — O naufrágio do navio — Sozinhos no Nordeste da Groenlândia — O segundo inverno — Um pesadelo

Comemos e descansamos em Danmarks Havn e deixamos as nossas feridas, tanto físicas como mentais, sararem. Regozijamos com a segurança de uma casa que estava em cima de rocha e que relativamente bem abastecida de comida e de combustível, e com o aconchego que nos proporcionava quando as tempestades de outono varriam a terra e a neve passava pela pequena cabana em grandes nuvens ofuscantes. Desfrutamos da tranquilidade, dos bons dias e do gelo crepitante, e esperávamos que fizesse uma ponte entre nós e os nossos companheiros na ilha Shannon, pois já estávamos cheios do mar aberto e gelo fino, mais do que cheios, e não desejávamos ficar novamente expostos a isso.

Falávamos agora do dia que não podia estar assim tão distante, quando estacionássemos o nosso trenó no pequeno refúgio e subíssemos a bordo do *Alabama*, que esperamos ardentemente estar ancorado são e salvo no porto de inverno um segundo ano. Abraçamos essa possibilidade e, em breve, quase ficamos convencidos de que o barco devia estar lá. Essa convicção cresceu cada vez mais, e depressa tivemos a certeza de que o barco ainda estava na ilha Shannon com os nossos companheiros a bordo, mesmo apesar de eu próprio ter dado ordens de que deveria partir a 15 de agosto, o mais tardar. Já estávamos em meados de setembro, mas ainda falávamos do navio, não com um duvidoso "se estiver", mas com um convicto "está no refúgio, como o deixamos, e os outros estão à nossa espera".

A esperança transforma-se facilmente em certeza quando se deseja muito algo e se está só, e quando não houve mais nada durante meses além de nos agarrarmos àquela esperança. E tínhamos muita esperança, e desfrutávamos bastante, e os dias que passamos naquela pequena cabana na planície por trás de Danmarks Havn foram maravilhosos, com bastante comida e combustível suficiente para as nossas modestas necessidades.

Durante muito tempo, o nosso instinto de sobrevivência não nos tinha dado tréguas, nem de dia nem de noite, mas agora que tínhamos chegado a um local seguro, tinha perdido temporariamente o controle sobre nós, uma vez que a voz do dever se tornou proporcionalmente mais urgente e se impunha nos momentos menos oportunos. Era uma voz que não podia ser ignorada, pois falava com desaprovação sobre os diários que tínhamos deixado para trás no recife, dizendo que devíamos refazer imediatamente aqueles cento e treze quilômetros para irmos buscá-los.

Sim, os diários! Se os tivéssemos trazido conosco! A ideia dos diários nos atormentava de dia e até mesmo no nosso sono de noite. Ficávamos deprimidos ao pensar que devíamos estar viajando de trenó para o norte, em direção à escuridão que aumentava rapidamente — com as suas tempestades e a espessa neve persistente — que teríamos de caminhar cegamente aos tropeções, apenas para irmos buscá-los. Era o que devíamos estar a fazer, o que tínhamos de fazer antes do clima se tornar demasiado assustador e a neve demasiado profunda: devíamos sofrer todas as consequências de termos cedido ao pânico e deixado os nossos diários e os nossos registros de observações naquela fissura na rocha.

Portanto, preparamos um trenó pequeno, o mais pesado que achamos conseguir puxar quando estivesse carregado, e fizemos uma tenda suficientemente grande para os dois. Depois começamos a empacotar provisões para a viagem ao norte e, enquanto o fazíamos, também fizemos a tarefa mais agradável de empacotarmos mais umas já para a próxima e última viagem do ano, que abrangeria os últimos duzentos e nove quilômetros até ao navio e aos nossos companheiros.

Durante menos de um mês, descansamos e recuperamos as forças para a nossa viagem ao norte, e depois, com as guias aos ombros e pelo peito, nos esforçamos para subir e ultrapassar o cume a leste da cabana, descemos até ao gelo marítimo e subimos a costa em direção à escuridão sinistra, aos ventos e à neve persistente. O trenó que tinha parecido bastante leve na cabana, parecia agora estar tão pesado como se estivesse carregado com pedras. A tenda também era pesada e nada aconchegante, e o caminho era atroz. Quando, após sete dias, tínhamos percorrido apenas cerca de um terço da distância, tivemos de abandonar a ideia de chegarmos aos recifes naquela época, mesmo que isso significasse uma viagem muito mais longa na primavera. Não conseguíamos aguentar mais e, juntando o útil ao agradável, voltamos, refazendo os nossos passos com um vento traseiro e neve muito fortes nas nossas costas. Assim sendo, pela segunda vez, chegamos à pequena cabana em Danmarks Havn e encontramos abrigo do mau tempo, que estava trazendo o inverno e avisando todos os seres vivos para irem para as suas tocas e esperarem por tempos melhores.

Nós, no entanto, que não éramos como as outras criaturas da Terra, que podiam esperar por melhores condições atmosféricas, tínhamos de tentar mais um assalto contra a escuridão e a tempestade, pois tínhamos de voltar para junto do navio e dos outros, e para todas as coisas gloriosas que ali nos aguardavam, uma vez que em Danmarks Havn não havia nem comida nem combustível suficientes para todo o longo inverno.

Assim, voltamos a carregar o trenó, pregamos a porta e partimos em direção à luz do Sul. Aquela parte do céu ainda estava dourada ao meio-dia e, no meio daquela mancha dourada, estava o *Alabama*, a duzentos e nove quilômetros de distância.

Ficamos cansados e sem fôlego após apenas algumas horas de luta com o trenó; as nossas pernas doíam e era diabolicamente difícil avançar. Tínhamos de descansar frequentemente, mas era a última viagem daquele ano e, quando terminasse, teríamos chegado ao navio e aos outros, portanto não podíamos perder tempo com queixas e descanso exagerados.

— Vamos lá, Iver, vamos continuar! Nós dois já ultrapassamos coisas muito piores do que esta.

Pegamos novamente as guias, nos enrolamos nelas e puxamos o maldito trenó pesado pela neve e pelo gelo salgado.

Felizmente, não tínhamos poucas provisões, e tínhamos parafina suficiente, pois chegáramos ao território onde tínhamos as nossas próprias reservas. Caminhamos enquanto foi possível, e quando não podíamos andar mais, montamos a nossa tenda — que chamávamos de Queijo Gratinado devido à sua dimensão reduzida e à falta de ventilação. O tamanho de espaço de chão era de apenas um metro quadrado, e tinha menos de noventa centímetros de altura. Era pequena, mas quente, o que para nós era o mais importante, e mantínhamos o fogão ardendo até chama quase se extinguir por falta de oxigénio e termos de deixar entrar um pouco de ar frio para reavivá-la. Lá fora, podia haver uma tempestade violenta, a gritar e a uivar, e a neve podia fustigar a tenda que ficava hirta, pesada e impossível de manejar com o gelo. Uma dessas tempestades durou seis dias, durante os quais não pudemos nos mexer; depois disso, abandonamos novamente todos os nossos pertences aos deuses furiosos e partimos em direção a sul, carregando alguma comida num saco às costas, um pouco de parafina, uma espingarda e uma pá para cavarmos um abrigo na neve, se o tempo ficasse novamente tão ruim.

Assim, fomos apalpando o nosso caminho por entre a escuridão, até o céu ter alguma luminosidade e conseguirmos ver por onde andávamos. No entanto, a luz durava por pouco tempo e, quando desaparecia e as estrelas finalmente brilhavam e tremeluziam nos céus negros, continuávamos aos tropeções na escuridão, até não conseguirmos avançar mais. Encontramos um monte de neve, escavamos um buraco de lado e entramos, fechando a entrada com uma tampa de neve e deixando a tempestade e a escuridão fazerem companhia uma à outra lá fora, na noite inclemente.

Era uma pequena toca limpa de neve acolhedora, leve e quente — demasiado quente pois o Iver queixou-se passado pouco tempo que estava quase deitado numa poça de água! Não querendo discutir o assunto por toda a noite, disse ao Iver para se deitar em cima da pá, pois o molhado não passaria por aquilo. Iver achou uma ideia excelente e instalou-se, enquanto eu adormeci novamente — mas fui acordado um pouco mais tarde pelas reclamações de um Iver congelado: deitar-se em cima de uma pá de ferro numa temperatura de vinte ou trinta graus abaixo de zero não fora assim tão boa ideia. Não pensei nisso quando falei para fazer!

Os dias passaram e nós continuamos a avançar para sul com os nossos poucos pertences às costas. Mantivemos uma velocidade relativamente boa, pois o tempo tinha ficado milagrosamente bom e o gelo não estava tão ruim. Foi então que, finalmente, num dia em que tivemos luz, vimos terra, a ilha Shannon, o objetivo que há meses lutávamos para alcançar, onde estavam o nosso navio e os nossos companheiros, de alguma forma, a nossa casa.

A luz do dia desapareceu e era novamente noite, fria, negra, apenas com as estrelas a brilhar. Marcamos a nossa rota através de uma estrela, chegamos a terra, escorregamos em pedras, caímos em buracos e ficamos enterrados em neve até à cintura. Mas o que é que isso importava? Nada! Dentro de uma hora a nossa viagem de trenó de oito meses estaria terminada e estaríamos em casa. A lua ergueu-se, era apenas uma reles luazinha, mal chegava à meia-lua, mas incidia alguma luz sobre a terra e sobre o gelo, brilhando como a alegria nos nossos corações: uma hora, Iver — em meia hora, Iver — em um quarto de hora — imagina, Iver, dentro de um quarto de hora estaremos novamente em casa.

Corremos pelo gelo ofegantes com a excitação: Iver, ganhamos a corrida contra a fome, a água e a exaustão. Ali, junto às rochas negras, mesmo debaixo da lua, ali deve estar o porto de inverno, o barco e os outros. Um pensamento incrível — outras pessoas depois de oito meses a sermos apenas nós os dois.

De repente, dei um salto, sobressaltado, e parei tão abruptamente que Iver chocou-se contra mim. Com a mão trémula, apontei para cima, em direção à lua reclinada.

— Iver, olha! Iver, o navio está ali. Iver, não está vendo a lua cortada pelo mastro do *Alabama*?

Ele viu o que eu estava a ver, e gritamos de alegria, gritamos e rimos, cantamos e chamamos.

Será que eles não nos ouviam? Estávamos a fazer barulho suficiente para acordar os mortos, mas, no entanto, não ouvíamos gritos de alegria ou latidos de boas-vindas, e nem homens nem cães vieram a correr ao nosso encontro. Iver e eu paramos, espantados e algo inquietos: o que é que este silêncio dizia? O navio estava ali, mas estava tudo silencioso como um túmulo. Onde estavam os outros?

Olhei fixamente para o mastro e vi que algo devia estar errado. O mastro estava numa posição tão estranha que parecia espantosamente negligenciado. Ainda não conseguíamos ver o navio, o que era estranho, pois onde estava o mastro também deveria estar o navio. Também era incrível não termos sido ouvidos, quer pelos cães quer pelos homens.

No entanto, o mastro estava ali. Já conseguíamos vê-lo distintamente, portanto o navio não podia estar longe. Talvez tivesse sido maltratado pelo gelo. Não que isso tivesse grande importância, pois estávamos certos de que os outros deviam estar perto do mastro. Não podiam ter saído dali sem o navio, por isso, não havia chance de ficarmos desiludidos com a reunião pela qual ambicionávamos tão imensamente, e que era a coisa mais importante para mim e Iver, que estivéramos sozinhos durante quase oito meses.

Continuamos a caminhar pelo gelo, tropeçando em objetos estranhos que não conseguíamos identificar com a luz da meia-lua, e então, de repente, encontramo-nos de frente para algo grande e negro: a popa do Alabama? Não, não era a popa, apesar da escotilha que conseguíamos ver. Seria uma casa? Construída em terra com os destroços do Alabama!

Estava tudo opressivamente silencioso à nossa volta, e tudo parecia estranhamente fantasmagórico sob o luar fraco; era bastante sinistro. Não se via na neve uma pegada de cão ou de homem, não havia uma lata vazia deitada fora, nenhum dos diversos sinais da presença de homens e de cães, sinais são inevitáveis na presença de pessoas. Era estranho, muito estranho.

Mas deviam estar ali, dentro da casa! Estávamos próximos e, juntos, gritamos para a noite escura e silenciosa: "Apareçam, rapazes. Os viajantes estão finalmente de volta".

Ficamos a ouvir, mas não havia nada para escutar. Estranho! Foi como se o nosso feliz grito triunfante tivesse encontrado algo maléfico e hostil, algo irreal em tudo menos no silêncio palpável.

Foi então que descobrimos a porta da casa e demos alguns passos rápidos na sua direção, verificando com espanto que não se vislumbrava uma pegada, e que a neve estava tão alta contra a porta que esta não devia ter sido aberta desde que a neve do outono começou a cair há três meses.

Os outros deviam ter partido. A cabana estava vazia e eu e o Iver estávamos sozinhos na Groenlândia — a leste do sol, a oeste da lua e no meio de um inferno branco.

Não dissemos nada um ao outro, mal sequer pensamos em alguma coisa; limitamo-nos a afastar a neve da porta aos pontapés, a forçamos a abrir e vimos uma massa compacta de neve a rir-se de nós, em vez do espaço negro que esperáramos ver.

Silenciosamente, intimidados pela desilusão, pela solidão e pela atmosfera sinistra, começamos a tirar a neve da cabana para conseguirmos entrar, mas, quando entramos, descobrimos que conseguíamos ver as estrelas, a lua e algumas auroras boreais avermelhadas que brilhavam através de fendas entre as tábuas do telhado. A vela que tinham esticado sobre o telhado devia ter sido arrancada durante uma tempestade.

A adversidade era uma velha amiga e, na sua dura escola, aprendemos a ver o lado bom de qualquer situação má, por muito pequeno que fosse. Tal como era agora.

— Bem — disse Iver com um suspiro, quando conseguimos finalmente escavar o interior da cabana —, é uma bela confusão, mas pelo menos é melhor do que termos de nos deitar em outro monte de neve.

Ele tinha razão, teria sido difícil aguentar outra noite num monte de neve. Também tínhamos chegado ao fim da nossa viagem e não havia necessidade de continuarmos a caminhar de manhã. Apesar da nossa chegada ter sido muito diferente daquilo que imagináramos, havia pontos positivos se os quiséssemos ver, bastante positivos até, pois, até onde conseguíamos perceber, parte das provisões pareciam ter sido resgatadas do navio, e devíamos ter o suficiente para o longo inverno. Isso era sempre algo que nos deixava felizes.

Nos enfiamos dentro dos nossos sacos de dormir e adormecemos e, no dia seguinte, tivemos outras coisas em que pensar para além da nossa desilusão. Havia o telhado que tínhamos de cobrir com a pesada vela do navio, e tínhamos de esvaziar a neve da cabana. A armazenagem de comida que estava ali perto precisava ser investigada e, quando um franco raio de luz chegou ao meio-dia, fomos até o gelo para vermos o que restava do nosso bom navio e tentar adivinhar o motivo para o seu naufrágio.

No entanto, não conseguimos, pois apenas a popa se projetava acima do gelo, tudo o resto estava escondido debaixo de uma espessa camada gelada. Apenas quiséramos satisfazer a nossa compreensível curiosidade, pois o motivo pelo qual o *Alabama* naufragara não alterava a nossa situação. O navio estava perdido, esmagado, transformado numa cabana em terra, e o mastro que avistáramos era um poste para uma bandeira.

Mas obrigado a Deus pela cabana! Era grande e espaçosa, e um abrigo excelente contra as tempestades que varriam a terra e o mar ininterruptamente. Mas era tudo de bom que se podia dizer sobre ela, uma vez que as paredes estavam tão mal vedadas quanto o telhado e, para impedir que cada sopro de vento se infiltrasse por ali, tinham pregado folhas de latão nas paredes exteriores, o que era uma ideia esplêndida para manter o vento fora, mas uma tentativa desastrosa de isolamento. O latão fino sugava o calor da cabana e dava acesso livre ao frio. Não era assim tão importante de noite, pois tínhamos os nossos sacos de dormir e estávamos habituados ao frio e, de dia, conseguíamos nos arranjar mais ou menos mantendo o grande maçarico do motor do *Alabama* trabalhando no máximo. Isso fazia com que a temperatura ao nível das nossas cabeças estivesse quase a 30° C, mas um balde de água no chão ainda congelava muito rapidamente. Para estar uma temperatura boa para um humano dentro da cabana tínhamos de nos deitar na mesa. Não era muito agradável, mas era algo que podíamos fazer se as circunstâncias assim o exigissem.

O tempo foi passando com as pequenas tarefas que o inverno permitia, quase todas dentro da cabana. De vez em quando, quando algum urso errante se apercebia da nossa toca de inverno e se sentia obrigado a investigar, tínhamos uma caçada. Se isto acontecesse com a fraca luz do dia, ou quando a lua estivesse cheia, normalmente resultava na morte do urso; mas se não houvesse luar, deixávamos o urso em paz e ficávamos dentro da cabana, independentemente do barulho que ele fizesse — mesmo quando chocava contra a cabana com batidas incomodativas. Tais visitas não eram agradáveis, e éramos sempre cuidadosos quando uma tarefa urgente nos obrigava a sair para o frio; um urso paciente podia ter cedido à sua incrível curiosidade e ter deitado na neve à espera de que saíssemos.

Uma noite, fui acordado por exclamações de horror e movimentos violentos vindos do beliche do Iver.

— O que se passa, Iver, está passando mal?

O som que veio como resposta lançou-se um arrepio pelas costas.

— Shii! Deus nos ajude, mas tem um urso aqui dentro... — E, no momento seguinte, ouvi-o lançar algo contra a porta e sibilar. — Sai daqui!

Mantínhamos as nossas duas espingardas ao lado da porta, para podermos chegar até elas sem perdermos tempo no caso de, em condições normais, termos de perseguir um urso. Nunca tínhamos considerado a possibilidade de um urso dentro da cabana.

Risquei um fósforo e acendi uma vela tão depressa quanto foi possível. Iver e eu já estávamos saindo dos nossos beliches quando a luz se ergueu e incidiu sobre a brancura que era a causa de toda aquela comoção. Felizmente, não era um urso, mas apenas os quartos traseiros de um boi almiscarado embranquecidos pela geada, pendurados junto à porta e que foram iluminados por um raio de luar que tinha encontrado caminho através de um buraco no telhado!

Iver estava cansado da palavra "urso" quando nos levantamos na manhã seguinte, mas, quando começamos as nossas ocupações diárias na escuridão a que chamávamos dia, sua honra estava de alguma forma restabelecida, pois um urso tinha-nos visitado durante a noite. Tinha farejado os quartos do boi almiscarado e fez um esforço determinado para os conseguir, chegando mesmo a fazer um buraco na porta e a causar outros estragos, mas a cabana tinha resistido ao ataque.

Depois daquele acontecimento, passamos a manter uma das espingardas num local onde a pudéssemos alcançar dos nossos beliches, e a outra junto à porta, e assim os ursos podiam vir quando e como quisessem que estaríamos prontos para recebê-los.

Tínhamos raposas vivendo como inquilinos nos montes de neve ao redor da cabana; eram criaturas barulhentas, mas gostavam da vida boa perto da porta onde lançávamos todos os nossos restos. De vez em quando, chegavam outras raposas, sem convite, e então havia uma luta violenta com muito latidos e uivos, que usualmente nos forçava a intervir e tentar restabelecer a paz com uma bala da espingarda, um pau ou qualquer coisa que estivesse à mão que pudesse bater com força. A paz não era fácil de alcançar.

O nosso trabalho era principalmente no interior, e era bom que assim fosse, pois, o frio era temível e quase não existiam intervalos entre tempestades, e eram violentas. Estávamos, portanto, contentes por termos abrigo enquanto realizávamos as nossas pequenas tarefas, especialmente a preparação de comida. Esta tarefa era do Iver e, aos poucos, ele aprendeu a fazer pão muito bem e também a cozinhar arroz de forma que era possível distinguir antecipadamente se o produto final iria ser arroz ou pudim de arroz. Há mais arte nisto do que a maior parte das pessoas pensam.

Um dia, quando já estávamos há algum tempo na cabana, ocorreu-nos que devíamos fazer aquilo que em oito meses não tínhamos pensado em fazer, tomar banho. Fizemos grandes preparativos: acendemos o maçarico, atiçamos o fogão até estar incandescente e formos buscar grandes blocos de gelo para derretermos; mesmo assim não tomamos um grande banho. Passamos tanto tempo sem que não conseguíamos ver nenhuma razão especial para nos darmos a tanto trabalho apenas em nome da higiene. Estávamos sozinhos, portanto, para quem precisávamos nos lavar?

No entanto, na véspera de Natal, ambos tivemos um grande ataque de saudades de casa, que tentamos curar com uma dose de limpeza. Ajudou um pouco, mas Iver tinha razão quando dizia que só um mal espantava outro.

Lá fora, uma tempestade furiosa puxava e sacudia a vela pregada ao telhado, fazendo com que batesse tão violentamente que estávamos constantemente à espera que se rasgasse e fosse levada. A tempestade uivava e guinchava pelos cantos da cabana, balançando a chaminé de forma a parecer que um animal selvagem estava preso. Assobiava e berrava, rangia e quebrava, parecia que todos os demônios do inferno tinham sido libertados e feito da nossa cabana solitária no Norte distante o seu ponto de encontro na noite escura e selvagem. Se espreitássemos cuidadosamente pela nossa porta, conseguíamos ver os demônios com roupas brancas e fantasmagóricas movendo-se freneticamente numa dança sem sentido, pois a neve estava se movendo, incitando um exército interminável de estranhas figuras de neve ao redor da cabana. Figuras desfocadas e fantasmagóricas, sempre a mudar, num percurso e num voo erráticos, seguindo umas às outras para sul, em direção à destruição.

Lá fora não era lugar para se estar. Era bastante inquietante tudo aquilo que *pensávamos* ver e ouvir.

Não era muito melhor lá dentro, onde o maçarico malcheiroso emitia uma longa língua de chama azul avermelhada que tremeluzia com a corrente de ar, tal como as velas, gerando sombras negras e grotescas.

Era tão horrível dentro como fora, e também era véspera de Natal. Iver e eu olhávamos um para o outro e não tínhamos tanto para conversar como costumávamos ter, pois os nossos pensamentos não paravam de seguir o tempestuoso vento de norte até climas mais amenos, até àqueles em casa que celebravam o Natal com um local vazio à mesa e com saudades ansiosas nos corações. Não era saudável para dois homens solitários, e empurramos estes pensamentos para o lado tanto quanto possível, comendo o melhor que a cabana tinha oferecido e empurrando a comida com uma garrafa de cerveja que tínhamos encontrado lá fora na neve.

Era uma garrafa de cerveja com um aspecto estranho, pois, ao congelar, a cerveja tinha forçado a rolha a sair e estava proeminente no gargalo da garrafa, como um dedo dobrado com uns dez centímetros de comprimento. Quebramos o dedo, aquecemos a cerveja numa caçarola e tentamos fingir que era gostosa. Partilhamos o último copo que tínhamos de uísque e bebemos a amigos ausentes, e depois nos enfiamos nos nossos beliches com todas as roupas vestidas, pois pretendíamos pelo menos passar o Natal quentes.

No entanto, não dormimos muito, pois quando estávamos no nosso momento mais infeliz, ocorreu-nos subitamente que, afinal, tínhamos uma boa razão para celebrar, uma vez que o sol tinha agora parado sua fuga para sul e estava de volta a nós com luz e cores lindas atrás dele, e com isso uma promessa de verão, de um navio e do regresso a casa.

Sentíamos que aquela percepção tinha aliviado a pressão do inverno. Ou será que sentíamos apenas isso por termos gradualmente descansado e ultrapassado a fome interminável que nos atormentou durante seis meses? Fosse como fosse, o nosso ânimo melhorou a partir do Natal, tornando-se melhor à medida que os dias foram passando e a mancha de luminosidade a sul foi subindo cada vez mais alto no céu.

Começamos a sentir um interesse renovado pelo futuro, apesar de não pelo futuro imediato que apenas nos podia oferecer uma viagem de trenó de trezentos e vinte quilômetros para norte, até ao recife onde tínhamos deixado os nossos diários, e a mesma distância de volta. Seiscentos e quarenta quilômetros no total. Era um caminho longo, e tentamos calcular quantos passos daríamos para cobrir os seiscentos e quarenta quilômetros: era um número impressionante. Amaldiçoamos os diários que tínhamos abandonado ali num momento de pânico, quando pensávamos que podíamos ver a morte sentada à nossa espera no próximo promontório.

A questão não melhorou quando, numa noite, sonhei que estava no recife e vi um urso trotando pelo gelo e cheirando nosso embrulho na fenda na rocha. Eu não tinha uma espingarda e não podia matar o urso, que sibilava para mim e me atacou com sua grande pata quando tentei enxotá-lo aos gritos com o meu canivete. Portanto, incapaz de fazer alguma coisa para detê-lo, tive de assistir o urso escavar nossos diários, rasgá-los e mordê-los, abri-los com as suas garras e os dentes afiados, e espalhar o seu conteúdo sobre neve para que o vento uivante varresse tudo aquilo que tínhamos lutado tanto para alcançar. E vi os nossos preciosos diários voarem com o vento, como pequenos pássaros negros nascidos nas asas da tempestade.

Foi um sonho ruim, e a sua lembrança recorrente agia como um cobertor molhado quando nos sentíamos alegres e a querer cantar de alegria — não por algo de especial ter acontecido, mas apenas por ser bom estar vivo apesar de tudo, e porque o sol em breve estaria de volta. Nem podíamos continuar a sofrer por causa de um sonho maldito que podia nem ter qualquer significado.

Capítulo 16
A Esperança da Primavera e do Verão

Conversas de inverno — O recife com os diários — Um sonho verdadeiro — Planos para o futuro — Iver tem uma visita — O difícil gelo à deriva — Outono — Abandonamos qualquer esperança de um navio

O Ano Novo e grande parte de janeiro tinham passado, e a escuridão do inverno não era mais tão opressiva. Estava a ficar mais claro todos os dias e as nuvens já tinham um brilho dourado, as montanhas cobertas de neve ao norte destacavam-se contra os céus escuros num esplendor dourado, e as encostas nortenhas estavam cobertas com uma sombra nítida branca-azulada.

Em breve conseguiríamos sair novamente, para fora da sala horrivelmente desarrumada em que tínhamos passado os difíceis meses de inverno. Dentro de pouco tempo poderíamos testar nossas forças numa nova viagem de trenó. Éramos novos, estávamos bem alimentados, descansados e explodindo de energia que necessitava de um escape. Os nossos pensamentos corriam para norte até às montanhas douradas, para o recife onde os nossos diários e registros se encontravam, esperávamos que a salvo de um urso ou de outro infortúnio. Os nossos pensamentos também iam longe para o sul, para terra onde havia outras pessoas, homens de negócios e mulheres atraentes.

— Iver, o que você faria se uma moça de repente aparecesse caminhando no gelo em direção a nós?

Improvável? Sim, mas podia ter acontecido. Acontece tanta coisa estranha e inesperada, portanto, por que não? De onde ela poderia vir? Não era impossível imaginar que em algum ponto ou outro um pouco ao sul, um navio tivesse passado o inverno, um navio com uma jovem a bordo.

Isto era bastante "improvável", mas não suficientemente improvável para o Iver, cuja mente se movia por trilhos mais complicados do que a minha, pois quando ouviu aquela sugestão casual, ele, a mente de mecânico, pensou imediatamente em outros possíveis meios de transporte além de um navio antiquado. Antes de velejar para norte, em 1909, Iver tinha visto um zepelim sobrevoar Copenhague, e achava perfeitamente natural que houvesse um zepelim a voar pelo espaço com muitos homens enfadonhos, mas também algumas mulheres bonitas, a bordo. E um tal zepelim podia muito bem aterrissar na ilha Shannon da mesma forma que aterrissaria em qualquer outro lugar, não podia?

Isso era verdade, e dava lugar a perspectivas fantásticas. Depois começamos a falar de como seria estranho ver novamente uma mulher, uma mulher elegante e bela, tão pura como os flocos de neve que eram trazidos pela neve primaveril. Falamos do quão cavalheiros iríamos ser para aquelas infelizes que, subitamente, eram despejadas ao lado de dois selvagens que não viam uma mulher há dois anos. Faríamos tudo para ajudá-las, da forma mais altruísta, afinal, conhecíamos a região e como se fazia muito com quase nada. Nós iríamos... a minha imaginação começou a se descontrolar, até ser chamada à realidade pelo Iver dizendo subitamente:

— Sim, então teríamos de tomar banho, certo?

Olhamos para o espelho; rostos encardidos, com barba e cabelos compridos; estávamos com péssima aparência: era uma visão deprimente e compreendemos que nem a mulher menos exigente seria cativada.

Normalmente, não faltavam tópicos de conversa e contáramos um ao outro mais sobre nós, nossas aspirações, nossas esperanças e nossos sonhos do que já contáramos a alguém. E conseguíamos pegar sempre algum episódio da nossa existência anterior, virá-lo de cabeça para baixo e do avesso, e conseguir mais dele do que antes pensáramos ser possível. Um dos nossos temas preferidos era a política. Iver era o mais vermelho dos mais vermelhos democratas sociais, um revolucionário social; enquanto eu era o conservador escandalizado que ouvia as exigências pouco razoáveis da juventude revolucionária com um descontentamento. Falávamos muito e suponho que nenhum dos dois soubesse muito sobre o que discutíamos. Nenhum de nós alguma vez fora um grande interessado em política, mas dava um excelente tópico de conversa. Nunca discutíamos, apenas nos mantínhamos firmes do nosso lado e fazíamos comentários sábios sobre coisas que não compreendíamos verdadeiramente. Isso é o que muitas outras pessoas fazem em outros locais do mundo, e não havia qualquer necessidade de viajar até à região polar para fazer.

Ficamos muito contentes por termos encontrado um baralho de cartas, pois significava termos alguma coisa para ajudar a passar as noites escuras. Infelizmente, não conseguimos lembrar das regras de nenhum jogo, e tentamos inventar um jogo nosso. Não foi uma tarefa muito bem-sucedida, não era sequer fácil inventar um jogo de paciência, e eu fiz grandes esforços para me lembrar de um jogo que um esquimó do Alasca moderno tinha mostrado, um jogo que ele dissera se chamar Solitário. Iver detestava o Solitário, então não serviu, e tentamos conceber outro jogo com um nome mais simpático. Isso também não correu bem, portanto, quando chegamos ao ponto de discutir sobre quem sabia mais sobre o tema, eu peguei o baralho de cartas, saí para a neve e deixei o vento espalhar as cinquenta e duas cartas como se fossem palha.

Iver parecia estar aborrecido quando voltei, mas, no dia seguinte, disse que eu tinha tido um gesto muito sensato: aquele baralho de cartas podia facilmente ter-nos feito brigar como nem as mulheres nem a política tinham conseguido.

Passamos todo o tempo a falar e a sonhar com o inatingível, trabalhamos num trenó e no equipamento que iríamos utilizar na nossa viagem de seiscentos e quarenta quilômetros para recuperarmos os nossos diários e registros. Por volta do meio-dia, se o tempo tivesse melhorado e a tempestade tivesse finalmente se cansado de lançar neve contra a nossa cara, saíamos, olhávamos para sul e nos alegrávamos com a crescente mancha luminosa que ali se via, com o esplendor brilhante que crescia cada vez mais e que, um dia, iria reacender-se num glorioso fogo doador de vida que consumiria o inverno e todas as suas imaginações estúpidas.

Isso aconteceu a 10 de fevereiro. O brilho ao sul disparou subitamente setas de fogo por toda a terra, em direção às cansadas hostes de escuridão no norte — lançando terror nos seus corações e fazendo-as fugir — vestindo a terra com um esplendor dourado e brilhante, celebrando sua vitória sobre as trevas com uma fantástica orgia de cor, que lançou sobre todo o país, sobre montes e vales, sobre gelo e terra. Uma daquelas setas impetuosas atingiu a mim e a Iver no topo da montanha, onde tínhamos estado, congelando horrivelmente por cerca de uma hora, de forma a não perdermos o primeiro raio solar do ano de 1911.

Ficamos olhando para o fogo brilhante, nos alegrando com a ideia do verão que agora parecia estar tão próximo, e com tudo o que nos aconteceria naquela maravilhosa época do ano que se aproximava com passos de gigante. Cumprimentamos o sol com gritos loucos de alegria que soavam modestos e fracos no meio de todo aquele silêncio; e um fantasma negro passou bem acima das nossas cabeças, dirigindo-se para a conflagração dourada, um corvo que crocitava ruidosamente, e ao qual lançamos olhares de inveja: se conseguíssemos pedir as asas emprestadas e voar sobre a terra e o mar até o objetivo com que sonhamos. Mas esse tipo de coisa acontecia apenas nos tempos idos, quando ainda se fazia magia, e não na nossa era prosaica.

Apesar de não podermos pedir as asas emprestadas ao corvo e de nenhum zepelim ter descido dos céus para nos trazer formosas donzelas, ainda assim era glorioso ver o sol e, quando a mais dolorosa farpa de frio foi derretida pelo rápido percurso do sol para o norte, lançamos as nossas guias sobre os ombros e demos início à nossa caminhada laboriosa atrás dele. Caminhamos durante semanas até chegarmos ao recife. Arrastamos o trenó por toda a ilha Koldewey e passamos por Danmarks Havn; acenamos com a cabeça em sinal de reconhecimento dos promontórios e das ilhas pelos quais passáramos no outono anterior a caminho da ilha Shannon, e dos icebergs cuja viagem para sul tinha sido parada pelo gelo — figuras que tinham parecido sombrias, pouco visíveis na escuridão invernal, mas que agora eram douradas e resplandeciam ao sol do meio-dia, simpáticas e quase acolhedoras, bastante diferentes dos marcos empertigados pelos quais passáramos nos dias negros e tristes de outono.

O tempo estava bom e ensolarado, e estávamos alegres com o nosso progresso favorável, enquanto seguíamos pelos rastros de urso bem percorridos ao longo da costa, que muitas vezes nos ofereciam suculentos bifes; no entanto, apesar disto e do nosso cansaço por puxarmos o trenó durante dez ou doze horas em todo o tipo de neve — em que a marcha era, no mínimo, difícil — a memória daquele maldito sonho nos acompanhava, o sonho que quase tinha destruído a nossa paz de espírito durante o inverno.

Dissemos um ao outro inúmeras vezes: "Talvez o sonho fosse verdade!". Quase todas as vezes que acordávamos de noite e ouvíamos os sons do gelo, o discurso quase incompreensível da geada e a tagarelice do vento, o pensamento terrível voltava: "E se quando chegarmos, descobrirmos que o sonho se tornou realidade?".

Nos aproximamos gradualmente do monte plano e branco que indicava o nosso recife. Por debaixo daquela neve, estavam nossos diários e registros, ou assim esperávamos que estivessem. Estávamos tão ansiosos para pôr um fim à terrível dúvida que o sonho tinha introduzido nas nossas mentes, que deixamos o trenó no gelo e corremos em direção à corcunda branca para descobrirmos o mais depressa possível se era verdade. Mas, quando nos aproximamos paramos espantados: não tínhamos esperado tanta neve! Não se via uma única mancha negra no recife, nem havia sinal das três ou quatro pedras que tínhamos colocado na vertical para servir de marcador ao lado dos diários.

Era um recife grande, com cerca de um quilômetro quadrado, e quarenta e cinco metros de altura. Toda a área estava completamente coberta por um monte de neve gigante, e os nossos diários estavam debaixo de toda aquela neve.

Mas onde?

Estupefatos, subimos ao topo da ilha e verificamos toda a extensão branca. Iver tinha trazido uma pá e, quando olhou para mim, li nos seus olhos a pergunta não proferida: onde escavo?

— Escavar? — disse, respondendo à pergunta silenciosa. — Escave onde quiser. Onde você está, por exemplo, ou a dois metros de distância. Vai dar no mesmo, porque não vamos encontrar os diários com esta neve toda.

Iver interpretou as minhas palavras literalmente, enterrou a pá na neve no local onde nos encontrávamos — e deu um grande grito: o primeiro golpe tinha batido num diário! O golpe seguinte revelou um pedaço do tecido em que os diários tinham sido embrulhados. Foram necessárias apenas dez pazadas para desenterrar tudo o que tínhamos ali deixado naquele amargo dia de outono, tudo exceto um dos meus diários e, para o encontrarmos, cavamos o dia todo sem conseguirmos mais do que alguns pedaços das suas folhas mastigados.

Ali tinha estado um urso, tal como eu sonhara.

E fora um urso esfomeado, pois mastigara tudo o que era mastigável. Um dos cartuchos fora bastante espalmado, era um milagre não ter explodido na boca do urso.

Foram dois homens felizes que montaram a tenda mais tarde, uma vez que a perda de um dos meus diários não era muito relevante e aquele período estava coberto pelo diário do Iver.

Agora já podíamos ir para casa, com a consciência razoavelmente tranquila. Fizéramos aquilo que nos propuséramos a fazer, e o maldito urso não tinha comido os nossos resultados. Tínhamos todos os motivos para celebrar. O sol brilhava, a tenda estava quente e aconchegante, fizemos café e cozinhamos uma refeição e, enquanto comíamos e bebíamos, relembramos os dias ruins. Falamos da viagem para casa, não dos trezentos e vinte quilômetros de volta para a cabana — isso, agora que tínhamos os diários, não interessava — mas da verdadeira viagem para casa, pelos mares, até a Dinamarca, ao sol e ao verão, às florestas verdes e aos campos dourados, à família e aos amigos, e até ela — fosse ela quem fosse —, àquela para onde os nossos pensamentos fugiam quando as nossas mentes não estavam preocupadas com outras coisas.

Regressamos à cabana na ilha Shannon e, com a luz do auge do verão, o seu interior perecia estar tão sujo, sombrio, melancólico e deprimente que nos despedimos dela assim que possível, esperando não voltar a vê-la.

Partimos em direção a sul, vadeando neve encharcada, chapinhado por lagos rasos no gelo e debatendo-nos por entre o barro enlameado em terra, para chegarmos a uma pequena cabana na ponta sudeste da ilha Shannon. Era uma das quatro pequenas cabanas erigida pelo explorador americano Baldwin, em 1901, e que ele tinha enchido com tanta comida maravilhosa, que o relato ficou conhecido por todos os que vieram passar um tempo, mais curto ou mais longo, na costa norte da Groenlândia Oriental naqueles primeiros dias no início do século.

Tínhamos muitas dúvidas se, de fato, existiam assim tantas coisas boas na cabaninha insignificante como dizia o boato, mas ficamos agradavelmente surpreendidos quando chegamos. E assim, nos instalamos naquele promontório exterior à espera do navio que chegaria dentro do próximo mês para nos levar para leste, para as glórias do mundo normal.

Foi um alívio quando demos o último passo da nossa longa viagem e chegamos ao fim, podendo desfrutar da cabana de consciência tranquila, cabana que saqueamos e usamos ao máximo as suas provisões (como eu e os meus companheiros da Expedição Baldwin–Ziegler teríamos gostado disto há dez anos, quando tentamos chegar ao Polo a partir da Terra de Francisco José! A nossa intenção, naquela altura, tinha sido de regressarmos por via da costa leste da Groenlândia, mas não chegamos tão longe.)

Nos instalamos na cabana, onde encontramos uma carta dos nossos companheiros que nos relatava que tinham deixado o porto de inverno no final de agosto num pequeno barco de caça à foca. Tinham esperado por nós tanto quanto fora possível, e até tinham conseguido com que o barco navegasse um pouco mais para norte para nos procurar. Mas, naquela altura, estávamos lá em cima em Lamberts Land! E, portanto, tinham viajado para casa, como tinha sido ordenado que fizessem; e ali estávamos agora, à espera de um navio.

Não demorou muito para que os espíritos maléficos da Groenlândia Oriental deixassem cair um pouco de fel nas nossas taças, enviando-nos um verão frio que teve como resultado uma neblina espessa e impenetrável sobre o gelo à deriva, escondendo o sol de nós, por vezes durante vários dias. Os resultados da nossa caça também não foram tão bons quanto o esperado, principalmente por estarmos relutantes em nos afastarmos muito da nossa cabana, uma vez que era sempre possível um navio poder estar no meio do nevoeiro e chegar à terra a qualquer momento. Na verdade, ouvimos por diversas vezes ruídos semelhantes aos de um navio, vindos do úmido mundo da neblina, portanto, naturalmente, ficamos perto do local de onde viria. O navio certamente não poderia esperar por nós, pois os ventos e as correntes mantinham o gelo num movimento demasiado grande para o navio poder aguardar. Assim sendo, as coisas não foram exatamente o que poderiam ter sido e, para ser sincero, a nossa estadia no promontório exterior não foi a que tínhamos antecipado.

De vez em quando, na verdade com bastante frequência, vimos coisas no gelo que a imaginação e a refração transformaram em mastro e navio, e em pessoas correndo através dos grandes blocos de gelo. Mas, em cada uma dessas ocasiões, ficamos desiludidos. No início, falávamos da alegria inefável que sentiríamos quando um navio chegasse finalmente; mas, à medida que o tempo foi passando, quando junho passou a julho e rapidamente chegou agosto, falamos cada vez menos da alegria que seria avistarmos um navio, preferindo nem falar no assunto para não iniciarmos uma avalanche de pensamentos sombrios sobre o futuro e qual seria o nosso destino se o navio não chegasse.

No entanto, descobrimos que nos esquecíamos do navio demorado quando estávamos ocupados com trabalho ou planejando o que poderíamos fazer em todos os nossos anos futuros; pois quando se tem apenas trinta anos sentimos que temos direito a muita coisa. Tínhamos muitos planos, mas houve um em particular que rapidamente se tornou o favorito e que achávamos especialmente interessante, o repovoamento da costa vazia do Nordeste da Groenlândia.

A origem do plano era muito óbvia, pois, quando fomos à Ilha Shannon, encontramos bastantes vestígios de uma habitação anterior. Também víramos vestígios semelhantes em muitos locais mais ao norte, cabanas em ruínas, armadilhas de pedra para ursos e raposas; portanto, sempre que nos sentíamos sozinhos e abandonados, tínhamos uma espécie de encorajamento ao falarmos do paraíso que deveria ter sido aquela costa, se tivéssemos encontrado esquimós — tal como acontecia antigamente — para além do local onde existiam as ruínas de uma dúzia de casas.

Mas será que os esquimós tinham conseguido viver onde nós, com as nossas espingardas, quase morremos de fome? Não havia como disfarçar que não tínhamos caçado nada digno de referência, não o suficiente para sobrevivermos. Mas víramos tanto ursos como focas, e certa quantidade de caça pequena, e estávamos convencidos de que os esquimós, familiarizados com a região, e que viviam ali de forma mais ou menos permanente e saberiam as melhores alturas para caça, conseguiriam obter o suficiente da terra e do mar para se manterem, e provavelmente muito mais.

Sempre que começávamos a falar sobre os locais por onde tínhamos andado, era inevitável começarmos a debater a possibilidade de repovoarmos a costa, ou de mudarmos esquimós das áreas sobrepovoadas da Groenlândia Ocidental para a Groenlândia Oriental, onde, na nossa opinião, havia meios de subsistência para muita gente. Iver e eu conseguíamos imaginar esquimós satisfeitos a viverem aqui e ali ao longo da costa e, pouco tempo depois, dizíamos alegremente que, talvez dentro de poucos anos, poderíamos ver um barco de mulheres a contornar o ponto a sudeste da ilha Shannon, seguido por quatro ou cinco homens em caiaques. Observávamos os nossos mapas e tentávamos decidir onde seriam os melhores locais para a imigração esquimó.

Podiam, sem dúvida, viver na ilha Shannon, na ilha onde aguardávamos pelo nosso navio e em Danmarks Havn, e nos grandes fiordes, com a sua água calma e brilhante. As várias ruínas de casas, tanto ali onde nos encontrávamos como em outros locais, contavam uma história convincente. Mas talvez a ilha Shannon ficasse ao norte demais, e a distância até ao outro único local habitado na Groenlândia Oriental, Angmagssalik, era grande demais; portanto, chegamos a um consenso e concordamos que o estreito de Sound talvez fosse o local mais adequado para uma nova colônia nova. A caça ali era boa, eu sabia pela expedição Amdrup, e antigamente muitos esquimós tinham vivido naquele grande fiorde, o maior do mundo.

Foi um plano esplêndido para ocuparmos as nossas mentes durante aquelas horas, quando as saudades de ver alguém, para além do desgraçado miserável para quem estávamos a olhar sempre, eram especialmente fortes. Imaginemos que o plano já tinha sido posto em ação e que podíamos esperar, a qualquer momento, ver um barco com mulheres a remarem por entre os blocos de gelo, cheio de mulheres esquimós felizes e a rir. E imaginemos que elas, acenando e rindo sedutoramente, iam subir a encosta da montanha e chamar os dois tontos que, com a sua arrogância masculina, tinham acreditado safarem-se sozinhos naquela terra dura, mas que agora compreendiam como era uma vã esperança.

Estes esquimós com os quais, na nossa imaginação, gradualmente povoávamos a costa, rapidamente começaram a parecer mais do que fantasias estúpidas. Eram tão reais para nós que, por diversas vezes, nos esquecíamos que não passavam de meras criações da imaginação, concebidas pela nossa esmagadora solidão. Mas, pelo menos, davam algo em que pensar enquanto esperávamos ansiosamente que a neblina levantasse, para que pudéssemos ver o navio que devia estar ao largo em frente à cabana, ou pelo menos abrindo caminho entre o gelo flutuante em direção a nós. Subimos a encosta da montanha sempre que a neblina levantava e observávamos o deserto de gelo denso, que se estendia até mar alto, até onde o nosso olhar alcançava. Não seria fácil qualquer navio passar por aquilo.

Um dia, no entanto, aconteceu algo verdadeiramente sensacional e inesperado: Iver recebeu uma visita.

Ele saiu com a sua espingarda e regressou mais depressa do que eu esperava. Parecia estar bastante aturdido e sentou-se silenciosamente numa pedra. Aquilo era tão pouco comum nele, pois era geralmente muito alegre, que perguntei o que tinha acontecido.

Eu estava preparado para qualquer resposta menos para a que recebi. Iver olhou para mim, com olhos espantados, e disse calmamente:

— Eu vi o meu avô, ele estava sentado lá em cima — respondeu, apontando para o terreno alto. — Ele deve ter morrido.

Senti um arrepio a me percorrer, e olhei atentamente para ele. Parecia estar perfeitamente normal, apesar de ter uma expressão nos olhos que eu ainda não tinha visto — e eu o conhecia muito bem. Aquilo que ele disse sobre o avô foi uma surpresa, e eu disse-lhe isso, tentando desvalorizar aquilo como sendo um disparate; mas Iver insistiu:

— Ele estava sentado lá em cima, numa pedra. Tinha o boné vermelho que usa sempre e eu reconheci a roupa dele. Era o meu avô, disso não tenho dúvidas. Ele deve estar morto — disse Iver calmamente. — Éramos muito bons amigos.

Iver e eu caminhamos juntos até à pedra onde o seu avô estivera sentado, mas ele já não estava lá. No entanto, ele continuava a insistir que o vira. Um dia, mais de quarenta anos depois, perguntei-lhe se acreditava mesmo ter visto o avô, e ele acenou afirmativamente:

— Eu o vi, Mikki. Era o meu avô. E quando voltei para casa, fiquei sabendo que ele tinha morrido precisamente nessa altura.

Parece muito estranho, mas há um outro exemplo: um dia, pouco depois do nosso regresso a casa, a minha mãe me perguntou o que me acontecera num dia específico, cuja data estava escrita num pedaço de papel que ela me mostrou. Era uma data que eu reconhecia, lembrei imediatamente, pois nesse dia a minha vida tinha estado em grande perigo. Não sei se pensei na minha mãe de forma intencional, mas é possível. Pensamos muito e muito depressa quando, subitamente, descobrimos só resta um segundo ou dois de areia na nossa ampulheta.

Em que se deve acreditar? Não é preciso ser histérico ou interessado em "ismos" para, de vez em quando, pensarmos que há mais entre o Céu e a Terra do que as ciências exatas conseguem explicar ou admitir. Eu também fico lembrando daquele dia numa estrada em Calcutá, quando um indiano previu o meu futuro numa terra tão branca e desolada como ele nunca tinha imaginado. Até 1912, aquela profecia estivera muito bem guardada e, mais tarde, tornou-se mais verdadeira do que nunca.

No entanto, não tínhamos muito tempo para meditar sobre acontecimentos estranhos, nem um grande desejo de o fazer; pois compreendemos subitamente que os dias tinham passado a grande velocidade enquanto esperávamos pelo navio. A maior parte de agosto tinha voado, tal como as aves migratórias em seu caminho para o Sul, passando por cima das nossas cabeças enquanto permanecíamos perto do mastro da bandeira olhando o mar coberto de gelo. As aves grasnavam e tagarelavam à medida que passavam lá em cima a caminho do Sul, e nós olhávamos maleficamente para a bandeira que, em dias mais felizes, tínhamos pendurado dentro de um saco perto do mastro, pronta para ser rapidamente içada quando víssemos um navio no gelo.

Mas o navio nunca chegou. No seu lugar, chegaram noites escuras com estrelas, auroras boreais coloridas e um frio tão feroz que o solo ficou tão duro como uma armadura no espaço de uma noite, e todas as poças em terra e lagos no mar tornaram-se brilhantes com o gelo novo. O tilintar suave dos jacintos-silvestres com as brisas de verão; as flores púrpuras do nosso rododendro tinham sido cobertos de pó branco. Toda a vegetação tinha ficado rígida com o frio, e os caules delicados, que tinham resistido a tantas rajadas de vento tempestuoso durante o calor do verão, tornaram-se frágeis e partiam com pequenos estalidos, quando o feroz vento de outono soprava pela terra.

Os picos das montanhas à nossa volta ficaram polvilhados com a mais fina neve, caída recentemente, e brilhavam, brancos, em contraste com o céu pálido, com sombras azul-escuras. Era frequente os contornos das montanhas estarem velados, ou tornarem-se desfocados e indistintos, e assim sabíamos que o mau tempo estava se formando lá em cima, nas alturas. As nuvens de tempestade chegaram aos trambolhões, vindas das encostas íngremes das montanhas. O outono tinha chegado e o inverno estava próximo. Só tontos podiam esperar um navio tão tardiamente; e, no entanto, continuávamos à espera, e os nossos olhos observavam com saudade a aves migratórias que tagarelavam e grasnavam com tanta esperança e tanta alegria, enquanto passavam por nós a voar em direção à luz e ao calor do Sul.

Fomos deixados ali, naquela terra desolada, nos sentindo cada vez mais desesperados. Em breve já só restariam os retardatários dos bandos migratórios e os animais nativos: bois almiscarados de pelo longo, raposas ágeis, lobos escondidos à espreita e ursos farejadores. E nós dois!

A migração terminou. Já não ouvíamos o retinir agudo das andorinhas ou o cacarejar rouco das gaivotas, apenas restava o agourento crocitar dos corvos. Em terra, não víamos nem ouvíamos os pequenos pássaros ligeiros que tanto nos deliciaram no verão. As focas não se banhavam ao sol em terra ou no gelo, mas aqueciam-se na água fria e negra. Os filhotes das raposas e os coelhos jovens já tinham crescido e agora tinham de se virar sozinhos; o inverno estava muito próximo, um inverno longo e escuro, interminavelmente longo e escuro.

Capítulo 17
O Terceiro Inverno

O navio nunca chegou — Planos para chegarmos até Angmagssalik sozinhos — O bote é destruído em terra — A ilha de Bass Rock — Uma cruz macabra — Dois navios andaram à nossa procura — Uma existência dupla — Teríamos ou não? — Inquilinos e as vítimas de uma armadilha

Tínhamos de encarar a realidade e, por mais sombria que fosse a perspectiva, nos preparar para passar um terceiro inverno na Groenlândia. Durante o inverno, também teríamos de fazer os preparativos para o verão seguinte, em que tencionávamos tentar sair daqui sozinhos, em vez de ficarmos sentados com as mãos nos bolsos à espera de um navio.

Enquanto estivéramos à espera e ainda mantivemos a esperança, por vezes falamos, primeiro como uma brincadeira e depois seriamente, em irmos buscar o bote no porto de inverno e trazê-lo até este ponto a sudeste na ilha Shannon, para que, assim que houvesse mar aberto na primavera, pudéssemos navegar para sul até Angmagssalik, onde encontraríamos gente.

A distância até Angmagssalik era de dois mil e cem quilômetros, uma longa distância, mas não havia nada de desencorajador nisso, pois a corrente flui sempre para sul, ao longo da costa da Groenlândia Oriental, e em um ritmo muito bom. Tudo seria consideravelmente mais fácil se conseguíssemos colocar o bote em cima de algum grande bloco de gelo, que poderia andar à deriva dia e noite, e nos transportar com ele em direção ao sul e ao nosso objetivo distante.

Durante o verão, podíamos certamente acelerar o nosso progresso colocando o bote na água e remando ou velejando, se o vento fosse favorável. O feito era bastante viável, com um pouco de sorte; e se não conseguisse levá-lo a cabo, bem, pelo menos o trabalho duro e a esperança razoável de chegar até pessoas eram sempre melhores do que nos limitarmos a ficarmos sentados eternamente a espera, sem podermos fazer nada para evitar o destino que nos aguardava.

Assim sendo, deixamos a cabana que nos tinha trazido tantas desilusões, e voltamos para casa, para... sim, onde era a nossa casa? Suponho que por todo o lado, onde quer que tivéssemos uma pequena cabana, uma toca onde, tal como os outros animais nativos, pudéssemos ter abrigo do frio e das tempestades que nos fustigavam como flagelos.

Neste caso, a nossa casa era o velho abrigo de inverno e, com o equipamento enrolado num embrulho às costas, abrimos caminho por terra e gelo para chegarmos até ao bote que, na primavera seguinte, nos levaria até ao sul, até às pessoas!

Sentíamos muito melhor, uma vez que tínhamos desistido de toda a esperança de um navio chegar naquele ano. Iver era um companheiro magnífico, e se havia duas pessoas que se davam bem, éramos nós. Conhecíamos o íntimo e os pensamentos de cada um, sabíamos que reação esperar do outro em todas as circunstâncias e ambos estávamos convencidos que podíamos sobreviver a outro inverno, desde que estivéssemos juntos e de boa saúde. Mas, e já tínhamos falado disto muitas vezes, também estávamos de acordo que, se um de nós morresse, o outro também não conseguiria sobreviver: os dois juntos conseguiam se virar, mas um sozinho? Nunca!

Como de hábito, quando estávamos juntos a lutar com dificuldade em alguma coisa, Iver inventava uma canção adequada e, enquanto nos esforçávamos em direção ao norte, berrávamos para o frio e para a escuridão: “E aqui estamos nós três anos seguidos, três anos seguidos, três anos seguidos” — e depois algo que eu já esqueci, e *tralalá*. Achávamos que soava muito bem e, de uma forma ou de outra, aliviava-nos um pouco as mentes depois da desilusão.

O nosso ânimo ainda melhorou por uma caçada bem-sucedida a um boi almiscarado que nos deu carne suficiente para bastante tempo. Estava um frio tremendo de noite, deitados no solo gelado, interrogando-nos se a luz do dia não obrigaria as estrelas a fugirem em breve, mas isto durou apenas alguns dias, até chegarmos à cabana que tínhamos esperado não voltar a ver novamente.

As paredes estavam cobertas com geada brilhante, e cheirava a azedo e a mofo. Era uma habitação desoladora e deprimente, mas tinha guardado ali uma série de coisas que iríamos necessitar durante o inverno que se aproximava e na nossa viagem para o sul na primavera. E havia trabalho a fazer! Tínhamos de construir um trenó, um trenó suficientemente forte para carregar o bote; e a carne do boi almiscarado que caçáramos tinha de ser cortada, secada e congelada. Na verdade, havia muitas pequenas coisas para fazermos, o suficiente para nos mantermos ocupados naquela cabana no ponto a nordeste da ilha Shannon, que era a nossa casa temporária.

As tempestades chegaram, como chegam todos os outonos. A neve varria a terra, enquanto o gelo se quebrava em longas fissuras, suspirando e gemendo. Foi ficando mais escuro a cada dia que passava, e o instinto mandou os animais se recolherem às suas tocas sob grandes rochas, ou procurar calor debaixo da cobertura da neve. Já conhecíamos aquilo tudo e aceitávamos pacientemente, costurando vestimentas, construindo o trenó, carregando o bote — e como foi difícil içar o bote pesado para o trenó e prendê-lo! Estava fora de questão conseguirmos puxar o trenó sem ajuda, portanto, montamos o mastro do bote e fizemos uma vela, na esperança do vento nos ajudar a carregar o nosso fardo, pesado, mas precioso, para sul.

Todas os nossos preparativos foram demorados. Os dias de tempestade e de inatividade forçada por vezes eram longos, pois não tínhamos nada para ler além de dois jornais, com datas anteriores à nossa partida de Copenhague. Estes itens preciosos tinham sido utilizados como meros embrulhos, mas é claro que havia muita coisa para se ler em Copenhague. Nós, no entanto, estávamos muito contentes com os nossos dois jornais; foram lidos, debatidos e interpretados de todas as formas possíveis. Foi, na verdade, bastante divertido, deu muitos novos tópicos de conversa, e conseguimos inventar longas histórias a partir dos anúncios, especialmente os de casamento.

Tópicos novos eram mais do que bem-vindos, pois sabíamos a opinião um do outro sobre tudo debaixo do sol e não conseguíamos começar a falar sobre nada sem já sabermos exatamente o que o outro teria a dizer sobre o tema. Estávamos a ponto de nos cansarmos das vozes um do outro, estava difícil rirmos com piadas e com ditados que já ouvíramos centenas de vezes antes.

As duas primeiras semanas depois de perdermos a esperança na chegada de um navio foram difíceis de suportar, pois havia uma diferença imensa entre a vida que estávamos a viver, a que teríamos de viver durante a maior parte de mais um ano, e a vida que esperávamos levar em casa, na Dinamarca. Mas, por mais monótona que a vida fosse na cabana, nunca afetou a nossa amizade: por vezes, chegavam-nos aos lábios palavras precipitadas das quais mais tarde nos arrependeríamos, mas nunca passaram dali. Tais palavras tinham de ser travadas para, mais tarde, não termos de lamentar as coisas estúpidas e precipitadas que tivéssemos dito.

Em meados de outubro, deixamos a cabana no ponto nordeste da ilha Shannon. Içamos a vela do bote que estava bem preso a um trenó robusto, e tínhamos uma outra vela num outro trenó que transportava todo o nosso equipamento. Foi com este pequeno esquadrão que partimos para sul com um vento fresco vindo do Norte. O vento queimava e picava nos pontos em que achava caminho através de buracos nas nossas roupas, mas também estava a empurrar muito bem os nossos trenós pesados, apenas tínhamos de manter a boa sorte. Durante alguns dias, tudo correu razoavelmente bem, e já tínhamos coberto mais da metade da distância quando, numa ventania, bati o trenó com o bote contra um enorme monte de neve, e ali ficou preso. O mastro saiu borda fora, a vela seguiu a neve que caía a grande velocidade e desapareceu na escuridão, enquanto a neve continuava a cair perto da carga, rodopiando à nossa volta e nos impedindo de ver. Quando, finalmente, conseguimos perceber a situação, estava muito claro que tínhamos de abandonar o bote; estava irremediavelmente preso e sendo rapidamente enterrado sob uma montanha de neve.

Foi o fim da nossa esperança de, na primavera, conseguirmos velejar ou andar à deriva num bloco de gelo até Angmagssalik, e foram dois homens muito deprimidos os que, de uma forma ou outra, conseguiram puxar o outro trenó pesado até à cabana no ponto a sudeste da ilha Shannon.

Aos poucos, fomos ficando cheios da ilha Shannon, que parecia estar amaldiçoada. Tudo o que tínhamos levado a cabo ali resultara de forma bastante diferente da pretendida. Tinham sido muitas desilusões e poucas alegrias, portanto, decidimos nos afastar dela e aproveitar o primeiro bom tempo e vento favorável para "velejar" o trenó até à ilha de Bass Rock, onde existiam mais das cabanas de Baldwin, cujo conteúdo eu tinha o direito de usar.

A distância por mar até à ilha de Bass Rock não era muito grande, pouco mais de quarenta e oito quilômetros, e, como o vento estava favorável, avançamos rapidamente pelo gelo. A sotavento, a poucas centenas de metros de distância, havia um aparente mar aberto transformado em espuma por um vento norte feroz. As ondas arrebentavam sobre a borda do gelo e os borrifos eram arremessados pelo ar e batiam na vela, no trenó e em nós, doendo como uma facada quando acertavam nossos rostos desprotegidos. Grandes pedaços estavam a quebrar-se continuamente na beira do gelo e a partirem à deriva para o mar, trazendo a água aberta cada vez mais próximo de onde nos encontrávamos. Parecia ser muito perigoso, mas conseguimos chegar à ilha de Bass Rock, e, uma vez ali, paramos surpreendidos com o que vimos na costa: um poste alto no alto do qual estava pregada uma tábua horizontal, uma cruz num ermo onde antes não havia nada! Eu e Iver olhamos um para o outro, espantados: devem ter ido ali pessoas mesmo depois dos nossos companheiros terem partido. E teria aquela cruz sido erguida em nossa memória?

Nunca desvendamos esse mistério. Em Bass Rock, não encontramos nenhuma explicação para a existência da cruz, nem descobri nada sobre o tema mais tarde. A cruz estava ali, mas ninguém admitiu tê-la erigido.

Para nossa imensa surpresa e consternação havia outros sinais, bastante inequívocos, de que pessoas tinham ido a Bass Rock enquanto estivéramos na ilha Shannon à espera para ver se chegava um navio. Era muito óbvio pelas duas mensagens que encontramos pregadas na parede da cabana: uma era de um caçador de focas, que tinha se servido livremente das nossas provisões na cabana que, quando regressasse, tencionava fazer uma tentativa para chegar até à ilha Shannon e, se possível, nos encontrar. A outra mensagem era de um iate a vapor norueguês, o *Laura*, que tinha trazido um grupo de condes e de condessas austríacos até à Groenlândia Oriental para proporcionar-lhes emoção.

Teriam sido estes turistas aristocráticos responsáveis pela cruz? O *Laura* também tinha tentado chegar à ilha Shannon para descobrir o que tinha acontecido conosco, mas o gelo o tinha-o impedido de chegar a pouco mais da metade do caminho, e, assim, seus condes e condessas tinham perdido a emoção que certamente sentiriam ao visitarem o nosso acampamento de verão. Não que estivéssemos em estado de sermos apresentados a senhoras nobres da aristocracia austríaca, mas só pensamos nisso mais tarde, quando ultrapassamos a pior parte da desilusão de um navio ter estado a menos de vinte e cinco quilômetros de nós e de estarmos de volta à rotina diária. No início ficamos bastante atordoados com as notícias, e pensamos, com pesar, do que aqueles poucos quilômetros tinham significado para nós e para os nossos amigos. Se tivéssemos conseguido chegar ali no verão anterior, como tínhamos tentado, teríamos estado na costa para receber o *Laura* com os seus condes e condessas, e teríamos, assim, poupado seis meses de ansiedade e de privações. Já era suficientemente ruim para nós, mas o fato de dois navios terem nos procurado e voltado para trás sem nada deve ter sido um golpe duro para as nossas famílias.

Deve ser muito difícil para os pais terem filhos peculiares, que passam as vidas em locais estranhos onde a vida e a morte andam quase de mão dada; mas também é desagradável para os filhos quando imaginam o sofrimento dos pais e a preocupação de não saberem o que aconteceu: o conhecimento da morte é um golpe duro, mas pode ser ultrapassado gradualmente; enquanto o tormento persistente da incerteza nunca acaba.

Era esta tortura da incerteza que os nossos pais teriam agora de suportar durante mais um ano inteiro. Sentíamos isso com eles e por eles, e amaldiçoamos o destino maléfico que tinha nos preparado tudo de forma tão miserável, e para todos aqueles que pensavam em nós. Ficamos silenciosos e reservados depois de lermos as duas mensagens, a do *Laura* e a do caçador de focas, e deve ter sido a primeira ocasião em todo o tempo que passamos juntos que nem eu nem Iver nos sentimos compelidos a revelar ao outro os pensamentos que nos invadiam as mentes: desanimados e deprimidos, nos enfiamos dentro dos nossos sacos de dormir para procurarmos o esquecimento no sono.

A vida tem de ser vivida, por mais dura que pareça, e passado um dia ou dois tínhamos nos recuperado e arrancado a cruz horrível que estava na praia, para que a visão dela não despertasse o nosso desalento latente de cada vez que olhássemos naquela direção.

Lutávamos contra pensamentos perigosos, e compreendíamos os dois que quanto mais depressa os dominássemos melhor era para nós. Afinal, não podíamos aliviar a dor dos nossos pais.

Assim sendo, combatemos os nossos pensamentos da melhor forma possível e a vida voltou gradualmente mais ou menos ao normal. Mas o desalento penetrava cada vez mais fundo nas nossas mentes, tornando-se uma ferida aberta que doía cada vez que os nossos pensamentos fugiam para o sul.

No entanto, progressivamente, as coisas foram melhorando e, mesmo apesar do sol já ter hibernado há muito tempo, ainda havia luz suficiente no céu para conseguirmos caçar lebres e lagópodes e, de vez em quando, um urso. Passamos o máximo de tempo possível no exterior, onde havia céus tremeluzentes e estrelados bem acima de nós e, ao longe, havia uma parede coberta com cortinas feitas de aurora boreal. A cabana era opressiva demais quando os nossos pensamentos eram tristes.

Não aconteceu muita coisa durante os dias negros de outono e de inverno, não o suficiente para nos permitir termos uma conversa banal sobre os acontecimentos do dia e, por esse motivo, tínhamos de recorrer a tópicos artificiais para manter afastado o espectro do silêncio.

Debatemos questões políticas, tal como tínhamos feito no inverno anterior, mas de plataformas opostas, como se eu tivesse convencido Iver de que a política conservadora era melhor do que aquela que advogava, enquanto eu tivera de aceitar suas visões de socialista convicto; era a única forma de mantermos o debate aceso. Deu bom resultado — conseguíamos sempre provocar o outro de forma bem-disposta ao responder com algum disparate que ele tinha avançado antes como sendo o pináculo da sabedoria política.

Aquelas discussões tontas estavam condenadas a acabar por falta de combustível e, quando isso aconteceu, começamos a caminhar em volta do fogão da nossa cabana octogonal, com as cabeças tilintando com pensamentos, enquanto lutávamos com a pergunta hedionda: será que iremos passar aqui um quarto inverno? Já não conseguíamos ter certeza de nada, não podíamos acreditar em nada, apenas ter esperança de que algo acontecesse.

Felizmente, tínhamos um outro tópico de conversa igualmente tolo ao qual recorrermos, os nossos sonhos, que chegavam até nós naturalmente ou eram induzidos com o recurso simples de comer mingau de aveia à noite. Isto fora sugestão do Iver, pois tinham-lhe dito que era uma forma infalível de sonhar, e, assim, o mingau de aveia tornaram-se uma espécie de portal para o mundo exterior.

Naquele terceiro inverno, já tínhamos esmiuçado todos os temas em que podíamos pensar, e agarramo-nos aos sonhos como tópico de conversa, de tal forma que, para todos os efeitos, vivíamos dois tipos de vida: a vida diurna, em que não acontecia nada de especial, e a vida noturna em que podíamos perambular por todo o lado nas asas dos sonhos e vivenciar as aventuras mais gloriosas.

Nos esforçamos tanto para ver o nosso jogo dos sonhos como realidade que nunca perguntamos um ao outro: "Com o que sonhou na noite passada?". Mas, mais precisamente: "Onde você foi na noite passada?". E assim, enquanto comíamos o nosso mingau de manhã, feito com aveia bolorenta, e bebíamos café que parecia ter estado em contato com fenol e parafina, relatávamos um ao outro as maravilhosas aventuras da noite, passada ao sol e ao calor, na cidade ou no campo, mas entre outras pessoas, tanto homens como mulheres, e contávamos o que nos tinha acontecido na sua companhia alegre.

Aqueles sonhos podiam libertar a perspectivas insuspeitas e fornecer temas de conversa durante muito tempo, ou serem matéria para debates bastante sensatos. Iver visitava com frequência a sua fazenda ancestral e, frequentemente, a primeira coisa que me dizia de manhã era: "Na noite passada, estive novamente na fazenda do tio Søren, e...".

Aquilo era o nosso ponto de partida, e podíamos passar horas a falar de agricultura e tudo aquilo que, na nossa sabedoria, pensávamos saber sobre o tema. Ainda bem que não tínhamos um gravador na cabana, pois estou certo de que coraríamos de vergonha se, mais tarde, alguma vez ouvíssemos aquilo que tínhamos creditado um ao outro como sendo o expoente máximo da sabedoria. Tais horrores são alegremente esquecidos com facilidade, mas ainda acontece de nos encontrarmos e o Iver, com um olhar jocoso, dizer:

— Lembra, você disse... — E reproduz um dos meus relatos mais monstruosos daqueles dias, e eu tremo.

Era uma existência desoladora para dois homens solitários, especialmente quando a noite polar nos rodeava com sua escuridão quase palpável, sem nada para mitigá-la além do brilho das estrelas tremeluzentes. Era um grande dia para nós quando a lua surgia grande e redonda no céu negro e iluminava a neve, fazendo emergir sombras na paisagem branca e brilhar e reluzir os cristais de gelo — mesmo não sendo de forma tão alegre como o brilho do sol primaveril.

Nesta ocasião, era época de sairmos da nossa pequena cabana e caminhar pelos arredores com uma espingarda ao ombro, pois podíamos encontrar um urso, um boi almiscarado ou, na pior das hipóteses, uma miserável lebre. Era uma sensação esplêndida poder passear por ali e, quando voltávamos à cabana depois de um passeio extenso sob o luar, encontrávamos frequentemente algo que tínhamos experimentado que despertava memórias da nossa longa viagem de trenó, que agora parecia ser uma coisa do passado, e, muitas vezes, sentíamos vontade de discutir se deveríamos ter feito isto ou aquilo em vez do que fizéramos.

Desde então, sempre que revivemos os últimos dias da nossa marcha da fome, surgiu sempre uma grande questão: Se um de nós tivesse morrido, o sobrevivente teria ou não tentado salvar a sua vida, comendo-o? Não estamos certos da resposta, mas o que sabemos é que os dois pensamos na ideia, quando o massacre da fome atingiu o seu pico e vimos como estava difícil para o outro continuar e duvidávamos que ele conseguiria aguentar até Danmarks Havn e à comida que nos salvaria.

Iver era um pouco mais firme nas suas ideias do que eu, pois insistia que não me teria tocado, a não ser que removesse primeiro as minhas mãos, ou pelos menos os dedos.

— Mas por que raios...? – perguntei, espantado, da primeira vez que me disse isso.

Calmamente, Iver respondeu:

— Eu não gosto de pensar nem de falar nisso. Mas eu acho que as mãos distinguem os humanos dos animais. É com as mãos que as pessoas conseguem fazer todas as coisas que os animais não fazem. Para mim, a nossa humanidade está nas mãos.

Eu nunca tinha pensado nisso, mas podia ter fundamento. Tendo chegado ao ponto de debater o que teríamos ou não feito quando estávamos desesperados de fome e preferíamos não transportar a espingarda que poderia trazer a morte e o descanso, normalmente tentávamos encontrar um assunto menos macabro o mais depressa possível. No entanto, a questão permaneceu no nosso inconsciente durante todos estes anos e, há muito pouco tempo, voltei a colocá-la ao Iver. Ele deu a mesma resposta.

Nem sempre se debatiam frivolidades na nossa pequena cabana que parecia tão minúscula sob as imensas montanhas íngremes que quase pareciam inclinar-se sobre ela. Tudo o que pudesse trazer um pouco de variedade à uniformidade dos longos dias escuros era bem-vindo, ou quase tudo. Mesmo uma dor de dente, não sendo bem-vinda, pelo menos era uma forma eficiente de quebrar a monotonia dos nossos dias. Lembro de um episódio que me aconteceu. Começou no meio do inverno, e não melhorou quando lembrei que talvez pudesse durar até eu chegar em casa e mandar remover o dente. Isto me atormentou ao calcular os números terríveis: oito meses são duzentos e quarenta dias, e isso dá... Mas porquê continuar, como eu fiz, a calcular quantas horas, minutos e segundos havia em oito meses, e a me imaginar com dor de dente cada um daqueles inúmeros segundos. Era horrível e tornou-se ainda pior quando Iver, em toda a sua inocência, me disse que em áreas rurais remotas, muito longe do dentista mais próximo, aliviavam a dor de dentes jogando aguardente no dente. Nós não tínhamos aguardente, mas tínhamos um pouco de desinfetante hospitalar e pensamos que poderia ter o mesmo efeito. Então, eu bochechei com um copo de desinfetante para me livrar da dor de dentes.

Eu não quero voltar a passar por nada semelhante àquilo novamente. Andei de um lado para o outro na cabana, a bater os pés e a imitir grandes urros de dor que afogavam as desculpas do pobre e infeliz Iver, enquanto ele andava à minha volta para me assegurar que tinha realmente pensado que aquilo ajudaria e que não tinha desejado me ferir. Claro que eu sabia disso, mas foi horrível enquanto durou, para meu espanto, a cura deu certo.

Caçávamos sempre que possível para podermos ter comida fresca e, portanto, a nossa alegria foi grande quando numa ocasião, na penumbra do meio-dia, descobrimos rastros de lebres na neve. Estava escuro demais para os seguir, ou apontar com alguma precisão, portanto, em vez disso, montamos uma armadilha na esperança de podermos guiar a lebre até ela pendurando aveia bolorenta na entrada e colocando um grande monte dela lá dentro por trás do alçapão.

Foi bastante excitante e, durante os primeiros dias, revezamo-nos na vigia à noite, para conseguirmos matar a lebre imediatamente, se caísse na armadilha. Demorou muito tempo a acontecer, ou talvez não gostasse de aveia bolorenta; mas quando a neve ficou mais espessa e a lebre com mais fome, cedeu à tentação, e a nossa alegria foi grande quando fomos acordados por uma comoção tremenda vinda da armadilha, onde encontramos uma pobre lebre a tremer de medo.

Olhou para nós com olhos tão assustados que os nossos corações começaram a derreter e falamos em libertá-la, pois havia alguma semelhança entre a lebre fechada numa caixa e nós, naquele espaço imenso do qual não conseguíamos sair.

Mas o Natal estava chegando e o pensamento de comermos lebre assada no Natal subjugou nossos sentimentos mais nobres, e a lebre morreu. Alguns dias depois, quase tropeçamos no seu companheiro na neve e também o matamos. A nossa refeição de Natal estava garantida, e ficamos sentados na cabana à espera do dia em que o sol fosse tanto para o Sul que teria de começar a regressar ao Norte. Por mais estranho que possa parecer, também ansiávamos ouvir o vento uivando em tornos dos oito cantos da cabana, assobiando na chaminé e lançando pedaços de granizo na nossa pequena janela.

Aquele dezembro estava estranhamente calmo. De vez em quando, ouvíamos o vento a fazer barulho na montanha, ou descia e guinchava em torno da casa e assobiava na chaminé, mas só por um instante; no momento seguinte a rajada tinha desaparecido para o mar, deixando tudo estranhamente calmo e silencioso como antes, tão silencioso que sentíamos vontade de gritar e de fazer barulho, de tentar acordar os ecos naquela calma dormente e opressiva. No entanto, por vezes o silêncio era quebrado quando a pressão de tempestades distantes empurrava os blocos de gelo contra a terra e os esmagava com rugidos monótonos, ribombares, batidas e fragmentações, e isso nos dava a sensação bem-vinda do mundo afinal não estar paralisado, que havia vida e forças poderosas a moverem-se ao nosso redor.

Chegou finalmente o Natal, o nosso terceiro naquela parte do mundo e o segundo que passávamos sozinhos. Eu estava ansioso pela sua chegada, com uma apreensão considerável, pois é uma altura em que emoções ruins para homens solitários podem facilmente ganhar terreno.

Iver manteve-se ocupado cozinhando as lebres. Íamos comer as duas pois não tencionávamos economizar em nada no Natal. Ele também estava a cozinhar aquilo que esperava vir a ser um pudim de arroz tradicional dinamarquês, apesar de poder facilmente transformar-se em mingau, não sendo fácil saber com antecedência. Eu não era bom cozinheiro, portanto me encarreguei de limpar a cabana. Não havia muito para limpar, pois a vassoura tinha ficado careca com o passar do tempo e não podíamos usar muita água, sendo um bem que gastava muito do nosso precioso combustível para obter e que, de qualquer forma, não era para usar no chão já que qualquer derrame se transformava instantaneamente em gelo. Portanto, deixamos o chão em paz, enrolamos os nossos sacos de dormir, acendemos a nossa última vela e percebemos com satisfação que, como já não tínhamos sabonete há dois ou três meses, não precisávamos ter vergonha dos nossos rostos e das mãos sujos naquela ocasião solene.

Apesar da lebre assada e das outras coisas boas que comemos, coisas que os americanos tinham trazido há dez anos e que o tempo, o mofo e os caçadores de focas gananciosos tinham poupado, o nosso Natal foi tão triste como tínhamos antecipado. Quando chegou a hora de irmos para a cama, um de nós foi sorrateiramente lá para o frio e fechou a porta da armadilha de lebres. A chance de apanharmos uma lebre na armadilha não eram grandes, mas não eram impossíveis e, naquela noite, não queríamos ferir ou fazer mal a nenhuma criatura viva. Até mesmo um urso podia ter-se aproximado em segurança da nossa porta.

Não apareceu nenhum urso, portanto não ganhamos quaisquer halos. Foi um Natal triste e pesaroso em todos os aspectos, e a única alegria que eu e o Iver conseguíamos tirar dali era o pensamento que agora, finalmente, o sol estava novamente voltando ao Norte. E, então, cada um de nós comeu uma grande porção de mingau de aveia na esperança de termos um feliz Natal nos nossos sonhos.

Capítulo 18
Os Últimos Seis Meses

Os frutos da imaginação de homens solitários — O sol regressa pela terceira vez — O dia a dia na nossa cabana de inverno — Queridos inquilinos — Raposas mensageiras — Tentamos uma viagem de trenó — As nossas forças falham

Quando o solstício de inverno terminou e dias mais luminosos chegaram ao horizonte, começamos a sentir mais prazer na vida. Um dia, Iver desenterrou da sua reserva privada um tesouro até agora escondido, uma coleção de uns vinte postais que espalhou em cima da caixa que servia de mesa, perguntando se eu não os achava bonitos. Eram bonitos. Alguns eram postais de Copenhague que mostravam enxames de pessoas que nós, que há dois anos não víamos ninguém além de um ao outro, ficamos bastante excitados com a visão e nos questionamos se ainda existiriam de verdade locais no mundo onde as pessoas se reuniam daquela forma.

Também havia imagens coloridas da paisagem campestre com casas de campo com telhados de colmo, campos dourados, vacas castanhas e todo o resto. Um dos postais mostrava uma árvore enorme no meio de um pasto verde e uma jovem a desfrutar do verão à sombra dela. Era uma imagem bonita: a erva era tão verde que quase duvidávamos que fosse verdadeira, e o céu era tão azul que gritava simplesmente: isto é o verão na Dinamarca! E a jovem estava vestida de vermelho vivo: linda, o mais belo fruto da Natureza.

Pregamos aquele postal na parede da cabana, para que a erva verde e a jovem de vermelho nos aquecessem os corações quando a nossa existência ali, no gelo e na neve, e a solidão parecessem demasiado horríveis.

O melhor postal era um que Iver recebera de uma "prima" que frequentava uma escola de economia doméstica. Também era uma cena de verão, e a atmosfera estival simplesmente saltava do postal sob a forma de muitas jovens em vestidos de verão, fotografadas em frente a uma escola, bonitas e encantadoras, com bocas e olhos sorridentes.

Olhamos muitas vezes para aquela fotografia, especialmente quando estávamos mais para baixo. Procuramos conforto naquelas garotas felizes, e debatemos sobre elas, tentando descobrir os seus caráteres pela pureza dos seus rostos, o asseio dos seus vestidos e a linearidade dos seus membros. As nossas duas cabeças sujas, com cabelos compridos e barbadas quase batiam uma na outra quando nos inclinávamos sobre a foto, com uma lupa à frente dos olhos e uma lâmpada de parafina fumegante tão próxima quanto possível, e esmiuçávamos toda aquela graça e beleza femininas, que alegravam a nossa pequena cabana na costa do mar polar.

Concordamos em não tocarmos nas jovens dos postais com os dedos, pois as nossas mãos não estavam muito limpas e tínhamos medo de que a sujeira pudesse passar e sujar as belas feições lindas. Mas, uma vez que iríamos falar com as jovens, debater sobre elas e tentar descobrir as suas características boas e más, cada uma delas tinha de ter um nome, para sabermos de quem estávamos falando. Portanto, lhes demos nomes: havia uma srta. Imperturbável, uma jovem bonita num vestido branco e uma atitude livre e tranquila; a srta. Determinada, inclinada contra uma vedação fazendo todo o possível para parecer sedutora. Havia uma srta. Alta, uma srta. Baixa, uma srta. Amuada, e a chama especial do Iver, a pequena srta. Raio de Sol, que parecia tão nova, tão feliz e sorridente, que aquecia o coração do Iver que era tudo, menos gelado.

Inventamos uma história sobre cada uma destas jovens escolhidas, e prometemos um ao outro que, quando voltássemos para casa, iríamos fazer uma visita à escola, ver as jovens, e descobrir se as belas personalidades que lhes tínhamos dado correspondiam à realidade. Eu estava especialmente interessado na srta. Imperturbável e o Iver, na srta. Raio de Sol.

Era, de fato, um postal maravilhoso, e o guardávamos cuidadosamente após cada olhar deliciado sobre ele. Deu-nos assunto para muitas conversas — e alimento para pensamentos peculiares em horas de solidão.

O período de escuridão daquele terceiro inverno foi um tempo difícil. A mim, pareceu mais escuro e difícil de suportar do que os que o precederam. Começamos novamente a pensar em partir com o gelo à deriva para sul, até Angmagssalik, mas para isso precisávamos de um barco para nos levar até terra quando chegássemos, e o nosso barco estava enterrado debaixo de um monte de neve na ilha Shannon. No entanto, talvez conseguíssemos salvar o bote, quando o sol regressasse e sua luz flamejante tivesse expulsado a escuridão da terra e o seu calor nos permitisse trabalhar lá fora.

Sim, o sol! Como tínhamos saudades dele. Em dias de tempo bom, saíamos sempre da cabana, de preferência até lá em cima, para olharmos a luminosidade ao sul que, dia após dia, subia mais no céu, ruborizando sob a carícia do sol distante. A chama que trazia a vida iria em breve reacender-se sobre o horizonte meridional, e a neve nas encostas das montanhas viradas ao sul já estava tingida com um rosa delicado, enquanto tudo o que estava virado para o norte permanecia frio, azul-esbranquiçado e proibitivo.

Em breve, o sol estaria de volta e, por isso, tínhamos de decidir o que poderíamos fazer para fugir dali pelos nossos próprios meios. Apesar de ainda nos considerarmos homens bastante robustos, que conseguiam enfrentar a maior parte das coisas, havia diversos sinais que indicavam que a escuridão, o frio, a solidão e uma dieta inadequada nos tinham afetado. As nossas articulações rangiam mais do que o desejável, as nossas gengivas talvez estivessem um pouco mais vermelhas do que deviam e já não sentíamos que os nossos dentes faziam parte dos nossos maxilares. E eu tinha algo que não podia ser bom, um inchaço enorme na lateral do pescoço.

Será que o escorbuto nos iria atacar novamente?

Tínhamos de tentar descobrir aquilo de que ainda éramos capazes, portanto começamos a preparar uma pequena viagem de trenó, que nos permitiria testarmos a nossa força e ver qual era a possibilidade de conseguirmos sair dali pelos nossos próprios meios. Começamos por remendar o nosso equipamento e a consertar aquilo a que chamávamos de roupa, descobrindo que desta última quase só sobrara o nome. Mas conseguimos fazer uma quantidade razoável de remendos, e conseguimos fazer coisas novas de pele de urso não curtida, que fica dura e rija como folha-de-flandres. Também tínhamos algum tecido de vela, no. 00, o mais pesado que fabricam. Nos grandes barcos à vela, costumava resistir a furacões, por isso pensamos que devia dar umas boas calças para o Iver. Cortei alguns pedaços e vi que Iver olhava para eles de forma desconfiada, eu insisti que seriam calças quentes e fortes para ele. Costurei-as com uma palma e uma agulha de veleiro, um bom trabalho para um marinheiro, apesar de não terem ficado bonitas. A semelhança com as calças não era tão grande como poderia ter sido, mas pelo menos tinham duas pernas. Iver enfiou a vestimenta para me agradar e depois perguntou, estupefato, se eu queria mesmo que ele as usasse. E eu queria mesmo, pois as que ele estava usando tinham-se rasgado tanto que fazia um padrão. As calças novas estavam suficientemente boas, apesar de não darem tanta liberdade de movimentos como deviam. Mas isso, no entanto, era fácil de resolver: estavam apenas um pouco apertadas no gancho. Iver deitou-se de barriga para baixo em cima de uma caixa e eu o obriguei a afastar bem as pernas, enquanto usei uma faca afiada e fiz uma abertura no local do aperto. Costurei um pouco de lona no local e ali estavam as calças, tão boas quanto conseguíamos fazer. Não eram bonitas e eram hirtas como um raio, mas dava para usar — teriam durado uns cem anos!

Naquele inverno, não nos faltou trabalho, pois há muito que fazer quando há apenas dois para fazerem o trabalho, e ainda todos os trabalhos diferentes com que, em outra situação, não seria preciso perder tempo. Quando a noite chegava, estávamos bem cansados e comíamos o bife de urso do dia, ou o guisado de urso, empurrado com café que sabia a fenol e a parafina, um gosto ao qual é possível alguém se habituar, tal é a adaptabilidade de um homem.

Gostávamos de fumar um cigarro ou cachimbo depois do café, enquanto discutíamos os eventos do dia ou o que faríamos na manhã seguinte. Enquanto fumávamos e conversávamos, tossíamos terrivelmente, pois o nosso tabaco era normalmente feito de folhas de chá secas e os cigarros de pedaços de jornal velho, que nem melhoravam o sabor nem diminuíam a quantidade de fumo. A pequena cabana enchia-se de fumos sufocantes, especialmente em dias calmos. Se soprasse o menor vento, as inúmeras correntes de ar empurravam o ar pestilento pelas muitas frechas nas paredes da cabana. De outra forma, podíamos ter morrido asfixiados.

Mais ou menos no meio do inverno, adquirimos um animal de estimação, uma raposa cuja fome obrigara ao vegetarianismo de tal forma que tinha sido atraída para a armadilha de lebres com o seu monte de aveia bolorenta. Como era bonita e corajosa enquanto carregávamos a armadilha em triunfo para dentro da cabana, enquanto a raposa nos olhava com olhos dardejantes, inquiridores e destemidos.

Nos primeiros dias, depois de a termos tirado da caixa e amarrado dentro da cabana, era bastante selvagem, mas rapidamente ultrapassou a ansiedade tremula da criatura selvagem e tornou-se muito mansa. O nosso pequeno animal vivaz nos deu muito prazer, encurtando muitas horas, e ficamos bastante infelizes quando, um dia, aproveitou uma oportunidade irresistível de mergulhar pela porta, desaparecendo na lonjura branca, envergando um pelo sujo acinzentado como recordação da sua curta estadia na civilização.

Quando falávamos do nosso animal — que, mais tarde, veio a desempenhar um papel incrível na nossa existência eremita e deu vazão às mais estranhas esperanças e expectativas — chamávamos-lhe de "Sem vergonha", em reconhecimento amargo do fato de ter estado muito longe de estar treinada a fazer as necessidades lá fora. Mas talvez nós não fossemos as pessoas certas para lhe ensinarmos a ter boas maneiras.

Quando regressamos a Bass Rock depois de uma pequena viagem de trenó que fizemos na primavera, fomos recebidos por uma raposa que parou, olhou para nós com olhos brilhantes, quase compreensivos, e depois correu à nossa frente até à cabana, onde obviamente estivera a viver enquanto estávamos ausentes.

Aquela raposa era tão mansa e confiante que, para nossa alegria, seguiu-nos para dentro da cabana quase sem hesitação. Depois de alguns dias a fazermos-lhe festas, seguia-nos como um cão sempre que saíamos e, se saísse sozinha para tratar dos seus próprios afazeres, nunca se afastava ao ponto de não voltar a correr imediatamente quando chamávamos e ouvia o seu nome: Oferecida.

Um dia, vi um rastro de raposa na neve incrivelmente branca e presumi naturalmente que a Oferecida tinha saído como era de costume, portanto, não pensei mais nisso até ter chegado a uma neve fina, caída recentemente, onde vi um sulco distinto paralelo ao rastro. Fiquei quase tão surpreendido como Robinson Crusoe quando viu pela primeira vez as pegadas do Sexta-Feira, e fiquei muito quieto para não perder novamente o rastro. Chamei Iver e mostrei-lhe o rastro.

— O que é isso, Iver? — perguntei.

— A Oferecida — disse ele, hesitante, dando depois um salto e olhando para mim com os olhos espantados. — Mas estava arrastando uma corda solta!

— Exatamente — disse eu. — Por isso que te chamei, para que pudesse ver e tirar as suas conclusões.

Com os dentes a bater de frio, voltamos à cabana para discutirmos o estranho acontecimento: tinha havido duas raposas mansas dentro ou ao redor da cabana, a Sem Vergonha e a Oferecida, mas agora parecia haver três raposas, tendo todas elas estado em cativeiro. De onde tinha vindo a terceira?

A nossa solidão e as saudades de encontrarmos outras pessoas fizeram-nos conceber uma explicação maravilhosa, que devia haver pessoas por perto que tinham apanhado a raposa e que a tinham prendido com um fio, e que se tinha soltado e vindo até nós. Talvez com uma mensagem? De qualquer forma, assumimos que, se uma raposa pode vir até nós, o inverso também deve ser possível. Então, fizemos uma coleira para a raposa, prendemos-lhe um cartucho vazio e, dentro, colocamos uma mensagem que dizia que estávamos vivendo em Bass Rock e que gostaríamos muito de contatar outras pessoas, que deveriam estar por perto. Depois, apanhamos uma raposa, colocamos-lhe a coleira e a soltamos — como mensageira para as pessoas que viviam na costa, independentemente de onde estivessem, solicitando uma resposta pela raposa mensageira.

Aguardamos numa excitação tensa, espreitando continuamente pela porta ou pela janela, enquanto repetíamos como seria bom se, como esperávamos, a manhã trouxesse notícias de um navio ancorado no gelo perto de nós. Era óbvio que esse navio não podia ser outro que não o *Laura,* com os seus condes austríacos a bordo.

— E você vai ver, Iver, onde há condes também haverá condessas!

Assim esperamos, na maior excitação de sempre; esperamos durante dias pela resposta que nunca chegou. Achamos aquilo estranho e, matutando sobre o problema, ficamos silenciosos e irritadiços, pois não conseguíamos explicar o que não compreendíamos.

Um dia, Iver começou a rir de uma forma que eu sabia ser o prelúdio de uma pergunta inesperada e, normalmente, desagradável. Também foi uma surpresa quando ele acabou perguntando:

— Não acha que há alguma chance dos nossos sentidos estarem um pouco estranhos? De estarmos vendo coisas que não existem, acreditarmos em algo que não existe?

— Quer dizer que estamos ficando malucos? — perguntei, espantado, e, apesar de ele negar energicamente ter dito isso, a minha questão não era injustificada.

Podia haver algo ali de verdade, pois todas as nossas esperanças implodiram alguns dias mais tarde quando, determinados a chegar ao fundo da questão das raposas para bem da nossa paz de espírito, apanhamos as raposas que pensávamos serem as mensageiras. Afinal, as raposas que apanhamos, ou matamos, tinham sido nossas inquilinas no inverno — e a Oferecida era uma raposa que não víramos antes.

Foi um acontecimento estranho, e sentimo-nos ligeiramente envergonhados quando, eventualmente, abandonamos a esperança de recebermos uma raposa mensageira do navio com condes e condessas. Mas, apesar de ser estranho e definitivamente embaraçoso, foi útil ao nos dar algo em que pensar e falar numa época em que a vida estava bastante desoladora.

De qualquer forma, não importava se víamos ou não coisas.

O inverno despediu-se com algumas tempestades violentas que cobriram tudo com nuvens de neve. Depois disso, ficou tudo absolutamente calmo, com gelo à volta, estrelas brilhantes e lindas auroras boreais a arderem e a crescerem no céu e a darem um pouco de luz à terra. E depois também havia a lua para nos alegrar; pequena e fraca, estava na sua fase inicial, e mal era visível entre a galáxia brilhante de estrelas e as ondas de auroras boreais coloridas. Mas era mais bem-vinda e dominante quando crescia a mais de metade, e gloriosa quando, cheia, se passeava pelo aglomerado de estrelas, brilhando como prata recém-limpa, e permitindo-nos fazer viagens alongadas às montanhas ou pelo mar, até minguar e ser novamente engolida pela escuridão polar, mais opressiva do que uma tempestade ou o frio, mais do que a solidão e a incerteza.

Tínhamos ficado felizes por vermos o sol novamente depois da nossa primeira longa noite de inverno. Demos um aceno gentil como se fosse um velho amigo que recebíamos em casa depois de uma viagem ao estrangeiro. No ano seguinte, foi com uma alegria e um encanto inefáveis que as duas criaturas congeladas viram o seu regresso, a brilhar, vermelho-sangue, através de um véu de neblina cheia de cristais de gelo que cintilavam e reluziam no ar. Agora, que aguardávamos o seu regresso pela terceira vez, era num estado que beirava a adoração. Ali estávamos, duas figuras sem sombra, no monte mais ao sul, olhando para a paisagem de neve sem sombras e à espera de que a chama ao sul fosse reacendida e conjurasse sombras azuis no nosso mundo morto.

Eu e Iver estávamos tão silenciosos como se estivéssemos rezando. Estávamos próximos, com os olhos no horizonte, onde o azul do céu e o branco do mar se encontravam. Olhávamos para o monótono mar branco, para os céus azuis e para a conflagração lá ao fundo a sul. A fina cortina de gelo que sobrevoava os canais abertos entre os blocos de gelo estava de um tom vermelho-vivo, a ficar cada vez mais vermelho. Então, a chama explodiu violentamente; as cores tornaram-se mais vivas e, simultaneamente, mais quentes, e então a cortina de neblina foi rasgada por um feixe de fogo que infligiu uma ferida mortal na longa e escura noite polar, manchando a neve de um rosa profundo, como se fosse sangue de alguma criatura nobre.

O sol tinha voltado para nós!

Não tínhamos palavras. Limitamo-nos a ficarmos quietos e a olhar para a magnitude de tudo. O mundo tinha ficado tão bonito, tão vivo com sombras e luz, e até mesmo os nossos rostos amarelados foram pincelados com um brilho dourado. O nosso bafo parecia uma neblina fina em frente das nossas bocas; juntando-se em torno da cabeça do Iver — e suponho que também em torno da minha — como um halo, que brilhava com todas as cores do arco-íris.

Agora que o sol tinha voltado, sentíamo-nos enérgicos e fortes, e decidimos testar a nossa força com uma pequena viagem de trenó antes de começarmos a preparar-nos para uma possível viagem de barco pelo gelo até Angmagssalik. Uma vez que o tempo parecia estar estabilizado com o regresso do sol, lançamos os ombros às guias e partimos com grande coragem — e rapidamente nos arrependemos disso, pois, infelizmente, percebemos depressa que a nossa força estava longe daquilo que tinha sido. O trabalho de puxar o trenó pesado era quase impossível e, passados dois dias, tornou-se mais difícil do que aquilo que conseguíamos fazer, e tivemos de dar meia-volta e regressar.

Uma vez que não conseguíamos puxar o trenó mesmo com uma pequena carga, não havia qualquer hipótese de puxarmos a carga da qual iríamos precisar se fossemos tentar ir à deriva para sul no gelo.

Era amargo termos de admitir para nós próprios que já não conseguíamos fazer aquilo que, na nossa arrogância, pensamos que seria relativamente fácil. As nossas esperanças de conseguirmos sair dali pelos nossos próprios meios foram completamente destroçadas, e tivemos de aceitar o fato que tínhamos de esperar que um navio nos viesse salvar, esperar por pouco tempo ou muito, mas simplesmente esperar. E se a espera fosse longa, por exemplo, mais um ano, então seria sem dúvida por toda a eternidade.

Fomos até uma outra ilha menor, a ilha Walrus, e na costa encontramos um grande pedaço de madeira. Antes de partirmos para regressarmos a Bass Rock, erigimos um pedaço de madeira numa pilha de pedras, e tentamos entalhar as nossas iniciais na lenha duro, para que qualquer pessoa que pudesse passar por ali soubesse onde estávamos. A minha faca não era suficientemente afiada para dar profundidade necessária às letras para serem nítidas e facilmente legíveis; nem tínhamos um lápis, mas uma bala da espingarda, sendo de chumbo, mostrou-se útil e, esfregando uma numa ponta de uma pedra, consegui fazer uma gravação na madeira clara.

E.M. BASS ROCK. 11/4. 1912

Estas letras provavelmente foram o que nos salvou, pois, naquele verão, foram vistas por um caçador de focas.

Quando terminamos a tarefa, "labutamos para regressar à nossa cabana pequena, escura e suja, na esperança de que o verão de 1912 fosse consideravelmente melhor do que o antecedente.

Capítulo 19
Esperanças Concretizadas

Ursos e caça ao urso — Opero o meu pescoço com um canivete — Dúvida e depressão — Aquilo sobre o que os tontos conseguem discutir — Chega um navio — A viagem e a chegada a casa

Ao longo dos anos, tivemos uma série de aventuras com ursos, em geral, criaturas honestas e decentes, que se colocam muitas vezes em perigo devido à sua curiosidade insaciável. Lembro-me de uma vez dispararmos um tiro contra um urso de uma distância tão grande que a bala acertou na neve um bom pedaço atrás dele. O urso, ouvindo o tiro de espingarda e o som da bala, não conseguiu resistir a virar para trás e para investigar. Caminhou na nossa direção, farejando pelo caminho, como se decidido a descobrir o que tinha ido voar atrás dele.

Aquilo foi a nossa oportunidade e a desgraça do urso, pois conseguimos ficar a um bom alcance e ao lado dele. Assim sendo, da próxima vez que a espingarda falou, a bala entrou profundamente no peito do urso.

Uma vez, mas em uma única ocasião, ficamos em perigo. Aconteceu logo depois de termos desistido do plano de ir à deriva para sul e de termos voltado à cabana na ilha Shannon para deixarmos um recado de que estávamos à espera de um navio em Bass Rock. Um urso tinha-se instalado num monte de neve encostado à cabana e, quando chegamos e começamos a partir caixas para lenha, o urso surgiu furioso e investiu contra nós. Assim que Iver vislumbrou o urso pela porta meio aberta, apressou-se a fechá-la. Infelizmente, a porta abria para dentro, e Iver encostou as costas contra ela para impedir a besta de entrar, gritando para me dizer que um urso estava atacando e que eu devia me preparar para disparar o mais depressa possível.

Isso, no entanto, não era fácil de fazer, pois a minha espingarda estava congelada, os cartuxos estavam congelados, e havia gelo demais na câmara. Quando carreguei a espingarda, o ferrolho não fechava devidamente e eu temi, com todas as razões para isso, que o mecanismo de fecho não aguentasse se eu disparasse um tiro. Portanto, peguei num machado como arma contra o urso, que sibilava e rosnava maleficamente, e bufando na porta de tal forma que estávamos à espera que a atirasse para dentro da cabana a qualquer momento. Iver ainda estava barricado contra a porta e gritando comigo para pôr a espingarda a funcionar.

Depois houve um momento de calma, e suspiramos aliviados na esperança do urso ter levantado o cerco; mas foi uma vã esperança pois, alguns segundos depois, o ouvimos a rugir na porta da cabana e eu percebi que, se batesse agora na porta, seria com tanta força que nem o fecho, nem as dobradiças nem o Iver conseguiriam manter o urso lá fora.

E ele investiu com força, um golpe decisivo; no entanto, antes da porta se quebrar e de Iver ser lançado até ao outro lado da cabana, uma panela de água entornou-se nos carvões em brasa no fogão, envolvendo-nos em vapor e em fumo. Eu já tinha gritado ao Iver para pegar na sua espingarda e disparar, mas não para parar e verificar se estava carregada — e era rezar para que estivesse! — e estávamos agora lado a lado. O urso estava a três metros de distância, com as patas dianteiras dentro da cabana e um ar bastante espantado, uma vez que estava olhando um fogão meio tombado, muitas brasas escaldantes e vapor sibilante, e duas criaturas vivas como ele nunca tinha visto.

Felizmente, a espingarda do Iver estava carregada. No espaço confinado da pequena cabana, o som do disparo foi de furar os tímpanos. Quando a bala entrou no peito do urso, o pelo eriçou-se como um campo de milho em uma rajada de vento. O urso manteve-se de pé por um momento, abanando a cabeça derrotado, depois, de uma só vez, colapsou com o sangue jorrando da ferida, do nariz e da boca, morto. Tinha sido uma tensão considerável e, quando o urso morreu, sentamo-nos numa caixa e ficamos limpando o suor que tinha irrompido nas nossas testas, apesar do ar frio do dia ensolarado entrar pela porta aberta e condensar-se numa neblina opaca na nossa toca escura e úmida.

A primavera chegou, e as aves migratórias começaram a passar lá em cima, a caminho do Norte, em direção às planícies da ilha Shannon e à terra fértil em redor de Danmarks Havn. Nenhuma delas se estabeleceu na nossa Bass Rock, pois ali só havia pedras, nenhuma exceto as escrevedeiras-das-neves que não pareciam se importar com a sua esterilidade. Aquelas pequenas aves eram uma grande alegria e alento, saltitando por ali, chilreando e bicando as poucas folhas de erva nascente e a apanharem a aveia que as lebres ainda não tinham tido tempo de comer.

Precisávamos os dois de algum vigor, pois nenhum de nós se sentia bem. Eu tinha um tumor feio no pescoço, uma espécie de furúnculo maligno que me importunava desde os dias mais escuros de inverno. Crescia quase todo dia e doía tanto que eu tinha de fazer alguma coisa. Mas o quê? O Iver sugeriu compressas quentes e tentamos isso, mas as compressas arrefeciam tão depressa que não ajudaram, muito pelo contrário.

Há muito tempo que andava com a ideia de lancetar o tumor, pois não era um furúnculo normal; mas uma coisa é chegar à conclusão de que isso deve ser feito, outra é colocá-lo em prática, especialmente com as condições que tínhamos na nossa cabana suja. Eu sabia, ou pensava que sabia — o que dava no mesmo — que havia uma rede de nervos e de tendões perto do local onde o tumor era maior. O que aconteceria se eu pusesse uma faca no pescoço, fizesse pressão e talvez cortasse aqueles tendões e nervos? Parecia que as consequências poderiam ser desagradáveis. Além disso, eu não fazia ideia de onde se encontravam as artérias. Assim sendo, havia muito para se hesitar sobre um procedimento destes.

Aumentando todos estes perigos mais ou menos reais, havia o obstáculo adicional de eu não ter mais nada além do meu canivete para realizar a operação. Era a faca que eu usava à mesa, e estava ao serviço de esfolar ursos, ou moldar um pedaço de madeira ou qualquer outra tarefa especial; mas não era particularmente afiada e, apesar de sem dúvida poder encontrar uma pedra para afiá-la, sempre que passava o dedo pelo gume enferrujado — como fazia diversas vezes por dia — decidia adiar o assunto.

Iver recusou-se a estar envolvido na operação. Se houvesse uma, teria de ser eu a fazê-la. E, como de costume, sempre que eu me decidia, encontrava uma desculpa nova para adiar: como o fato de não termos um espelho e eu não conseguir ver onde estava a fazer, ou deveria fazer, o corte. Na verdade, claro, tal não era necessário; num dia calmo, uma poça pode servir de espelho — até o sangue começar a escorrer; mas só descobri isso quando começou a pingar para a água.

Passei um dia ou dois a afiar o canivete e, depois, quando o sol brilhava e o ar estava relativamente quente, fiz um ensaio, vendo-me ao espelho numa poça e desenhando uma linha no local no meu pescoço onde eu achava que o corte devia ser feito. Não foi fácil, na realidade é bastante difícil seguir uma linha numa imagem refletida. Então, sentindo que não podia adiar mais, ganhei coragem, afiei mais uma vez o canivete, fiz um sinal ao Iver e vi que ele tinha um pedaço de pano de uma tenda velha pronto para usar como faixa, olhei para o meu reflexo na poça e encostei a faca ao pescoço, descobrindo para meu espanto que não sentia grande coisa. No momento em que o sangue e o pus começaram a pingar para a água, a superfície ficou ondulada e bastante inútil como espelho. Tive apenas presença de espírito suficiente para empurrar a faca e cortar para baixo — depois tudo ficou escuro, e o Iver ligou a ferida tão bem quanto possível.

A operação aliviou-me e a ferida não ficou infectada, mas quando cheguei em casa alguns meses mais tarde e os médicos me viram, sacudiram as cabeças horrorizados e disseram algo sobre como só um louco conseguiria fazer aquilo que dez homens sábios hesitariam em levar a cabo.

Estávamos ansiosos pelo início do verão; pelos dias em que o navio chegaria, apesar de, com toda a nossa vontade, não termos sido capazes de exorcizar a dúvida com o seu insidioso "se". Tentamos banir aquele termo horrível das nossas mentes — é claro que o navio chegaria, mas é mais fácil duvidar do que acreditar, e aos poucos, à medida que o meio do verão se aproximava e nossas expectativas cresciam, ambos ficamos mais enervados e irritadiços do que jamais fôramos. Compreendemos que não conseguiríamos suportar mais um inverno. Nem a nossa saúde física nem mental conseguiriam aguentar o fardo pesado de mais um período de escuridão, e já tínhamos usado quase todas as provisões, roupas e munições que eram absolutamente essenciais para a manutenção da vida.

Tentamos nos manter ocupados com a caça, ou cansados de caminhar ao subirmos repetidamente a montanha para observarmos o gelo, ou melhor, a água por entre o gelo. Na verdade, as condições não estavam assim tão ruins, muito melhores do que no ano anterior, mas uma tempestade podia arrasar todas as nossas esperanças no espaço de algumas horas. E o que faríamos? O espectro da dúvida vinha de imediato até nós e sussurrava: "O que vocês vão fazer se o barco também não conseguir vir este ano? Vão continuar a luta pela sobrevivência, ou vão desistir?".

Olhávamos um para o outro, mas não dizíamos nada, pois cada um de nós tinha dificuldade em manter os pensamentos sob controle. No entanto, o silêncio em tais condições não era bom, pois podia tornar-se opressivo e dar vazão a ideias ruins. Obviamente, nada aconteceu, ou podia acontecer, durante aqueles dois meses entre a primavera e o verão. Tínhamos de ficar onde estávamos, onde conhecíamos todas as pedras, todos os efeitos de luz, todos os sons; portanto, uma influência exterior suficientemente forte para quebrar qualquer barreira de silêncio que pudesse erguer-se entre nós era algo quase improvável. De onde poderia vir? Tínhamos de estar muito atentos, muito mais do que antes, apesar de já estarmos sozinhos juntos durante quase dois anos e meio sem discutirmos uma única vez, não seria preciso muito para deixarmos escapar alguma palavra impensada que teria sido profundamente danosa.

Tínhamos os nervos à flor da pele, muito mais do que antes. Éramos atormentados pelo medo de passar mais um ano ali e, sempre que víamos o estado disperso do gelo flutuante, a esperança da chegada de um navio renascia dentro de nós, e a terrível dúvida também aparecia de imediato a sussurrar.

Então, obviamente, Iver tinha de fazer aquilo que devia ter evitado a todo o custo, e dizer coisas que despedaçaram a calma pela qual tínhamos lutado tanto. Foi numa manhã, assim que eu acordei. Estava prestes a dizer algo de reconfortante ao Iver, que estava junto ao fogão a fazer uma espécie de mingau de gosto horrível, mas que enchia; não cheguei a dizer nada pois, naquele exato momento, Iver começou a cantar uma canção que eu nunca tinha ouvido, uma canção sobre mim e a minha senhorita, a moça do postal, a srta. Imperturbável, a minha amada.

Eu ouvi, surpreendido e bastante magoado com a total falta de lealdade do meu velho amigo; uma vez que a canção que Iver deveria ter composto durante a noite era um insulto à minha honra e à honra da minha jovem. Permaneci ali sentado, no meu saco de dormir, olhando espantado para o cantor que mexia o mingau — e a sentir uma parede de silêncio a crescer entre nós, uma parede intransponível por trás da qual estava o Iver, com a mão que mexia o mingau a movimentar-se cada vez mais devagar, enquanto o seu sorriso nos olhos desaparecia e era substituído por uma expressão de mágoa e de vergonha.

Iver entregou-me uma tigela de mingau.

— Hoje está melhor — disse, com algum embaraço na voz. Eu peguei a tigela sem proferir uma palavra.

Comemos sem falar, e não se ouviu uma palavra enquanto desempenhamos as nossas tarefas diárias. Depois Iver saiu, e eu também, e subi a montanha para olhar o gelo; não fiz sequer um aceno de cabeça ao homem que estava a apenas alguns metros de distância a fingir que também estava a olhar para o gelo, enquanto me lançava olhares de soslaio. Regressamos à cabana sem termos trocado uma só palavra, ou sequer dito que o gelo parecia estar melhor do que no dia anterior, um fato que, normalmente, nos teria deixado exultantes.

Iver fez um trabalho excepcional com o nosso bife de urso para o jantar e o entregou com uma estranha expressão suplicante nos olhos. E eu? Sim, honestamente procurei encontrar palavras para quebrar a barreira de silêncio, e senti-me envergonhado por estar a ser tão tolo, mas não consegui encontrar nada para dizer, ou para fazer, que quebrasse a maldição do silêncio.

Quando chegou a hora, nos enfiamos nos nossos sacos de dormir sem termos dirigido uma palavra um ao outro o dia inteiro. Eu consegui perceber que Iver esteve acordado a maior parte da noite, tal como eu, cheio de vergonha e a me desprezar por não ter conseguido encontrar uma palavra para quebrar o nó terrível que o silêncio tinha atado à nossa volta e que apertava cada vez mais.

Quando o sol começou novamente a espreitar à nossa pequena janela e era hora de se levantar, permanecemos silenciosos enquanto nos sentávamos, cada um na sua caixa, a olhar desanimado para o ar. Por fim, Iver levantou-se, escreveu algo num pedaço de papel e saiu.

De repente, senti-me absolutamente sozinho e abandonado, e me arrepiei. Estava indo para a porta, tencionando acabar com aquele silêncio estúpido e perigoso, quando ouvi os pés do Iver esmagarem a neve: estava voltando para a cabana e, ao contrário do que era nosso hábito, bateu à porta, hesitante.

Eu sabia o que isso significava e disse:

— Entre! — As primeiras palavras que tínhamos dito durante quase dois dias. Então, o Iver abriu um pouco a porta, enfiou um pedaço de papel pela fresta e disse numa voz bastante tremula:

— Está aqui uma carta vinda da Dinamarca!

Depois, desapareceu novamente e fechou a porta, deixando no chão um pedaço de papel, acendendo uma luz e levantando um peso do meu peito, pois eu sabia o que significava e o que era: uma desculpa por coisas ditas sem pensar, um talismã que extinguiria as brasas do ódio latente e que quebraria o terrível silêncio.

Peguei no pequeno bilhete e li: "Desculpa ter roubado a sua moça. Fique com ela de volta, fique também com as minhas quatro, fique com todas elas, apenas volte a ser alegre!".

E aquele era o homem que eu estivera a ponto de odiar! Tive uma súbita vontade de o ver, mais do que jamais quis ver alguém, e ele estava lá fora no frio, ansiosamente à espera de uma palavra de amizade.

Eu proferi essa palavra e sorrimos um para o outro, prometendo nunca mais nos deixarmos apanhar pelo maléfico círculo do silêncio. Depois, Iver cozinhou uma refeição com o melhor que a casa tinha para oferecer, o que não era muito majestoso. Sentamo-nos nas nossas caixas, a olharmos contentes um para o outro e a pensarmos na nossa amizade que tinha ultrapassado maus momentos, quando a própria morte caminhava conosco. E de pensar que algumas palavras tolas e impensadas podiam ter destruído aquela amizade, o que fizeram durante algumas horas amargas durante as quais o silêncio tinha crescido entre nós e os nossos pensamentos tinham sido malévolos.

Subimos juntos a montanha e olhamos para o gelo e para a água, ajudando-nos mutuamente a afastarmos a dúvida, para que nos deixasse em paz durante alguns dias. Fomos novamente juntos à caça de ursos, de lebres e de aves, pois as nossas provisões tinham se reduzido rapidamente ao mínimo de forma pouco satisfatória, e já há algum tempo que não comíamos qualquer carne fresca. Necessitávamos urgentemente de comida fresca, uma vez que os nossos músculos estavam a enrijecer gradualmente, as nossas articulações a ficarem sensíveis, as gengivas vermelhas e inchadas e os dentes balançando. Estávamos novamente ameaçados pelo escorbuto.

Não vimos nem lebres nem ursos, nem mesmo uma foca, mas isso não diminuiu em nada a nossa necessidade de carne; pelo contrário, aumentou cada vez mais, até nos interrogarmos se não deveríamos recorrer à nossa última reserva, um bando de araus com crias na encosta da montanha? No entanto, não tivemos coragem de o fazer e, em vez disso, apertamos o cinto, bebemos o nosso café que cheirava a fenol e a parafina, fumamos os nossos cigarros fétidos, comemos os nossos biscoitos mofados e a aveia bolorenta e falamos do navio que deveria estar a chegar a qualquer momento, pois o gelo já se tinha quebrado e o mar estava navegável. A hora da nossa libertação devia estar próxima.

Na manhã seguinte, decidimos que, afinal, iríamos matar os araus e chegamos a tê-los ao nosso alcance num local onde o vento faria com que os corpos caíssem na nossa direção. Deitamos lado a lado, olhamos para os araus e depois espreitamos o mar, não fosse um navio estar contornando o promontório exterior, o que significaria que os araus poderiam viver e continuar a dar às suas crias a comida que recolhiam para elas com tanto grasnar.

Nos interrogamos o quão ruidoso seria o grasnar daqui a umas horas, quando os progenitores estivessem no nosso tacho? Não conseguíamos pensar nos gritos de queixume que aumentariam de volume e que só terminariam quando as crias já não conseguissem gritar e morressem de fome. Portanto, baixamos as nossas armas.

— Vamos deixá-los viver até amanhã. Já passamos fome antes. Talvez chegue um navio esta noite.

Ficamos com a consciência tranquila e sentimo-nos orgulhosos do nosso gesto magnânimo quando caminhamos de volta para a nossa pequena cabana escura, nos enfiamos nos nossos sacos de dormir e dissemos, como tantas vezes outras vezes, talvez o navio chegue esta noite?

Algumas horas depois, Iver foi acordado por uma comoção lá fora. Pensando tratar-se de um urso que vasculhava as caixas e as coisas que tínhamos por ali espalhadas, pegou na sua espingarda — estávamos a precisar urgentemente de carne e seria muito bom termos um urso. A comoção também me acordou e, ao ver Iver dirigir-se à porta com a espingarda, chutei meu saco de dormir, peguei na minha espingarda e corri descalço para a porta — que se abriu de repente e, lá fora, vimos um grupo de homens encabeçados por um fulano alto e de ombros largos que estendeu a mão:

— Nos deem as espingardas, rapazes, viemos em amizade.

Eu e o Iver ficamos ali, lado a lado, vestidos com uma túnica de lã espessa e mais nada além das espingardas que tínhamos na mão. Não dissemos uma única palavra, mas depusemos as nossas espingardas e sentamo-nos na caixa mais próxima: a tensão de dois anos e meio tinha finalmente terminado. Então, surgiram as palavras, e as primeiras foram:

— Ainda bem que ontem não matamos os araus!

Depois, dissemos bom dia ao homem alto e aos seus companheiros. O seu nome era Paul Lillenaes, comandante e proprietário do *Sjøblomsten*, um pequeno barco de caça à foca ancorado a uma curta distância dali, entre o gelo à deriva, em águas-vivas com o brilho do sol. Ele contou que estavam de regresso a casa depois de uma estação infrutífera na costa da Groenlândia Oriental, quando avistou um pedaço de madeira montado na ponta de uma ilha, ocorreu-lhe que poderia ter sido erigido por nós, para mostrarmos que ainda estávamos vivos. Baixara um bote e remara até terra, vendo as letras «E.M.», a data e Bass Rock, gravadas na madeira esbranquiçada — e soube que, provavelmente, regressaria a casa com uma captura lucrativa, pois o governo dinamarquês oferecera uma recompensa de

10.000 coroas a quem nos encontrasse, mortos ou vivos, ou conseguisse fornecer informação satisfatória sobre o nosso destino. Aquele dinheiro era agora seu.

Se o *Sjøblomsten* tivesse chegado oito dias depois, teria sido tarde demais, pois o barco do Departamento Real de Comércio da Groenlândia, o *Godthaab*, também estava na costa da Groenlândia Oriental em 1912, tendo desembarcado no fiorde de I. P. Koch um pouco mais a norte e, na sua viagem de regresso, passou em Bass Rock para ver se conseguia encontrar-nos, mas já estávamos a caminho da Noruega.

De acordo com o nosso cálculo, o *Sjøblomsten* chegou a 17 de julho, mas, aparentemente, tínhamos perdido alguns dias nas nossas viagens. Isso não era verdadeiramente surpreendente se nos recordássemos que tivemos de caminhar dia e noite e apenas dormir quando já não conseguíssemos caminhar mais. Dois dias não eram nada quando comparados com os oitocentos e sessenta e cinco que eu e o Iver passamos sozinhos juntos. Tendo descoberto que o nosso 17 de julho era 19 de julho para o resto do mundo, saltamos alguns dias nos nossos diários, chamamos ao dia quinta-feira em vez de segunda-feira e ficamos novamente atualizados.

Na madrugada em que o *Sjøblomsten,* chegou estava um dia lindo. O tempo estava bom e estival, adequado à alegria que todos sentíamos: Lillenaes e a sua equipe com a sua "captura", e nós com o nosso salvamento.

Inicialmente, nem conseguíamos acreditar que um navio tivesse realmente chegado e que a nossa longa solidão tinha terminado, e só percebemos quando Lillenaes disse, sorrindo:

— Bem, rapazes, vistam-se e... vamos para casa!

"Vamos para casa" soava como mel em nossos ouvidos.

Nem nos lembramos do que tínhamos vestido até àquela altura. Fartaram-se de rir quando Iver lutou para entrar nas suas calças rígidas feitas de pano de vela e, enquanto esperavam, passaram os olhos pela nossa pequena cabana. Numa das paredes estava uma imagem retirada de uma revista que se intitulava «As Quatro Gerações» e que mostrava o rei Cristiano IX, Frederico VIII e o príncipe herdeiro Cristiano com o filho bebé nos braços, o atual rei Frederico IX.

— Bem, este já morreu — disse Lillenaes, apontando para Frederico VIII. — E o *Titanic* chocou-se contra um iceberg e afundou-se com mais de mil vidas a bordo. E a Companhia Dinamarquesa das Índias Orientais construiu um grande barco a vapor que não é de todo a vapor, porque se supõe que tem um novo tipo de motor.

Estávamos novamente em contato com a civilização, a ouvir notícias vindas do mundo além da Groenlândia Oriental. E éramos novamente objetos de crítica, pois um dos homens que subira da costa, quando viu a nossa cabana e os nossos utensílios de cozinha, enrugou o nariz e disse:

— Ufa, que confusão!

Nunca tínhamos pensado na confusão, mas o homem era o cozinheiro e o camareiro do pequeno navio de caça às focas. Foi o primeiro que eu tinha visto quando a porta se abrira, mas apenas por um instante, pois, quando nos viu com as nossas túnicas e com as espingardas na mão, ele virou, correu para o bote e saltou lá para dentro.

Quando regressou à cabana, perguntei-lhe, na minha inocência, porque é que tinha fugido quando nos encontraram.

— E ainda pergunta? — respondeu. — Vocês também teriam fugido se conseguissem ver o ar perigoso que tinham.

Talvez ele tivesse razão; decerto que Lillenaes e os seus homens pensaram que podia ser perigoso aproximarem-se de nós, enlouquecidos pela solidão ou algo semelhante.

— Foi por isso que pedi as armas — disse-me Lillenaes, mais tarde. — Nunca se sabe o que um louco armado pode fazer.

Enquanto os noruegueses arrumavam a cabana e o chão ao seu redor, eu e Iver demos uma pequena volta pelo local para nos despedirmos dos nossos bens domésticos — sentindo-nos estranhamente inquietos e entorpecidos. Mal conseguíamos acreditar que tudo tinha terminado, que o tempo que passamos sozinhos, quase dois anos e meio, tinha agora chegado ao fim. Em todo aquele tempo em que tínhamos ficado só os dois, tínhamo-nos alegrado juntos quando havia algo para ficarmos felizes; suspirado juntos quando os dias e o panorama eram sombrios; tínhamos passado fome e congelado juntos; as nossas vidas, de vez em quando, tinham ficado por um fio, mas só uma vez é que existira um desentendimento e uma inimizade entre nós — e tudo por causa de uma moça num postal!

Agora, caminhávamos juntos e acenávamos com a cabeça, pela última vez, a todas as pedras que conhecíamos tão bem, às montanhas, à ilha Shannon ao longe — onde tínhamos sofrido uma grande desilusão no ano anterior — e ao eternamente mutável gelo à deriva. Mas mantivemos sempre um olho naquele pequeno navio de caça às focas e riamos alegremente: afinal o navio tinha chegado, agora a nossa viagem para casa podia começar verdadeiramente.

Da encosta da montanha, ouvimos o piar e os guinchos zangados das crias dos araus, e os progenitores lançavam-se repetidamente dos ninhos e mergulhavam por mais comida, com o vento a assobiar nas asas quando passavam por nós. Eu e o Iver olhamos um para o outro, e eu acredito que ambos estávamos a pensar o mesmo: talvez o navio tenha chegado ontem à noite porque poupamos a vida aos pássaros. Ou talvez Lillenaes estivesse certo ao pensar que a solidão talvez tivesse nos tornado um pouco peculiares.

Enquanto remávamos em direção ao navio, olhei para trás para a minha querida Groenlândia, enquanto o Iver se deliciava a olhar para o pequeno *Sjøblomsten*. Subitamente, deu-me uma cotovelada. Tinha os olhos esbugalhados com o espanto.

— Olha para ali! — exclamou. — Há mais deles ali! — Ele apontava para o navio, onde havia cinco homens à espera para receberem os seus passageiros estranhos: eram sete homens em terra, depois, cinco a bordo, eram doze ao todo! Iver tinha razão, uma horda invadiu Bass Rock.

O telégrafo da casa das máquinas tocou e todo o navio acordou e começou a se mover em frente. Alguns dias depois, vimos as montanhas da Noruega sobre o horizonte a leste, depois ilhotas com floresta e pequenos chalés bonitos, barcos a remos cheios com pessoas que nos acenavam e sorriam, uma cidade, Aalesund, e a bombordo estava a casa de um pescador com uma jovem de vestido vermelho à porta, a fazer sombra sobre os olhos com as mãos para conseguir ver melhor os estranhos esquisitos que estavam chegando. E Iver agarrou meu braço com força e disse:

— Olha, está ali uma moça de verdade!

Sim, ela era de verdade, e quando chegamos em terra havia mais, muitas mais. Havia uma verdadeira multidão delas no cais, todas para ver se havia verdade no rumor que, de alguma forma, tinha chegado antes do *Sjøblomsten* — pois eram tempos antes da transmissão por rádio — o rumor que o navio voltava a casa com uma boa captura: dois homens que, durante dois anos e meio, tinham vivido como Robinson Crusoe e Sexta-Feira na dura costa da Groenlândia Oriental.

Tomar banho depois de três anos foi uma experiência extraordinária, e o barbeiro da cidade também teve uma experiência incrível quando teve de remover as nossas cabeleiras de pelo de rena emaranhado, gordura e outras coisas. Foi uma tarefa difícil observada de perto através de uma janela por um grupo de crianças divertidas.

Os telegramas foram chegando — um dos primeiros foi do rei Cristiano IX — telegramas de família e de amigos, de muitas pessoas conhecidas e desconhecidas, um número impressionante. Tínhamos roupas novas para substituírem as que nós tínhamos costurado de pano de vela, tecido e peles. O sol brilhava, os pássaros chilreavam, as árvores eram verdes e cresciam lindas flores no jardim onde o cônsul dinamarquês nos deu as boas-vindas com um copo de champanhe.

Dois dias depois, chegamos a Copenhague no navio *Oslo*: um comandante sem um navio e um engenheiro sem um motor. Os nossos companheiros, que víramos pela última vez no manto de gelo, estavam lá para nos receber, assim como os membros do Comitê com as suas cartolas, um par de ministros, um dos secretários do rei, e dois conjuntos de pais a olharem fixamente para a ponte do navio com os seus dois filhos que há muito tinham dado como perdidos, mas que agora lhes eram milagrosamente devolvidos.

Pergunto-me se eles teriam desistido.

Disseram-me mais tarde que o meu pai tinha ido esperar todos os barcos vindos da Groenlândia que chegasse a Copenhague para perguntar sobre notícias da Groenlândia, sobre os dois que não tinham regressado. Mas nunca havia notícias, e o meu pai afastava-se do navio e da pequena multidão de pais felizes que tinham vindo receber os filhos vindos da Groenlândia, com a cabeça bem erguida. E a minha mãe? Não sei se ela tinha desistido de mim, mas penso que não. Ela não gostava de falar sobre o longo tempo em que esteve sem notícias minhas e em que deve ter sofrido. No entanto, o tesoureiro do Comitê disse-me que, quando recebeu o telegrama que anunciava a nossa chegada a Aalesund, naturalmente telefonou de imediato para casa dos meus pais; a minha mãe atendeu e ele deu-lhe a boa-nova.

— Mas ela nunca perguntou detalhes — disse o tesoureiro — e eu fiquei bastante surpreendido quando, após um curto silêncio, interrompeu as minhas congratulações sentidas para perguntar: "Encontraram os dois?". Pensei que era uma pergunta estranha por parte da sua mãe, para quem o fato de estar voltando para casa deveria ter sido o principal.

Talvez. Mais tarde, contei à minha mãe o que o tesoureiro me tinha dito e ela explicou-me o motivo pelo qual fez aquela pergunta.

— Naturalmente, eu fiquei feliz por você, esse foi o meu pensamento inicial. Fiquei mesmo muito feliz. Mas depois pensei na mãe do Iversen, e que eu preferia que você não voltasse se voltasse sem ele!

Pobre mãe, ela tinha passado um mau pedaço durante aqueles dois anos em que o nosso destino era incerto, pois, gradualmente, ficou a conhecer o suficiente sobre as condições naquele tipo de viagens para conseguir imaginar tudo. Também foi por isso que ela não conseguia comemorar o meu regresso a casa até saber que estávamos os dois a salvo.

Eu não disse nada, pois compreendia a minha mãe; mas os meus pensamentos voltaram a um passado incrivelmente distante quando a fome, a dor e a exaustão quase nos derrotaram — e em que Iver tinha me pedido para carregar a nossa única espingarda.

Posfácio

Já me perguntaram inúmeras vezes como é o Nordeste da Groenlândia, e agora tentei responder a essa questão. O Nordeste da Groenlândia era como o descrevi neste livro quando foi descoberto, explorado e mapeado, e deve ter sido assim durante milhões de anos, desde que foi coberto pela primeira vez pela sua calota polar e a vida que ali existia foi exterminada. Na minha inocência, nunca duvidei que permaneceria assim para toda a eternidade: uma terra dura e desolada sem quaisquer meios de sustentação da vida, pois até mesmo os esquimós na costa tinham desaparecido.

O fato de eu estar tão errado na minha visão de um nordeste da Groenlândia eternamente imutável se baseia, acima de tudo, na invenção e no desenvolvimento do motor de combustão interna. No início deste século, o motor a gasolina era um servo pesado, desajeitado e pouco confiável ao serviço do homem, no entanto, no decorrer de duas décadas, tornou-se o dono da humanidade ou, pelo menos, um gerador fantástico de energia sem o qual a sociedade moderna não pode viver.

Direta ou indiretamente, o motor desempenha um papel em todos os empreendimentos humanos. Faz eletricidade e fornece a energia que impele enormes navios pelos sete mares, e, entre muitas outras coisas, foi responsável pelos técnicos inteligentes terem conseguido realizar o sonho e a aspiração mais antigos e mais fantásticos do Homem: erguer-se no ar e conquistar o espaço.

Desde que o princípio do primeiro avião foi descoberto que o seu desenvolvimento tem sido explosivo, até termos chegado às máquinas de hoje que voam a centenas de quilômetros por hora e que, cada vez mais, são impulsionadas por motores com dezenas de milhares de cavalos de potência.

O avião moderno perturbou a visão do estado de imutabilidade do nordeste da Groenlândia feita por um profeta pouco dotado e reduziu a sua eternidade a apenas algumas décadas ou, para ser exato, desde 1910 — quando eu ainda acreditava que havia coisas que podiam durar para sempre — até cerca de 1950, quando um desses monstros solitários sobrevoou a terra desolada em torno da boca do fiorde Danmark, onde eu tinha vivido as horas mais amargas da minha longa vida e esperado que o meu número de dias estava reduzido a apenas algumas semanas, ou, no máximo, meses.

Na barriga deste monstro estavam cadeiras confortáveis e suaves onde se sentavam oficiais, que, enquanto voavam a uma altitude baixa, mas segura, procuravam manchas niveladas de chão no meio do ermo. Aqueles homens tinham o poder e a intenção de violar a imutabilidade daquela região selvagem e dizer onde podiam e deveriam construir uma pista de aterrissagem, colocando assim um fim à desolação eterna.

Encontraram o que procuravam perto do local onde eu e o Iver descansamos em 1910, falando abertamente sobre o futuro, que para nós poderia nem sequer existir. Uma vez estabelecido o local para a pista de aterrissagem, seguiu-se um conjunto de outros aviões enormes, voando desde Thule através do manto de gelo, até àquele local na costa mais nortenha e mais desolada da Groenlândia Oriental, que aqueles oficiais tinham escolhido. Estes novos aviões trouxeram técnicos e artesãos que demarcaram o local de uma pequena cidade inteira, e esta foi construída com materiais vindos de Thule por via aérea, aproximadamente duas mil toneladas.

No ano seguinte, tinha sido ali construída na região deserta uma cidade com uma pista de aterrissagem para grandes aviões, uma central elétrica e uma estação de rádio com a sua teia de brilhantes fios de cobre esticados entre postes altos de rádio, a partir da qual as mensagens podiam chegar a qualquer país do mundo com a velocidade de um pensamento.

Espalhadas pelo terreno, havia casas quentes e bem construídas, com aquecimento central e tudo o que vem com a sociedade moderna, incluindo um telefone de casa para casa, uma oficina para *hobbies* e um salão de bilhar.

Quando tudo ficou pronto e as casas estavam mobiladas, trinta jovens dinamarqueses foram levados de avião até àquela estação meteorológica e de telégrafo mais nortenha do mundo, e ali rapidamente se estabeleceram e desempenharam as suas funções tal como os seus camaradas menos aventureiros em casa, na Dinamarca.

Uma vez por mês, aterrissa um avião vindo de Thule na pista em Station North, para que o seu pessoal possa receber cartas, jornais e outras trivialidades que possam ter ficado esquecidas e, no Natal, um avião, como se fosse um Papai Noel moderno, leva presentes a todos os jovens que estão naquela que, em tempos, foi uma terra desolada.

Uma ponte aérea com mais de mil quilômetros de comprimento, através do manto de gelo, é feita todos os verões desde Thule até à Station North, de forma a abastecer aquelas habitações na região deserta, pois não há outra forma de transportar as seiscentas toneladas de comida e equipamentos necessárias. Para além destas provisões, também é necessário levar para lá combustível para os motores e para o aquecimento central, e materiais para repararem coisas, ou substitutos para aqueles que podem estar fartos da vida no ermo e desejam trocá-lo pelo barulho e pelas atrações da cidade.

Nem mesmo a escuridão de inverno é o que era, pois, a luz de candeeiros elétricos é visível em inúmeras janelas e há luzes elétricas penduradas entre as casas, para que aqueles que estão fora não corram qualquer risco de se perderem no escuro.

Só passaram cerca de quarenta anos desde que eu e Iver estivemos deitados numa tenda perto daquele local, a falar seriamente de vida e de morte, e presumindo que a desolação que víamos à nossa volta se manteria completa e absoluta tal como estava por toda a eternidade. O desenvolvimento fantástico que se deu era impossível de prever em 1910, tal como seria contar a miríade de estrelas duas vezes e obter o mesmo resultado.

O improvável é, todavia, uma realidade atual — e o impossível foi tornado possível pelos poderes mágicos da técnica, especialmente do motor.

A estação de Danmarks Havn está a uns mil e cem quilômetros ao sul da Station North, e, quando nós os dois, viajantes famintos e exaustos, em 1910, atravessamos aos tropeções a extensão gramínea em direção à pequena cabana inclinada, que para nós representava o pináculo de toda a magnificência e segurança terrestres, pareceu-nos termos chegado a um oásis na região deserta.

Achamos que a paisagem era linda e boa, mas nunca, na nossa mais louca imaginação, poderíamos ter sonhado que, por volta de 1950, estaria construída naquele mesmo local uma grande estação meteorológica, cujo pessoal olhava espantado para os restos da nossa pequena cabana e abanava a cabeça com indulgência como dizendo: vejam só, pessoas a conseguirem viver nestas condições!

Eu e Iver ficamos muito felizes com aquelas condições, mas também conseguimos compreender bem o abanar de cabeça daqueles jovens, pois têm um chefe de cozinha na Station North para cozinhar para eles e fazer o seu pão, e são servidos por um copeiro imaculado. Vivem em grandes casas quentes que não têm fendas nem correntes de ar; têm motores e eletricidade para fazerem o trabalho por eles na grande estação de rádio a partir da qual — como em dez outras estações meteorológicas na Groenlândia — são enviados diariamente para Copenhague relatórios sobre o clima, que depois transmite aos meteorologistas do norte da Europa a informação básica para fazerem a previsão do tempo para o dia seguinte, previsões que têm um papel importante em quase todas as nossas atividades, principalmente para os pilotos dos grandes aviões transatlânticos, que estudam os gráficos meteorológicos para terem uma ideia do tempo que poderão encontrar durante o longo voo entre os dois hemisférios.

A desolada Groenlândia Oriental adquiriu, portanto, uma grande importância para a civilização do norte da Europa, e o inteligente autor da antiga canção "Mirror of the King" provou ter razão na sua afirmação de que o clima no norte da Europa vem da Groenlândia cuja "cabeça coroada de gelo" faz o gelo e o clima da Islândia e da Europa. O internacional motor de combustão tinha de ser inventado antes de conseguirmos ver que o antigo bardo estava certo sobre a influência da Groenlândia no clima, e agirmos de acordo com isso.

Nos locais onde eu e o Iver esperamos tanto por um navio, chegam agora todos os anos diversas embarcações a motor com equipes de substituição e provisões para as estações meteorológicas dinamarquesas ao longo da costa. Outros navios chegam com os cientistas que, durante os últimos trinta anos, têm trabalhado nos belos fiordes da Groenlândia Oriental, investigando a flora e a fauna da terra e, não menos importante, a sua estrutura geológica.

Outras embarcações dinamarquesas e norueguesas trazem caçadores mais ou menos competentes que, com a bênção e o apoio do Governo, tentam obter da terra avarenta o suficiente para a sua subsistência — mas, apesar de todo o seu engenho, ganham pouco para o seu sustento. Entre estes jovens experientes e com objetivos também se encontram jovens aventureiros, que aceitaram empregos durante um ano ou dois como caçadores, e caçam ursos e raposas, bois almiscarados e aves.

Hoje em dia, a costa norte da Groenlândia Oriental está povoada e, apesar de os caçadores jamais conseguirem manter-se sem o apoio econômico dos governos dinamarqueses e noruegueses, construíram uma grande número de cabanas ao longo de toda a costa, desde Danmarks Havn até ao estreito de Scoresby — cabanas bem grandes onde diversos homens podem viver em condições mais ou menos favoráveis, ou cabanas pequenas construídas próximo umas das outras para que o caçador possa deslocar-se de uma para outra sem muito equipamento, quando quer inspecionar as suas armadilhas para raposas. As cabanas pequenas destinam-se a apenas uma pessoa, e algumas delas fornecem um abrigo bastante miserável; mas, ainda assim, agora há cabanas ao longo de toda a costa e, para aqueles que estão habituados a este tipo de viagem e que não exigem muito em termos de conforto, hoje em dia há pouca dificuldade em viajar de esqui ou de trenó de Danmarks Havn até ao estreito de Sound.

O plano que eu e o Iver abraçamos e em que pensamos durante a nossa solidão, enquanto ansiávamos por outras pessoas, foi posto em prática em 1924–25, quando foi dada a oportunidade aos próprios filhos da terra, os groenlandeses de Angmagssalik, de viverem na recém-criada colônia no estreito de Scoresby, a partir de onde, ou sozinhos ou como guias de trenós para os cientistas dinamarqueses, fizeram longas viagens para norte ao longo das costas por onde os seus antepassados, viajaram, caçaram e viveram, antigamente, muito antes da chegada dos Europeus.

No grande fiorde que é o estreito de Scoresby vivem agora uns trezentos e cinquenta groenlandeses que vieram dos arredores de Angmagssalik, e foram ali construídas boas casas de madeira ao longo da costa, frequentemente em cima das ruínas de antigas habitações. Estas casas estão geralmente agrupadas em pequenas comunidades, onde mulheres e crianças vivem calmamente, constantemente à espera de que aquele que lhes dá sustento regresse com a caça que a sua sorte, astúcia e braço forte conseguiu apanhar em terra, no gelo ou no mar.

E, assim, o sonho dos dois homens solitários, de que seria possível ver esquimós naquele promontório a sul, é agora uma realidade. Os homens vivem ali, e as suas mulheres e filhos também. Só o barco das mulheres desapareceu como resultado da mudança das condições. Atualmente, as sorridentes mulheres esquimós puxam os remos de um barco desajeitado de origem europeia, uma embarcação muito menos adequada às condições da Groenlândia Oriental do que o inteligentemente construído barco das mulheres, uma invenção engenhosa dos próprios esquimós e que foi utilizada por eles durante séculos. Também usam um motor exterior que empurra o barco pelo mar, com água espumando na proa. O ruído do motor é o nosso acompanhamento moderno da era mecanizada das canções de viagem antigas dos Esquimós.

Um pouco a norte do estreito de Scoresby, está o fiorde do Rei Óscar, cujas águas são muito calmas e ensolaradas no verão; é um local de montanhas selvagens onde, no entanto, há mais barulho de motores potentes do que em qualquer outro lado ao longo daquelas costas que, em tempos, foram tão silenciosas. De inverno e de verão, os engenheiros dinamarqueses estão utilizando equipamento poderoso com motores e fortes explosivos para escavarem e explodirem túneis nas montanhas, de onde os seus braços gananciosos retiram os depósitos minerais, descobertos pelos geólogos dinamarqueses e que tinham estado profundamente escondidos dentro das montanhas da Groenlândia Oriental desde o inferno flamejante que deu origem ao mundo.

O ruído das grandes máquinas que esmagam pedra ecoa pela terra a grande distância, e fileiras de caminhões viajam até à margem onde poderosos navios a motor estão à espera para transportarem a riqueza da Groenlândia Oriental através do gelo à deriva, atravessando o Atlântico até às refinarias na Europa.

Até mesmo as pessoas ocupadas das grandes cidades da Europa e da América já começam a adquirir algum conhecimento pessoal das montanhas costeiras selvagens da Groenlândia Oriental e do manto de gelo brilhante, agora que os aviões gigantes que transportam dezenas de passageiros sobrevoam a Groenlândia nos seus voos de um continente para o outro.

Enquanto o avião vai passando a rugir por cima daquelas extensões desoladas, os passageiros mimados vão sentados nos seus bancos macios, a ingerirem comida deliciosa ou a beberem coquetéis, talvez cochilando ou, aborrecidos, olham pela janela em busca de distração, abanando as cabeças desesperadamente: "Meu Deus, que diabo de país!".

Pode acontecer que alguém com uma mente curiosa olhe para baixo, para o manto de gelo ou para as imponentes montanhas costeiras, e tenha um breve pensamento para aqueles que, há meio século, fizeram o trabalho pioneiro na terra lá embaixo, lutando para avançar passo a passo, através do manto de gelo ou seguindo as montanhas costeiras altas e fendidas de barco ou de trenó — pessoas que eram suficientemente tontas para pensar que a terra que parece tão sombria e horrenda vista de 4.500 metros de altitude, permaneceria desolada e desabitada "por toda a eternidade".

Aconteceram tantas coisas inesperadas na Groenlândia Oriental durante os últimos cinquenta anos, e especialmente nos últimos trinta, que os poucos homens que conheceram o país no seu estado original e que pensaram que se manteria assim para sempre, têm de admitir que atualmente tudo é possível.

Os pioneiros teriam precisado da imaginação de um romancista para conseguirem prever que, dentro de poucos anos, aquela terra pobre, dura e desolada tornar-se-ia um objeto de discórdia entre duas nações irmãs e que, em menos de quarenta anos, uma unidade militar dinamarquesa estaria estacionada nas suas costas.

No entanto, foi isso que aconteceu: começou quando caçadores noruegueses, num ato de presunção da juventude, ocuparam partes da Groenlândia Oriental e despertaram uma nuvem de sentimento popular na Noruega que depois reclamou a soberania sobre o país que todas as outras nações consideravam como uma colônia dinamarquesa, e que já tinha sido mapeada e bastante explorada pelos dinamarqueses, aqueles que não conseguiam ficar sossegados e seguros em frente das suas lareiras.

O tema foi resolvido pelo Tribunal Internacional em Haia que pronunciou que as extensões de costa em disputa, na realidade toda a costa da Groenlândia Oriental (tal como a totalidade da Groenlândia) como tendo sido sempre dinamarquesas, permanecendo assim sob soberania dinamarquesa, até... não, talvez não até o final dos tempos, isso é uma coisa que já não podemos afirmar na nossa época acelerada, quando os desenvolvimentos que demoravam milhares de anos agora são realizados em tão pouco tempo.

Quando a Segunda Guerra Mundial já estava a decorrer há um ano ou dois, ouvimos na Dinamarca rumores vagos e incríveis da existência de um pequeno exército dinamarquês na Groenlândia Oriental, de preparações para a guerra e talvez combates no local.

Eu tinha conseguido compreender e aceitar eventos anteriores naquelas costas, até mesmo a escaramuça entre a Dinamarca e a Noruega sobre a herança dos direitos dos seus antepassados distantes à Groenlândia, mas estas notícias de guerra na costa do nordeste da Groenlândia pareciam ser bastante artificiais e impossíveis, e eu senti que deviam ser mentiras e invenções, rumores erradamente entendidos, forjados no caldeirão da atmosfera da guerra.

Mas quando o destino interveio e me levou até à América no outono de 1944 e, pouco depois, me fez aterrissar na Groenlândia, para minha imensurável surpresa vi com os meus próprios olhos que as notícias eram verdadeiras. Aquilo que eu tinha pensado ser inconcebível era, todavia, um fato, mesmo apesar da "força" dinamarquesa da Groenlândia consistir apenas em oito homens, do quais quatro eram oficiais, três oficiais não comissionados e apenas um soldado.

Esta pequena força, certamente a menor do mundo, apesar da sua dimensão e composição extraordinárias, tinha prestado um bom serviço em escaramuças com os alemães que tinham estabelecido uma estação meteorológica na ilha Sabine, que enviava boletins meteorológicos para a Alemanha para que os pilotos dos bombardeiros de Hitler pudessem ter alguma ideia antecipada de como estaria o tempo quando fossem bombardear as cidades inglesas.

Houve uma "batalha" na qual os dinamarqueses foram derrotados. Foi morto um dos oficiais não comissionados e os alemães incendiaram o quartel-general dinamarquês e presumivelmente pensaram que, com isso, tinham-se tornado senhores da Groenlândia Oriental. Mas nisso estavam enganados, pois os dinamarqueses eram bons utilizadores de trenó e conheciam a região; dirigiram-se para o estreito de Scoresby o mais depressa possível e, dali, contataram os americanos na Islândia, dando-lhes a posição da estação meteorológica alemã na ilha Sabine.

Os americanos não precisaram de mais nada e agiram imediatamente. Um esquadrão de bombardeiros levantou voo imediatamente e, pouco depois, choviam balas e bombas nos edifícios alemães que se incendiaram, e foi também afundado um navio alemão que estava congelado no porto. Foi o fim daquela estação meteorológica, pois os seus membros desapareceram misteriosamente, presumivelmente a bordo de um avião que tinham requisitado. No entanto, os boletins meteorológicos da Groenlândia Oriental eram de tal forma importantes para os alemães, que tentaram novamente montar uma estação, desta vez na ilha Shannon, no velho porto de inverno do *Alabama*. Mas também ali não foram deixados em paz. Os dinamarqueses os encontraram e, apesar de lá estarem cerca de trinta alemães, os seis dinamarqueses fizeram um ataque noturno. Mataram um oficial alemão que os surpreendeu, mas tiveram de bater em retirada quando foram alvo de um tiroteio assassino. No entanto, conseguiram fugir, graças à sua familiaridade com a região e com as suas condições. A transmissão por rádio fez o resto e, assim que um navio conseguiu passar pelos blocos de gelo, os americanos chegaram lá com homens e armas, mas chegaram tarde demais: os alemães tinham sido novamente evacuados por avião, e os únicos vestígios deles que os americanos encontraram foram uma casa vazia e os destroços do seu barco, que estava esmagado contra o gelo, congelado e colado à terra.

Foi uma grande desilusão para os americanos, mas o destino compensou-os quando um dos seus aviões de reconhecimento localizou uma pista de aterrissagem alemã nova em Little Koldewey, aquela ilha que se erguia como uma silhueta negra no meio do brilho do meio-dia, quando eu e Iver, quarenta anos antes, nos sentáramos na pequena cabana em Danmarks Havn a olhar ansiosos pela janela na vã esperança de vermos os outros a chegar.

Aquela estação meteorológica tinha de ser destruída a qualquer custo e, em meados de outubro, com o seu frio, tempestades e escuridão, um grande quebra-gelo americano com motores de 12.000 cavalos de potência, abriu caminho por entre os blocos de gelo e chegou à ilha, onde os americanos surpreenderam completamente os alemães, fizeram todos prisioneiros, e afundaram um navio expedicionário alemão com o seu poder de fogo. Todavia, o próprio quebra-gelo deu um bom alvo para um *U-boat* inimigo que por acaso ali estava e que disparou dois torpedos, mas que por sorte explodiram no gelo. Depois o *U-boat* desapareceu.

Pouco depois, o avião do próprio quebra-gelo avistou um outro navio de uma expedição alemã congelado no meio de muitos blocos de gelo, onde parecia estar a salvo de um ataque inimigo. O capitão do quebra-gelo pensou o contrário, e conseguiu fazer com que o seu navio passasse pelo gelo e chegasse até ao outro, que teve de se render. A batalha naval mais nortenha da história terminou, assim, numa vitória decisiva para os americanos — foi, efetivamente, um feito considerável.

Quando estive na Groenlândia, conheci o comandante do quebra-gelo, Charles W. Thomas, na base americana de Julianehaab, e foi ele quem me contou sobre as ações militares ocorridas na costa da Groenlândia Oriental e a batalha naval noturna ao largo da ilha Koldewey, uma história emocionante.

Quando me fazia o relato, interrompeu subitamente e disse:

— Mas eu quase me esqueci que o senhor conhece estas partes. Eu li o seu livro e imagino que para si, um dos pioneiros do país, o que aconteceu deve parecer muito estranho e, provavelmente também, muito lamentável: que um deserto e um país recém-descoberto seja transformado num campo de batalha moderno com aviões, rádio e grande atividade.

O comandante tinha razão, muitas coisas inconcebíveis haviam acontecido na Groenlândia Oriental desde que eu e Iver lutamos para percorrer a costa em 1910. A terra que eu pensava, para o bem ou para o mal, permanecer intocada pela civilização até ao fim do mundo tem-se tornado, no decorrer de alguns anos, um dos locais de atividade civilizacional: o motor triunfou sobre a aridez e o seu ruído pode ser sentido, quase ouvido, por todas aquelas terras amplas, onde antes o silêncio era quase palpável.

O motor teve o seu tempo e fizeram bom uso dele. Suponho que atualmente estejamos na era do átomo e que estejam a ser desenvolvidas novas forças fantásticas. Dentro de dez anos, os motores serão antiquados, postos de lado por outras invenções que terão mais força e um efeito ainda maior em todos os aspectos da vida.

Agora, tudo pode acontecer, tudo é possível e já ninguém se atreve a dizer sobre até mesmo a afirmação mais extraordinária sobre novas tecnologias: isso é impossível! Já há muito que desisti da minha visão de uma Groenlândia Oriental como a terra desolada e vazia que eu e o Iver conhecemos, e da qual gostávamos, apesar das condições amargamente duras que teve para oferecer a estes dois viajantes.

Membros da expedição *Alabama*. Da esquerda para a direita: primeiro-tenente Christian Jørgensen, Unger, Olsen, Aagarrd, Ejnar Mikkelsen, Poulsen, e tenente Vilhelm Laub. Tirada em Thorshavn, nas ilhas Faroé.

O *Alabama* no porto de inverno na ilha Shannon, 1910.

Viagem de trenó em gelo novo, outono

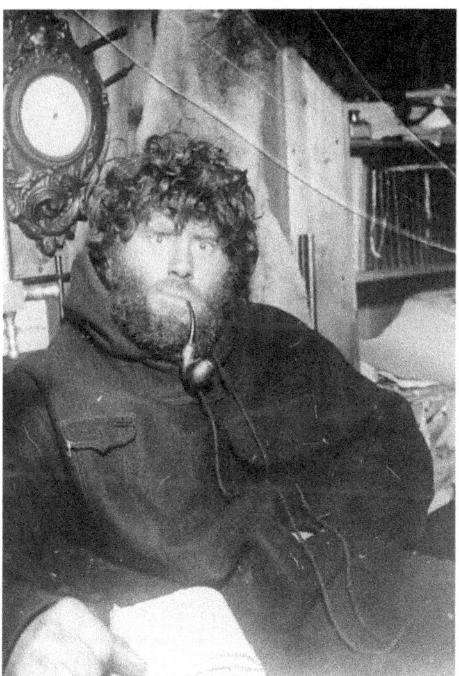

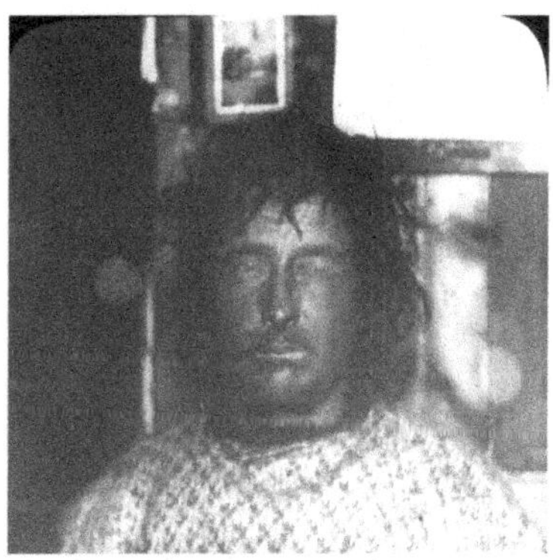

Mikkelsen e Iversen depois da viagem de outono até Lambert's Land.

A matilha e o trenó de Laub na calota polar, 7 de abril de 1910.

Paulsen e Olsen na calota polar, 9 de abril de, 1910.

Mikkelsen e Iversen na calota polar, 9 de abril de 1910

O monte de pedras na costa leste do fiorde Danmark, onde foi encontrado o relato da viagem e das últimas atividades de Mylius-Erichsen e dos seus companheiros.

Fiorde Danmark

Monte Mallemuk

Os destroços do *Alabama*

A cabana na ilha Shannon, feita a partir dos destroços do *Alabama*